全国劳动和社会保障干部培训教材
劳动和社会保障岗位资格证书考试教材
高等教育自学考试劳动和社会保障专业专科教材

劳动关系

(第二版)

劳动和社会保障部组织编写

主　编　邱小平
副主编　汪志洪　吴道槐

中国劳动社会保障出版社

图书在版编目（CIP）数据

劳动关系/邱小平主编. —2 版. —北京：中国劳动社会保障出版社，2004

全国劳动和社会保障干部培训教材. 劳动和社会保障岗位资格证书考试教材. 高等教育自学考试劳动和社会保障专业专科教材

ISBN 7-5045-4546-5

Ⅰ.劳… Ⅱ.邱… Ⅲ.劳动-生产关系-干部培训-教材 Ⅳ.F246

中国版本图书馆 CIP 数据核字（2004）第 062163 号

中国劳动社会保障出版社出版发行
（北京市惠新东街 1 号　邮政编码：100029）
出 版 人：张梦欣

*

北京隆昌伟业印刷有限公司印刷装订　新华书店经销
890 毫米×1240 毫米　32 开本　7.75 印张　221 千字
2004 年 7 月第 2 版　2009 年 9 月第 8 次印刷
印数：2000 册
定价：15.00 元

读者服务部电话：010－64929211
发行部电话：010－64927085
出版社网址：http://www.class.com.cn

版权专有　　侵权必究

举报电话：010－64954652

全国劳动和社会保障干部培训教材
（第二版）

编写委员会

主　　任　郑斯林
副主任　王东进　步正发　华福周　张小建　刘永富
　　　　　崔会烈
成　　员　胡晓义　闫宝卿　王爱文　于法鸣　邱小平
　　　　　焦凯平　毛　健　姚　宏　陈　刚　孙建勇
　　　　　袁彦鹏　孟昭喜　王东岩　何　平　张梦欣

审定专家委员会

　　　　　董克用　杨燕绥　杨宜勇　程延园　李绍光
　　　　　程永宏　乌日图　曾宪树　丁大建

本书编写人员

　　　　　董　平　王　瑞　邢新民　杨毅新　杨燕绥
　　　　　聂海军　金维刚　郭晓宪　柳盛学　蔡　颖
　　　　　应三玉　桂　桢　吴礼舵　刘　燕　欧阳琼

内容摘要

本书主要介绍劳动关系、劳动合同、集体合同、劳动争议、三方协商制度、劳动标准的基本理论、基本原则；中国劳动关系、劳动合同、集体协商和集体合同制度、劳动争议处理制度、三方协商机制、劳动标准的基本历史和现状等。该课程的考核目的在于检验考生掌握本课程基本知识情况和运用所学知识及方法解决劳动关系中实际问题、从事企事业单位劳动合同管理的能力。

序

劳动保障关乎国运,惠及子孙。随着我国经济和社会发展进程的加快,劳动保障作为关系国计民生和改革发展稳定大局的重要工作越来越受到党和国家的重视。就业状况被列入国民经济和社会发展的宏观调控指标,建立健全同经济发展水平相适应的社会保障制度载入《宪法》,协调劳动关系、维护劳动者合法权益成为维护社会稳定的重要任务。要承担起我们的重要职责,不负党和人民的历史重托,必须建设一支高素质的干部队伍。

为帮助劳动保障系统干部学习劳动保障业务知识,劳动保障部组建不久就组织编写并出版了"全国劳动和社会保障干部培训教材"(10本)。近几年来,我国的政治、经济形势和劳动保障事业发生了很大变化,作为系统干部培训教材,急需将这些变化反映到教材中,劳动保障系统干部也要求对教材进行修订。为适应新形势的需要,我们组织部属有关单位的业务骨干和专家学者对这套教材进行了修订完善,吸收了近年来劳动保障工作在政策、理论及实践上的成果和经验,考虑了不同业务的相对独立性,内容更丰富,体系更完善。相信这套修订后的教材对于劳动保障系统干部和社会各界学习劳动保障业务知识，提高业务素质和工作水平会起到积极的促进作用。

目前，全国劳动保障系统有近30万名干部职工，乡镇、街道、社区等基层劳动保障工作机构建成后预计将达到36万人左右的规模。在建立健全社会主义市场经济体制过程中，劳动保障工作将面临许多新情况、新问题，因此加强干部教育培训工作变得尤为紧迫。希望各级劳动保障部门认真学习贯彻中央关于大规模培训干部的要求，结合本地劳动保障工作实际，充分运用这套教材组织培训，努力改善劳动保障系统干部职工的知识结构和专业结构，造就一支思想作风硬、业务素质高、廉洁高效的劳动保障干部队伍，更好地服务于人民群众，推动劳动保障事业健康、协调、持续地发展。

郑斯林

2004年7月

前　　言

"全国劳动和社会保障干部培训教材"第二版与读者见面了。"全国劳动和社会保障干部培训教材"是劳动保障部为了适应新时期劳动保障事业改革与发展，建立一支高素质干部队伍需要，在近百名业务骨干和有关专家的共同努力下编写的。这套教材自2001年出版发行以来，有数万名劳动保障干部将其用作培训教材和学习资料，这不仅对实施劳动保障系统干部教育培训规划，提高劳动保障系统干部业务水平发挥了重要作用，而且对企业人力资源管理人员业务学习、大专院校学历教育、金融系统干部培训等也发挥了积极作用。

由于劳动保障事业发展较快，新的理论、新的实践和新的政策急需补充到教材中，教材体系自身也需要进一步完善。另外，2004年1月，劳动保障部人事教育司、教育培训中心与全国高等教育自学考试办公室联合开展了劳动和社会保障岗位资格证书考试和全国高等教育劳动和社会保障专业自学考试双证书项目，也需要相应的劳动保障专业教材，因此我们启动了教材修订计划。

本次教材修订的指导思想是：以"三个代表"重要思想

前言

为指针,全面提高教材的质量,进一步适应新时期劳动保障工作的实际需要,推进干部队伍的革命化、年轻化、知识化、专业化,建设一支高素质的干部队伍。修订的原则是:在体系上注重相对完整性;在内容、体例安排上注重认知规律,符合教学、自学、考评的需要;在对象需求上以劳动保障系统干部培训需求为主,兼顾企业人力资源管理人员和其他行业在职干部的学习需要;在教材的内容上,充分贯彻和体现"三个代表"重要思想,按照科学发展观的要求,准确反映劳动保障实践的新进展,全面吸收劳动保障理论的新成果,教材体例上更加适合干部教育和自学的特点,注重知识的准确性、政策的权威性、内容的实用性和理论的适度性,并有一定的超前性。

根据新时期劳动保障工作的特点,本次修订工作对原有教材进行了部分调整,《医疗 工伤 生育保险》一书调整为《医疗与生育保险》《工伤保险》两本书,《社会保险基金管理与监督》调整为《社会保障基金监管》《社会保险经办管理》两本书,另外增加一本《劳动经济学》。修订后的全套教材包括:《劳动经济学》《社会保障概论》《劳动和社会保障法制》《就业与培训》《工资收入分配》《劳动关系》《养老保险》《失业保险》《医疗与生育保险》《工伤保险》《社会保障基金监管》《社会保险经办管理》《劳动和社会保障计划统计与管理信息系统》共13种。其中《就业与培训》《劳动关系》《养老保险》《失业保险》《医疗与生育保险》《工伤保险》6种教材既是劳动和社会保障岗位资格证书考试教材,又纳入高等教育自学考试劳动和社会保障专业专科教材。

前 言

　　为了保证教材修订工作的顺利进行，劳动保障部组织各相关业务司局的业务骨干和有关方面的专家学者，在不到半年的时间里即完成了教材的修订稿。本次修订工作，立足于原有的教材，剔除了其中已不符合实际的内容，增加了在前一阶段干部培训中大家普遍认为需要增加的内容以及一些新的重要理论和新法规、新政策，并在写作风格上更贴近读者的需求。

　　劳动保障制度建设还处于逐步完善阶段，在劳动保障事业发展过程中还会不断出现新情况、新问题。本次教材的修订也只能是反映劳动保障事业发展的阶段性成果，因此全国劳动和社会保障干部培训教材将会不断地修订，不断地升华，力争成为劳动保障系统的精品教材。

编　者

2004 年 7 月

目　录

第一章　劳动关系概论

学习目标…………………………………………………………（ 1 ）
第一节　劳动关系的概念和特征………………………………（ 2 ）
第二节　劳动关系的建立和运行………………………………（ 8 ）
第三节　新中国劳动关系的建立、变化和发展………………（ 18 ）
第四节　调整劳动关系的法律制度……………………………（ 23 ）
本章小结…………………………………………………………（ 36 ）
思考题……………………………………………………………（ 38 ）

第二章　劳动合同制度

学习目标…………………………………………………………（ 39 ）
第一节　概述……………………………………………………（ 40 ）
第二节　劳动合同的订立与履行………………………………（ 45 ）
第三节　劳动合同的变更、解除和终止………………………（ 56 ）
第四节　无效劳动合同…………………………………………（ 62 ）

· I ·

第五节　违反劳动合同的法律责任……………………（63）
第六节　非全日制用工劳动合同………………………（67）
第七节　劳动合同的管理………………………………（68）
本章小结…………………………………………………（75）
思考题……………………………………………………（78）

第三章　集体协商与集体合同制度

学习目标…………………………………………………（79）
第一节　概述……………………………………………（80）
第二节　集体协商制度…………………………………（84）
第三节　集体合同制度…………………………………（88）
本章小结…………………………………………………（92）
思考题……………………………………………………（93）

第四章　劳动争议处理制度

学习目标…………………………………………………（95）
第一节　劳动争议………………………………………（96）
第二节　劳动争议的产生与预防………………………（101）
第三节　劳动争议处理制度概述………………………（108）
第四节　我国劳动争议处理制度的历史沿革…………（115）
本章小结…………………………………………………（119）
思考题……………………………………………………（120）

第五章 劳动争议处理

学习目标……………………………………………………………（121）
第一节 劳动争议调解…………………………………………（122）
第二节 劳动争议仲裁…………………………………………（125）
第三节 劳动争议诉讼…………………………………………（139）
第四节 集体合同争议处理……………………………………（148）
本章小结……………………………………………………………（154）
思考题………………………………………………………………（154）

第六章 三方协商机制

学习目标……………………………………………………………（155）
第一节 三方协商机制概述……………………………………（156）
第二节 三方协商机制的主要内容……………………………（163）
第三节 建立适合我国国情的三方协商机制…………………（173）
本章小结……………………………………………………………（180）
思考题………………………………………………………………（181）

第七章 劳动标准

学习目标……………………………………………………………（183）
第一节 劳动标准及劳动标准体系概述………………………（184）
第二节 国际劳工标准…………………………………………（190）

目　录

第三节　我国劳动标准现状及其发展…………………………（204）
本章小结……………………………………………………………（232）
思考题………………………………………………………………（233）

第一章

劳动关系概论

学习目标

通过本章学习,掌握劳动关系的基本特征、劳动关系的主体、建立劳动关系的条件和劳动关系的运行过程,理解劳动关系的概念、分类、调整劳动关系的原则,了解新中国劳动关系的建立、变化和发展以及调整劳动关系的法律制度。

第一节　劳动关系的概念和特征

一、劳动关系的概念

劳动关系是一个有两种含义的概念。一是指广义的社会劳动关系，即人们在社会劳动过程中发生的一切关系，包括劳动力的使用关系、劳动管理关系、劳动服务关系等。二是指劳动力所有者（劳动者）与劳动力使用者（用人单位）之间，以实现劳动为实质而发生的劳动力与生产资料相结合的社会关系。也就是"劳动的社会形式、劳动的社会结构，换句话说，是人们在参加社会劳动方面彼此的关系"[①]。简言之，劳动关系是指劳动者在运用劳动能力，实现劳动过程中与用人单位产生的一种社会关系。本书中所使用的劳动关系的概念，仅限于第二种含义。

劳动关系是发生在劳动过程中的社会关系，劳动过程的实现，必须以劳动力和生产资料两个要素结合为前提。也可以说，劳动过程即劳动力与生产资料两种要素的动态结合过程。在劳动力和生产资料分别归属于不同主体的社会条件下，只有这两种主体之间形成劳动力与生产资料相结合的社会关系，劳动过程才能实现。由于劳动关系是一个以劳动力和劳动为内涵的概念，因此，要认识和理解劳动关系，首先必须认识和理解什么是劳动和劳动力。

（一）劳动

劳动，是一个使用范围十分广泛的概念，其含义往往因使用范围不同而有所差异。马克思在分析劳动过程时，对劳动的一般含义做过精辟的揭示，即：劳动是劳动力的使用（消费），"是制造使用价值的有目的的活动"，"是人以自身的活动来引起、调整和控制人和自然之间的物质变换的过程"[②]。据此可以认为，一般意义的劳动，是指人们在物质生

---

① 列宁全集（第6卷）．北京：人民出版社，1961.234
② 马克思．资本论（第1卷）．北京：人民出版社，1975.201～210

产和精神生产过程中，使用（消费）劳动力，运用劳动资料，改变劳动对象，创造使用价值以满足人们需要的有意识、有目的的活动。亦即劳动力的使用或劳动者体力和脑力的支出。它是人类生存的首要和最基本的条件，是社会存在和发展的基础。正如马克思曾经说过的那样，任何一个民族，如果停止劳动，不用说一年，就是几个星期，也要灭亡，这是每一个小孩子都知道的。

在社会实践中，劳动一般分为脑力劳动和体力劳动两种，但实际上其类型复杂多样。如按其结果是否创造物质财富来划分，有生产劳动和非生产劳动；按产业划分，有工业劳动、农业劳动、商业劳动等；按劳动难易程度划分，有复杂劳动、简单劳动、熟练劳动、非熟练劳动等；按劳动力使用方式划分，有自我使用劳动力的劳动和供他人使用劳动力的劳动。劳动关系中的劳动，不管是脑力劳动还是体力劳动，也不管其难易程度，都属于劳动力所有者将其劳动力有偿提供给他人使用的劳动。

劳动关系中的劳动，除了有一般的含义外，还有其特定的内涵。主要包括：（1）从主体上看，它是以职工（雇工）身份所从事的劳动，凡不在职工之列的人员所从事的劳动或虽在职工之列却以职工以外身份所从事的劳动，如现役军人的军工劳动，罪犯、劳教人员和战俘的劳役劳动，家庭成员的家务劳动，个体劳动者和合伙人的劳动，职工以公民身份所从事的社会义务劳动，都不属于劳动关系所指的劳动。（2）从目的上看，它是作为一种谋生手段的职业劳动。即为获取报酬作为其生活主要来源，而相对固定在一定劳动岗位上所从事的劳动。社会义务劳动和其他无偿劳动以及虽有一定报酬或物质补偿但目的不在于谋生的劳动，都不属于劳动关系所指的劳动。（3）从性质上看，它是履行劳动法律义务的劳动。也就是说，它是为了向用人单位（雇用者）履行以法定形式确定的义务的劳动。（4）从形式上看，它是用人单位内部有组织的集体劳动。这是指各个职工由用人单位组织起来并在其指挥或指派下，以用人单位的名义共同从事的劳动。在这里，职工的劳动受用人单位内部劳动规章制度的约束，受用人单位经营者或管理者意志的支配。仅从此意义上看，这种劳动对职工来说，是一种被动的从属劳动。

综上所述，劳动关系意义上的劳动，专指职工为谋生而从事的、履行劳动法律义务的、有组织的、岗位相对固定的集体劳动。

（二）劳动力

马克思说，我们把劳动力或劳动能力，理解为人的身体即活的人体中存在的、每当人们生产某种使用价值时就运用的体力和智力的总和。据此，劳动力是指人的劳动能力，即人所具有的并在劳动过程中生产使用价值时运用的体力和脑力的总和，它是人体的一种能量。

劳动关系所指的劳动力，具有下述明显的特征：（1）劳动力的存在具有人身依附性。劳动力天然的以劳动者人身为载体，无论以何种形态存在，也无论存在于何种时空，总是依附于劳动者的肉体上，与劳动者的人身不可分离。（2）劳动力的形成具有长期性。劳动力的形成需要一个很长的渐进时间，即经过人体生理发育过程才能形成一定的体力；经过一系列的教育、生产实践等阶段才能形成一定的脑力。（3）劳动力的储存具有短期性。劳动力产生后，就作为一种能量以无形状态潜存在劳动者体内，如果在一定时间内不被使用，体力便会自然消耗，脑力便会失去使用价值，而不能像物品一样能长期储存待用。其中体力的储存时间更大大短于脑力的储存时间。（4）劳动力的再生产具有不可间断性。劳动力再生产和劳动力存续与劳动者的生命是同一过程，有了劳动者才会有劳动力，无论劳动力是否被使用都必须持续再生产。劳动力再生产一旦中断就难以为继，也就意味着致残或死亡。（5）劳动力的投入使用具有不可分割性。一个劳动者的劳动力就其内容而言，往往是由多个部分构成的整体，但各部分劳动力之间不能分开存在，劳动者在一定时空范围内尽管得以使用的一般只是部分劳动力，但仍需要全身心的投入。这就是说，只要有任何一部分劳动力被使用，其余未被使用的劳动力部分必然伴随被使用的劳动力投入同一时空。（6）劳动力的支出具有可重复性和不可回收性。劳动力在生产正常且有保障的条件下，可以持续地重复支出，而不像物品那样一次性支付即完毕。但劳动力一旦支出，就无法回收，而不像有的物品支出后还可以回收。

劳动关系所指的劳动力,就其形态来说,还有下述分类:(1)潜在形态和外在形态。劳动力的潜在形态,是指蕴含于人体内部、处于静态状态和无形状态的劳动力,是看不见的无形物。它创造使用价值的可能性尚未转化为现实性。未被使用的劳动力只以潜在形态存在。劳动力的外在形态,是指表现于人体外部、处于动态形式和行为状态的劳动力,是看得见的有形物,它已具有了创造使用价值的现实性。被使用的劳动力才以外在形态存在。这两种形态的劳动力对于劳动者和用人单位来说都是必要的,潜在形态的劳动力是外在形态劳动力的基础和依据,外在形态劳动力是潜在形态劳动力的转化和表现。提高潜在劳动力的水平,可以扩大外在劳动力创造社会财富的能力;而潜在劳动力对创造社会财富的实际贡献大小,则取决于外在形态劳动力对潜在形态劳动力转化的程度,即是否全部转化和转化了多少;并且,潜在形态劳动力的素质,可以通过外在形态劳动力得到加强。(2)商品形态或非商品形态。劳动力的商品形态,又称劳动力商品,指进入市场成为买卖客体的劳动力,它由其所有者有偿地让渡给他人使用。劳动力作为一种特殊商品,其使用价值在于,能够通过其使用而创造价值,并且能创造出比自身更大的价值。其价值表现为,形成和再生产劳动力所必要的生活资料的价值,即维持劳动力所有者生存所需要的生活资料的价值。非商品形态劳动力,指没有进入市场成为买卖客体的劳动力,它由其所有者自己使用或无偿地让渡给他人使用。在简单商品经济中,劳动力商品仅个别地、分散地出现;在发达的市场经济条件下,劳动力则普遍表现为商品形态。

劳动关系是以劳动为实质、发生在劳动过程中的一种社会关系。因此,理解劳动关系的概念还需要明确下述要点:(1)劳动关系属于生产关系的范畴。劳动关系是由劳动力同生产资料相结合而形成的一种社会关系,生产资料的性质决定劳动关系的性质。(2)劳动关系的实质是人与人之间的社会关系。劳动固然是劳动力的使用过程,但劳动是人的劳动,在劳动中作为劳动力的所有者和劳动力的使用者,其实都是人与人之间的相互作用,产生人与人之间的关系。(3)劳动关系体现的是一种权利和利益关系。在生产劳动过程中,劳动者与用人单位之间客观地存在着劳动权利和利益的矛盾,劳动关系正是在这种矛盾运动中存在和发展的。

二、劳动关系的类型

劳动关系可依照不同的标准进行多种分类。在不同国家或同一国家的不同历史时期和不同的经济发展阶段,劳动关系的分类方法及其法律意义都不尽相同。目前,世界各国对劳动关系的分类大致有以下几种情形:

(一)以生产资料所有制为标准进行分类

在许多国家,都把劳动关系按生产资料所有制划分为私营劳动关系和国营劳动关系。在我国,主要有国有所有制劳动关系、集体所有制劳动关系、私营企业劳动关系、外商投资企业劳动关系、个体经济组织劳动关系、股份制企业劳动关系等。

(二)以劳动者特定身份为标准进行分类

以劳动者特定身份为标准分类,如工人劳动关系与管理人员劳动关系(可进一步分为一般管理人员劳动关系和高级管理人员劳动关系)、一般职工劳动关系与特别人员劳动关系(如女职工和未成年工劳动关系、临时工劳动关系、学徒工劳动关系、农民工劳动关系、外籍人员劳动关系)等。

(三)以劳动关系主体一方的用人单位性质为标准进行分类

以用人单位的性质为标准进行分类,可划分为企业劳动关系和国家机关、社会团体、事业单位劳动关系。

(四)以劳动关系所在的产业为标准进行分类

以产业为标准进行分类,可划分为工业劳动关系、农业劳动关系、商业劳动关系及金融业、房地产业、信息产业等劳动关系。

(五)以劳动关系确立的方式为标准进行分类

以劳动关系确立的方式为标准进行分类,可划分为劳动合同劳动关系和非劳动合同劳动关系。

(六)以不同的法律规范调整为标准进行分类

以不同的法律规范调整为标准进行分类,可划分为劳动法调整的劳动关系和劳动法及其他法调整的劳动关系。如企业劳动关系都由劳动法调整，而国家机关、社会团体、事业单位的劳动关系，有的内容属劳动法调整，有的内容则属公务员法调整。

三、劳动关系的特征

在现代市场经济条件下，劳动关系呈现出下述特征：

1. 它以劳动为目的，以劳动力与生产资料相结合为方式，在人们运用劳动能力、作用于劳动对象、实现劳动过程中发生。如果劳动力不投入使用，不和生产资料相结合，不进入劳动过程，便不会产生劳动关系。

2. 它具有自然关系和社会关系双重属性。劳动关系不仅表现为单纯的劳动力的使用和被使用关系，即人与自然的关系，还包含着复杂的社会经济、政治、文化、道德等的社会关系。

3. 它的主体一方固定为劳动力所有者和支出者，即劳动者；另一方固定为生产资料占有者和劳动力使用者，即用人单位。其中，劳动者在劳动过程中及其前后都是劳动力的所有者，并且在劳动过程中还是劳动力的支出者；用人单位以占有生产资料作为其成为劳动力使用者的必要条件。

4. 它以劳动力的使用为核心，形成了二元权利结构。在劳动关系中，劳动力所有者以依法能够自由支配劳动力，并且获得劳动力再生产保障为基本标志；劳动力使用者则只限于依法将劳动力用于同生产资料相结合。劳动力是劳动者自身的产物，归劳动者个人占有、使用和支配。但是，在社会化大生产条件下，劳动者个人不能占有生产资料，劳动力的使用也不只是劳动者个人的事情，而必须同占有生产资料的社会劳动组织相结合。这样，劳动力使用便形成了二元权利结构。一方面，劳动者个人对劳动力拥有占有权和使用权，用人单位在使用劳动力过程中，应当为劳动者提供保障劳动力再生产所需要的时间、物质、技术、教育等方面的条件，不得损害劳动力本身及其再生产机制，也不得侵犯劳动者转让劳动力使用权的自由和在劳动力被合法使用之外支配自己劳动力的自由；另一方面，劳动者将其劳动力使用权让渡给用人单位，由用人单位根据生产劳动的需要对劳动力进行分配和安排，以同其生产资料相结合。

5. 它是人身关系属性和财产关系属性相结合的社会关系。由于劳动力的存在和支出与劳动者人身不可分离，劳动者把劳动力让渡给用人单位使用，实际上就等于劳动者将其人身在一定限度内交给了用人单位，因而劳动关系在此意义上说是一种人身关系。由于劳动者让渡劳动力使用权的目的是换取生活资料，使用劳动力的用人单位必须向劳动者支付工资等物质待遇，这是一种体现商品等价物交换原则的等量劳动相交换。就此意义而言，劳动关系同时又是一种财产关系。

6. 它是平等性与隶属性兼有的社会关系。其平等性表现在劳动者与用人单位之间，通过在劳动力市场相互选择和平等协商，以劳动合同的方式确立劳动关系，并可通过平等协商来延续、变更或终止劳动关系。其隶属性表现在劳动关系一旦建立，劳动者就成为用人单位的一名职工，劳动者的劳动力就让渡给用人单位使用，用人单位就成为劳动力的使用者和支配者，劳动者在生产劳动过程中要服从用人单位的指挥，接受用人单位的管理，遵守用人单位的规章制度，从而构成了一种隶属主体之间的管理和被管理的关系。

7. 它的确立、变更和终止以及在劳动过程中主体的权利义务，都以特定方式实现。在不同历史时期和不同经济体制下，实现方式有所不同。我国在计划经济条件下，劳动关系的建立、变更和终止以及在劳动过程中主体权利义务是以行政的方式实现，在市场经济条件下则以劳动合同等法律形式实现。

第二节　劳动关系的建立和运行

一、劳动关系主体

劳动关系主体，是指劳动关系中劳动力的所有者和劳动力的使用者，即拥有劳动力的劳动者和使用劳动力的用人单位。其中劳动者亦称劳动主体，用人单位亦称用人主体。

在世界各国，哪些公民、社会组织能成为劳动关系主体，都由劳动法律规范予以确定和认可。劳动关系主体具有下述特征：（1）主体范围的广泛性。在现代社会中，各种社会经济组织和各个劳动者都可依法成为参与劳动关系主体。（2）主体资格的法定性。劳动者和用人单位缔结劳动关系必须符合法定的条件，具备法定的资格。

（一）劳动者

劳动者泛指具有劳动能力，并实际参加社会劳动，以自己的劳动收入为生活资料主要来源的人。包括工人、农民、脑力劳动者，以及从事流通和服务的人员、个体劳动者，等等。劳动关系中的劳动者，在世界各国还有职工、员工、雇工、劳工、雇员、受雇人等称谓；在我国，一般称职工（员工）。从许多国家劳动关系的定义和范围来看，劳动关系中劳动者的概念包括四层含义：（1）劳动者是被用人单位依法雇用（录用）的公民；（2）劳动者是在用人单位（雇主）管理下从事劳动的公民；（3）劳动者是以工资收入为主要生活来源的公民；（4）劳动者是依法享受社会保险待遇的公民。

劳动者作为职工可按不同的标准进行分类。在我国，劳动关系中具有重要意义的分类有下述几种：（1）职员和工人。这是以劳动者的劳动类型为标准进行的分类。职员在有的国家称为使用人，我国通常称干部，一般是指在用人单位担任管理或技术工作的劳动者，亦即脑力劳动者，如行政或经济管理人员、工程技术人员、教学科研人员、医务卫生人员、文化艺术人员、体育人员等。这种分类对劳动者的劳动分工和劳动待遇有一定意义。但是，就每个劳动者而言，这种分类并非固定不变，它可以随着劳动岗位的变动而改变，当从事职员岗位的劳动者转换到工人岗位时，原职员身份即成为工人身份。（2）全民所有制职工、集体所有制职工和其他所有制职工。这是以劳动关系中用人主体的所有制性质为标准进行的分类。按照我国法律规定，不同所有制经济中的职工在劳动力市场上的地位和劳动关系中具体的权利义务有一定的差别。随着经济体制改革，职工之间所有制性质的界限正在逐步淡化，且这种界限在许多方面已经被打破。(3) 城镇户口职工和农村户口职工，即城镇职工和农民工。这是以劳动者户籍关系为标准进行的分类。按照这种分类，劳动关系的建立和职工的有关待遇有一定的差异。(4) 正式工和临时工。这是以用人单位用工形式为标准进行的分类。在计划经济条件下，正式工是指在国家下达的用工指标内使用的在常年性岗位从事劳动且工作时间长的职工；临时工是指在计划用工指标内或外，在非常年性岗位，使用期限在一年以下的临时性、季节性用工。随着市场经济体制的建立和劳动合同制度的实施，临时工的概念已经不复存在了。(5) 固定工和合同工。这是以用工制度为标准进行的分类。固定工是以行政方式确定劳动关系，并且在一般情况下由用人单位无期限使用的职工；合同工是指以劳动合同方式确定劳动关系，按合同期限使用的职工。经济体制改革前，我国基本上实行固定工制度；改革过程中，固定工和合同工同时并存。《劳动法》实施后，固定工制度已被合同制度取代。

（二）用人单位

用人单位，又称用工单位，在许多国家则称为雇主或雇用人，是指具有用人资格，即用人权利能力和用人行为能力，使用劳动力组织生产劳动且向劳动者支付工资报酬的单位。

各国对用人单位范围的界定不尽相同，主要有以下几种：(1) 有的国家对雇主范围的界定在不同法律中有不同的规定。例如，《美国国家劳资关系法》规定，"雇主"包括直接或间接代表雇主利益的任何人，但是不包括美国或任何全部属政府所有的公司，或任何联邦储备银行及其在各州或州以下的分支机构，不包括受历次修改的铁路劳工法管辖的任何人，不包括在任何劳工组织（作为雇主身份时除外）和以劳工组织负责人或代理人名义出现的任何人；而《美国公平劳动标准法》的规定则有所不同，即"雇主"包括与雇员有关的直接或间接地代表雇主利益的人并包括公共机构，但不包括任何劳工组织（它作为雇主身份时除外）或该劳工组织中的职员或代理人。(2) 有的国家把雇主范围仅限于私营部门。例如，《伊拉克共和国劳工法》规定，"雇主"只包括私营部门中雇用工人并酬以工资的任何自然人或法人。(3) 有的国家把"雇主"范围界定得很广泛。例如,《卢旺达劳工法》规定,无论是自然人或法人,公共机构或私人,一旦雇用一名或几名劳动者(即使不连续雇用),即为雇主。

在我国,法律界定的用人单位包括:(1)企业,包括各种所有制经济、各种组织形式的企业;(2)个体经济组织,即个体工商户;(3)国家机关,包括国家权力机关、行政机关、审判机关和检察机关、执政党机关、政治协商机关、参政党机关、参政团体机关;(4)事业组织,包括文化、教育、卫生、科研等各种非营利单位;(5)社会团体,包括各行各业的协会、学会、联合会、研究会、基金、联谊会、商会等民间组织。目前,集体所有制农业生产经营组织、农户和除个体工商户以外的公民个人,尚未包括在用人单位范围内。

二、建立劳动关系的条件

建立劳动关系的条件,是指建立劳动关系的双方主体,即劳动主体(劳动者)和用人主体(用人单位)所应具备的资格。由于劳动关系是伴随着人类社会由低级到高级的进化而产生和发展的,因此,不同社会制度的国家和不同的历史发展时期,建立劳动关系的条件的具体内容和标准不尽相同,一般都与其生产力发展水平相适应。

(一)劳动者的资格

劳动者资格,是指公民建立劳动关系,成为劳动关系主体的必备条件,一般由法律规定。它包括劳动权利能力和劳动行为能力两个方面。

1. 劳动权利能力

劳动权利能力,是指公民依法能够享有劳动权利和承担劳动义务的资格。它是公民成为劳动者,劳动者成为劳动关系主体的必备条件。公民不具有劳动权利能力和劳动行为能力或者被限制劳动权利能力时,不能成为劳动关系中的劳动主体。

2. 劳动行为能力

劳动行为能力,是指法律认可的劳动者行使劳动权利和履行劳动义务的资格。它是劳动者参与劳动关系的实质性条件。它表明哪些劳动者可以参与劳动关系,行使劳动权利和履行劳动义务。

3. 劳动者的劳动权利和义务

劳动者与用人单位建立劳动关系后,成为用人单位的一名职工,他作为劳动关系中的劳动主体,有资格依法享有劳动权利和承担劳动义务。

劳动者的劳动权利主要包括:(1)参加劳动的权利。劳动者有权参加用人单位所组织的劳动,有权请求用人单位依法定或合同约定为其安排劳动岗位(工种),并提供必要的劳动条件,有权拒绝各种形式的强迫劳动。(2)获得劳动报酬的权利。劳动者有权要求用人单位按自己提供劳动的数量和质量支付劳动报酬,有权获得最低工资保障、工资支付保障和实际工资保障。(3)休息权利。劳动者有权在法定工作时间外免于履行劳动义务,依法休息、休假和休养,并拒绝违法加班加点劳动。(4)获得劳动安全卫生保护的权利。劳动者有权获得用人单位提供的符合劳动安全卫生标准的劳动条件和接受安全卫生知识教育,有权要求用人单位进行健康检查;职业禁忌证患者有权要求不从事所禁忌的工作,职业病患者有权要求及时治疗并调离原岗位;有权拒绝用人单位违章指挥的劳动,并在劳动过程中遇有严重危及生命安全的危险时采取紧急避险行为;女职工和未成年工有权获得在劳动过程中的特殊保护。(5)享受社会保险的权利。劳动者有权要求用人单位按规定为其缴纳养老、医疗、工伤、失业、生育等项社会保险费,并有权享受社会保险待遇。(6)享受劳动福利的权利。劳动者有权享受用人单位的集体福利设施和社会公共福利设施,要求用人单位支付规定的福利性津贴或补贴。(7)接受职业教育的权利。劳动者有权利用用人单位提供的条件和参加用人单位组织的职业教育及技能培训,提高自己的劳动能力。(8)参加工会和企业民主管理的权利。劳动者有权加入本单位工会并参加工会组织的各项活动,有权通过一定的形式参与本单位的民主管理,有权对用人单位管理人员的违法违纪行为提出批评和控告。(9)决定劳动关系存续的权利。劳动者有权在劳动关系延续、变更、解除、终止等环节上提出自己的主张,作出自己的决定。(10)保护合法权益不受侵犯的权利。劳动者在与用人单位发生劳动争议时,有权申请调解、仲裁和提起诉讼,有权请求保护。

劳动者的劳动义务主要包括：(1)提供劳动的义务。劳动者必须按照劳动合同和用人单位的要求向用人单位提供劳动，亲自完成劳动任务。(2)忠实义务。基于劳动关系中劳动者与用人单位之间的人身性、隶属性，作为用人单位的一名成员，必须在劳动过程中忠实于用人单位，维护和增进而不损害用人单位利益。这项义务日常主要表现在：劳动过程中服从用人单位的指挥和监督，遵守用人单位的劳动纪律和各项规章制度，保守用人单位的商业秘密和其他机密，向用人单位报告、上交在劳动中所获得的应归用人单位所得的一切财产，学习和掌握胜任本职工作所必备的知识和技能，等等。(3)派生义务。是指劳动者因违反提供劳动和忠实义务所应承担的义务。例如，因违反劳动纪律接受纪律处分并赔偿违纪行为对用人单位造成的财产损失；因违反劳动合同而承担的违约责任等。

（二）用人单位的资格

用人单位资格，又称用人主体资格，是指使用劳动力所必须具备的法定的前提条件。它决定用人单位能否与劳动者建立劳动关系和建立什么样的劳动关系。用人单位的资格由有关法律规定，包括用人权利能力和用人行为能力两个方面。

1. 用人权利能力

用人权利能力，是指用人单位依法能够享有用人权利和承担用人义务的资格。它表明用人单位依法享受哪些用人的权利和承担哪些用人的义务。

用人单位在哪些范围内享有用人权利，往往因用人单位的不同而不同，通常表现为国家允许用人单位使用劳动力的限度和要求用人单位为劳动者提供劳动条件的限度。目前，我国制约用人权利能力范围的主要因素有：(1)职工编制和招工指标。这是从使用劳动力数量上对用人权利能力的限制，即用人权利被限定在国家下达的编制数和招工指标内。经济体制改革以后，企业用人已不受此种限制，而国家机关、事业单位和社会团体仍要受此制约。(2)职工录用基本条件。这是从使用什么样的劳动力的角度对用人单位用工权利能力进行限制的主要因素。用人单位无权使用未达到法定的职工录用基本条件的公民为职工。如国家禁止任何用人单位使用未满16周岁的童工。(3)工资总额和最低工资标准。这是从劳动报酬分配角度对用人单位用人权利能力所作的限制。凡由国家核定工资总额的用人单位，支付职工的工资额不得超出核准后的工资总额；用人单位支付职工的工资报酬不得低于最低工资标准。(4)工作时间和劳动安全卫生标准。这是从保护劳动力的角度对用人单位用人权利能力的限制。用人单位必须在法定的工作时间长度内和能为劳动者提供符合国家标准的劳动条件情况下使用劳动力。(5)社会责任。这是从实现社会目标的角度对用人单位用人权利能力的限制。在现代社会中，各种用人单位都分别在不同程度上对实现社会目标负有责任。社会责任对用人权利能力的制约，一方面是限制用人权利，另一方面是加重用人义务。所负社会责任不同的用人单位，其用人权利能力就必然有所差别。如企业裁减人员就必须符合裁员的规定，不符合裁员条件的企业不得裁减员工。

2. 用人行为能力

用人行为能力，是指用人单位能够以自己的行为行使用人权利和履行用人义务的资格。它表明用人单位只有具备了这样的资格，才能实现用人权利能力而使用劳动力，否则便不得使用劳动力。

用人行为能力的内容，可分为合法行为能力和违法行为能力两种。合法行为能力是指实施合法用人行为并承担其法律后果的能力；违法行为能力，又称责任能力，指实施违法用人行为并对其承担法律责任的能力。其中，违法行为能力从属于合法行为能力而存在，只要具备合法行为能力也就当然具备违法行为能力。故此，用人行为能力仅指合法行为能力。任何主体，只有在其所具备的物质、技术和组织等条件，足以按法定要求为职工提供一定的劳动条件，从而容纳一定数量的职工并保障职工合法权益时，才会被认为具有一定的用人行为能力。因而，用人单位的用人行为能力主要受下述因素制约：(1)财产因素。用人单位只有具备一定的归自己独立支配的财产，才能够使用劳动力并维持劳动力再生产。其中，作为生产资料和购置生产资料的资金最为重要。因为只有成为生产资料的占有者，才有资格成为用人单位。(2) 技术因素。用人单位仅有生产资料还不够，还必须与一定的技术相结合，才能构成符合法定标准的劳动条件。特别是在劳动安全卫生方面，必须有一定的技术条件作基础。同时，用人单位要求劳动者完成生产任务，也必须以具备相应的技术条件为前提。(3) 组织因素。用人单位只有形成一定的组织结构，才能将劳动力合理分工并在协作条件下与生产资料相结合。实践中，用人单位的职工容量和劳动效率在很大程度上取决于组织机构的严密和科学。况且，为职工提供工资、福利等项待遇水平，也要受组织条件的影响。

用人单位资格由有关国家机关专门确认。我国确认用人单位资格的制度，包括下述要点：(1) 由劳动力市场主管部门统一行使用人单位资格确认权；(2) 以强制登记作为用人单位资格确认的基本方式；(3) 职工编制受国家控制的用人单位须经编制主管部门批准；(4) 符合用人单位条件的企业分支机构，经法定主管机关批准或特许才可办理用人单位资格登记。

3. 用人单位的用人权利和义务

不同类型的用人单位，在劳动关系中其具体的用人权利不尽相同。用人权利的内容一般有以下几个方面：(1) 录用职工方面的权利。用人单位有权按照国家规定和本单位需要录用职工，企业可依法自主决定招用职工的时间、条件、方式、数量及用工形式。(2) 劳动组织方面的权利。用人单位有权按照国家规定和实际需要确定机构、编制和人员任职条件，有权任免、聘用管理人员和技术人员，给职工下达生产或工作任务，并对生产过程实施指挥和监督。(3) 劳动报酬分配方面的权利。用人单位有权按照国家的工资分配政策，确定本单位工资分配的方式，增薪减薪办法、条件和时间等。(4) 劳动纪律方面的权利。用人单位有权制定和实施劳动纪律，有权依法或依企业规章奖惩职工。(5) 决定劳动关系存续的权利。用人单位有权决定在与职工劳动合同到期后是否续订合同，有权依法解除劳动合同。

在劳动关系中，用人单位的用人义务主要体现在保障所使用的劳动力在劳动过程中享有权利的实现，并为其履行劳动义务提供条件。用人单位的劳动义务主要包括：（1）付酬义务。用人单位应按法定或劳动合同约定支付劳动者劳动报酬。（2）保护义务。用人单位应保护劳动者在劳动过程中的安全与健康。（3）培训义务。用人单位应建立培训制度，对劳动者实施职业教育和技能培训。（4）使用义务。用人单位应为劳动者安排适当的工作岗位，提供必要的劳动条件，不使劳动力在劳动关系存续期间处于非自愿闲置状态；此外，不得使用暴力、威胁等手段强制劳动者进行劳动。（5）帮助义务。用人单位应以参加社会保险、建立福利制度等方式为劳动者及其亲属提供物质帮助。除了对劳动者的直接义务外，用人单位的用人义务还包括对国家、社会及本单位工会组织的一些义务。

三、劳动关系的运行

劳动关系的运行，是指劳动关系形成和存续的动态过程。它表现为劳动关系的发生、延续、变更、中止、终止等一系列环节和在这些环节之间，劳动主体和用人主体相关权利和义务的实现。劳动关系运行过程中的各个环节分别由不同的事实引起和构成，并分别对劳动者和用人单位实现相互权利和义务起决定和制约作用。

（一）劳动关系的发生

劳动关系的发生，是指劳动者和用人单位按照一定的方式确定劳动关系，从而产生相互间权利和义务的活动。劳动关系的发生，表明劳动者实现了就业，用人单位实现了录用职工，它是劳动关系运行的起点。劳动关系发生一般有两种方式：

1. 行政方式

劳动关系发生的行政方式，是指劳动者与用人单位按照有关行政机关的指令要求确立劳动关系。一般情况下，劳动者凭有关行政机关的指令性文书到指定的用人单位报到而成为该用人单位的一名职工，用人单位也凭此接受指定的劳动者为职工。按照这种方式，劳动者和用人单位都有义务服从行政机关的分配和安排，无正当理由不得拒绝。此种方式是计划经济条件下普遍采用的方式。随着市场经济体制的建立，行政方式已在企业废止，只在特定的用人单位实行。

2. 合同方式

劳动关系建立的合同方式，是指劳动者和用人单位通过订立劳动合同确定劳动关系。按照这种方式，用人单位通过发招聘书或刊登广告，由劳动者到用人单位应聘或用人单位通过劳动力市场与劳动者相互选择，在平等自愿、协商一致的基础上签订劳动合同，明确双方的权利义务。一般劳动合同签订之日就表示双方劳动关系正式发生。这种方式是市场经济国家确定劳动关系的基本方式。

（二）劳动关系的延续

劳动关系的延续，是指劳动关系存在的有效期延长。即既存劳动关系在原有效期限届满后仍然存续一定期限。在该期限内，劳动者和用人单位继续享有和承担原劳动关系存在时完全相同或基本相同的权利义务。我国劳动关系延续的情形主要有：（1）劳动合同期限届满后，劳动者与用人单位经协商续订劳动合同的；（2）职工在规定的医疗期、孕期、产期或哺乳期内，若劳动合同期限届满，则应顺延至医疗期、孕期、产期或哺乳期届满。

（三）劳动关系的变更

劳动关系的变更，是指劳动关系主体双方在劳动关系中确定的内容及客体的变动。即劳动关系主体双方已有的相互权利义务及其指向的对象，在劳动关系存续期间所发生的某些变化。劳动关系的变更可以是劳动者与用人单位在建立劳动关系时事先约定，当约定条件出现时进行变更，也可以因劳动关系运行中某些因素导致劳动关系的变更，还可以因行政决定、仲裁裁决或法院判决变更。实践中，变更比较多的是劳动者劳动岗位、职务、工种、工资等的变动。

（四）劳动关系的中止

劳动关系的中止，是指劳动关系存续期间，由于某种因素导致劳动关系主体双方主要权利义务在一定期限内暂时停止行使和履行，待中止期限届满后又恢复以前的正常状态。实践中，劳动关系中止的现象主要有：停薪留职、协议借用、停产息工、放长假、厂内待岗、服役、涉嫌违法犯罪被暂时羁押等。劳动关系的中止不同于劳动关系的变更，它不是对权利义务的部分变动，而是对权利义务的一种有期限的停止状态。劳动关系的中止不是劳动关系消灭，而是劳动关系的一种特殊运行状态，中止期限届满后即恢复原形，且劳动关系中止时，劳动主体双方一般还保持一定的权利义务关系。

（五）劳动关系的终止

劳动关系的终止，是指劳动关系主体双方权利义务的消灭，它是劳动关系运行的终结。实践中，劳动关系终止主要有以下情形：（1）劳动合同期限届满或劳动关系双方约定的终止条件出现；（2）劳动关系主体消灭或丧失一定的资格；（3）劳动合同依法或协商解除；（4）行政决定、仲裁裁决或法院判决。应当指出的是，劳动关系的终止并不意味着劳动关系主体双方权利义务的全部消灭，某些特定的内容在劳动关系终止后仍然要存续一定时间。

第三节　新中国劳动关系的建立、变化和发展

一、计划经济体制下我国劳动关系的建立

新中国成立以后，在社会主义改造基本完成后的相当长的时期内，我国实行计划经济，与此相适应，劳动关系的建立也受到国家计划经济和相关政策的严格制约，呈现出浓厚的计划经济特征。概括地讲，就是采用统包统配的方式建立劳动关系。它是国家采用全国统一招收的办法，把每年新成长的劳动力"包下来"，然后再按计划统一分配到企业、事业单位和国家机关。在企业实行以固定工为主的用工制度。实行统包统配方式建立劳动关系，起始于20世纪50年代初。当时，政府为了解决旧中国遗留下来的400万失业人员的就业问题，对国民党政府机关的官吏、旧公职人员和官僚资本主义企业的职工，采取了包下来的政策。以后，这种建立劳动关系的政策被延续下来，实行范围也逐步扩大。

1952年7月政务院第146次政务会议通过的《中央人民政府关于劳动就业问题的决定》规定，一切私营企业对于因实行生产改变、合理的提高劳动效率而多余出来的职工，均应采取包下来的政策，且由原企业单位发给原工资，不得解雇。1956年又对资本主义工商业社会主义改造后的公私合营企业的职工也全部包下来。对于所有包分配的人员，都成为用人单位的固定职工，不许随便辞退。1957年4月国务院在《关于劳动力调剂工作中的几个问题的通知》中规定，各单位对于多余正式职工和学员、学徒，应积极设法安置，如果没有做好安置工作，不得裁减。至此，我国统包统配建立劳动关系的方式形成，这种方式一直延续到20世纪80年代初期。这种建立劳动关系的方式被称为计划经济劳动关系。其主要表现和基本特征是：（1）劳动关系类型的单一性。所谓类型的单一性，是指在全国范围内，只有一种单一的公有制经济劳动关系，这种公有制经济劳动关系主要表现为劳动关系主体一方的用人单位的经济性质为全民所有制和带有全民性质的集体所有制，劳动者也都是全民所有制职工。其他非公有制经济劳动关系一般不存在。从劳动关系的存续来看，短期性、季节性、临时性劳动关系范围很窄。一般不允许形成兼职的劳动关系。（2）劳动关系内容的国家计划性。劳动关系各个方面都由国家统一计划、统一部署、统一实施。用人单位无权自行招用劳动力，而要由国家下达用工指标，在指标内招工；劳动者无权自择职业，而要由国家统一分配安置就业。劳动关系建立后，工资分配、保险福利等，都是国家统一制定政策，统一进行调整。（3）劳动关系运行规则的行政性。用人单位和劳动者建立劳动关系是通过政府的行政指令来实现的。劳动关系一旦建立，没有政府的行政指令，终身保持不变，直至退休。人员严格限制流动，劳动关系一方的劳动者身份不可转换。如果需要也是国家用行政方式进行调配。（4）劳动关系主体利益的一体性。在劳动关系中，企业是国家的企业，职工是国家的职工，全体劳动者都是国家的主人，都是生产资料的占有者，劳动者和劳动力的使用者都没有独立的主体身份，双方没有形成相对独立的利益主体，劳动者对用人单位实际上是一种依附关系。

二、向市场经济过渡时期劳动关系的变化

目前,我国正处于计划经济向市场经济的过渡时期,作为社会经济体制的一种标志,劳动关系也因此而发生了较大变化,具有明显的过渡性特征。在其形态上,既有计划经济条件下劳动关系的"烙印",又新生出市场经济条件下劳动关系的许多因素。主要表现在:(1)不同类型的劳动关系运行规则还有一定差别。计划经济条件下只存在单一类型的劳动关系,而经济体制改革以后,各种非公有制劳动关系发展很快。目前,不同所有制经济劳动关系之间,在确立方式、存在范围、内容及受国家调控程度等方面还有一定差别。(2)在劳动关系建立的形式上,劳动合同关系和非劳动合同关系仍然并存。在计划经济条件下,企业劳动关系的建立基本上是行政方式。在市场经济建立过程中,用行政方式建立劳动关系已经过时,企业基本上都实行了劳动合同制度,但在国家机关、社会团体和事业单位仍然存在着非劳动关系。(3)劳动力市场配置机制和行政配置机制同时对劳动关系发生作用。在计划经济条件下,劳动关系都是在劳动力行政配置机制的作用下运行的。改革以来劳动力市场逐渐发展起来,它不仅对劳动合同关系的运行起支配作用,而且还在一定程度上影响着非劳动合同关系的运行。但是,由于劳动力市场发育还不完善,劳动力行政配置不仅仍支配着非劳动合同关系的运行,而且对劳动合同关系有一定的制约作用。因而,在劳动关系运行过程中,存在着两种劳动力配置机制的摩擦。(4)劳动关系调整还存在着法律规范不健全的问题。在计划经济条件下,劳动关系调整几乎全部采用行政管理方式,执行的主要是有关政策;体制改革以来,劳动法制建设有了很大发展,按照市场经济要求,劳动关系逐步转向依法调整。但是,由于法律法规不完备,且在经济转换时期的一些特殊矛盾,劳动关系调整还存在着不规范的情况。(5)劳动关系中的经营者和劳动者地位差距拉大,力量对比失衡。体制改革以后,经营者拥有较大的自主权,因而地位不断提高,与劳动者之间地位差别拉大。计划经济条件下劳动关系主体双方力量对比相对均衡的状态被打破,劳动者弱者的地位突出地显现出来。劳动关系内部由于制度不完善,法律规范尚未完全渗入,行政手

段仍起作用，经营者、管理者侵犯劳动者权益的现象增多，劳动争议大幅度上升，劳动关系的不稳定因素增多。这些都反映出在计划经济向市场经济过渡时期劳动关系的复杂性和不成熟性。

另外，香港、澳门回归后，加上台湾地区，因与内地实行不同的社会制度，劳动关系的现状也有差别。与内地相比，三地区劳动关系现状有下述特点：(1) 劳动关系的性质是以生产资料的私有制为基础的雇佣劳动关系。(2) 劳动关系的建立完全按市场规则运行，采用劳动合同的方式。(3) 劳动关系的调整适用本地区劳动法规，不适用内地劳动法规。

三、市场经济条件下我国劳动关系的发展

我国经济体制改革的目标是实现社会主义市场经济。因此，劳动关系也将朝着适应市场经济要求的运行方向变革，其发展的总体趋势是：

(一) 劳动关系主体利益明晰化

劳动关系就其实质而言，是一种利益关系，但在计划经济条件下，劳动关系的这种性质特点被掩盖。从外在表现看，劳动者和用人单位都没有独立的主体身份，因而也都不能形成相对独立的利益主体。利益一体化是劳动关系维系和运行的基本目的和一致要求。随着市场经济条件下的现代企业制度的建立和完善，政企分离、产权清晰、责权明确、科学管理，国家和企业之间有了相互区别的职能和利益取向，劳资双方在生产资料所有权问题上泾渭分明，企业成为名副其实的相对独立的经营实体和经济组织，企业与职工、经营者与劳动者在根本利益一致的基础上，将逐渐形成主体明晰、地位对等、平等竞争、利益多元的新型劳动关系。按照这种趋势发展，在计划经济条件下，那种在劳动关系上国家代表企业、企业代表职工、主体界限模糊、利益关系不明的状况会得到彻底改变，国家、企业、劳动者各自成为相对独立的权利主体和利益主体的关系完全实现。

(二) 劳动关系类型多样化

在计划经济条件下，我国建立在单一公有制基础上的劳动关系只能是单一的劳动关系。随着多种经济的发展，我国劳动关系就其类型而言，必然呈现多样化的特点。所谓多样化，是指劳动关系不再是公有制的一统天下，除公有制劳动关系外，非公有制劳动关系会得到发展。在劳动关系构成形式上除国有经济和集体经济劳动关系外，还有股份制经济的劳动关系、合作制经济的劳动关系、外贸经济的劳动关系、私营经济的劳动关系、个体经济的劳动关系等。劳动关系类型的多样化还表现在，在同一经济类型的劳动关系中又分为各种不同的劳动关系表现形态，如在国有经济劳动关系中又有承包制、租赁制以及国有民营等劳动关系的表现形式；而且在同一种形态的劳动关系中，还会包含不同的所有制成分，如在一些股份制劳动关系中，既有国有制经济成分，又有非国有制经济成分；在一些合作经济的劳动关系中，既有集体经济的成分，又有个体经济的成分或者外贸经济的成分。

（三）劳动关系的形成合同化

基于劳动关系主体的明晰和利益的多元化，以劳动合同的形式建立劳动关系，明确双方的权利和义务，规范和约束劳动关系主体双方的劳动行为，实现劳动过程中的管理，将成为各类劳动关系普遍采用的一种有效形式。劳动关系形成的合同化包含两层意思：一是用人单位和劳动者建立劳动关系，通过签订劳动合同的方式来实现。劳动合同既是发生劳动关系的凭证，又是规范和约束劳动行为的依据。二是在劳动关系内部，由工会代表职工与用人单位行政，就劳动关系中的一些标准或其他事项签订集体合同。通过集体合同的方式维护劳动关系主体的权益。

（四）劳动关系运行的市场化

按照市场机制和规律规范劳动关系的运行是市场经济条件下的必然结果。在计划经济条件下，劳动关系的运行一直由政府运用行政手段直接调控，劳动关系从形式到本质体现的都是一种行政关系。在市场经济条件下，市场机制将在劳动力资源配置方面发挥基础性作用，劳动关系的运用将由国家的行政控制转变为市场调节，届时国家已不可能也没有必要直接干预劳动关系，国家的职能主要是通过劳动立法制定劳动标准并对劳动关系的运行过程进行宏观指导和监督。劳动关系的直接处理权利，将主要由劳动关系主体双方按照市场规则，运用市场机制自行决定。劳动力的供需、流动，劳动关系的建立、变更、终止及劳动关系存续期间的各项事务、各个环节，都通过市场机制来调控。劳动关系的运行将形成由政府、雇主和劳动者三方代表平等协商的三方格局。

（五）劳动关系规范的法制化

市场经济本质上是法制经济。在市场经济条件下，劳动关系在构成、运行、处理等方面将全部实现法制化。法律原则、法律方式是规范劳动关系的主要依据。其标志是：劳动法律体系基本形成，以劳动法为龙头建立起调整劳动关系各个方面的法律规范。同时，劳动关系规范的法制化，要求劳动关系主体的行为规范都要以法律为准则。劳动关系的建立不仅要以法律为依据，劳动关系的变更及劳动关系双方的纠纷处理都要依法进行。届时，劳动关系的各个领域都有完备的法律制度，调整劳动关系所达到的具体标准是法律所规定的全部内容。在劳动关系运行的各个环节上，将会形成有法可依、有法必依、执法必严、违法必究的法制环境，从而体现法制化条件下劳动关系的稳定、协调、有序的良好发展。劳动关系规范法制化的最终发展目标，是实现各种类型劳动关系之间劳动标准、劳动条件及运行规则的统一、合理和公平。

第四节　调整劳动关系的法律制度

一、劳动关系立法概述

劳动关系立法，是指立法机关制定、修改或废止有关建立、变更、终止劳动关系的法律规范活动的总称。有时仅指依立法程序专门制定劳动关系方面的法律、法规。

劳动关系（或称劳资关系），最早出现在1935年7月美国国会制定的《国家劳资关系法》中。该法是在美国政府实行"新政"时期，为了加强对劳资关系的干预，以摆脱当时经济危机的严重困境而制定的。立法的主要内容包括：确认工人享受结社权和罢工权；工会有权代表工人进行集体协商谈判，签订集体合同；劳资纠纷处理机构及程序等。1947

年对该法进行了修订,并同时制定了《劳工管理关系法》,劳动关系立法也由此而来。继美国劳动关系立法之后,日本于1946年制定了《劳动关系调整法》,1949年制定了《工会法》。1946年爱尔兰也制定了《劳动关系法》。至20世纪六七十年代,亚洲、非洲、欧洲近20多个国家相继制定了专门的劳资关系法,有些国家如匈牙利、波兰、菲律宾等,在其劳动法典中设专编或专章规定劳动关系。劳动关系立法范畴的界定、内容项目的多少,在各国立法中没有统一的模式,有的内容比较广,不但包括劳动合同、集体合同、劳动争议处理,还包括劳动纪律、劳动报酬、劳动安全等内容;而有的内容比较窄,只限于劳动关系的建立、变更、终止,实际上只是某一单项立法。这种情况在各国立法实践中比较普遍,它是由各国劳动立法体系的特点和劳动关系的实际需要决定的。

在我国,解放初期针对当时存在相当数量的私营企业和不断发生的劳资纠纷,制定了"劳资关系三大文件",即《关于劳资关系暂行处理办法》《关于私营工商业劳资双方订立集体合同的暂行办法》《关于劳动争议解决程序的暂行规定》。当时,劳动关系立法范围很广,实际上相当于整个劳动立法的概念。进入20世纪80年代以后,我国在劳动关系方面的专门立法有职工招用、劳动合同及劳动争议处理等内容。

就劳动法学的范畴而言,劳动关系立法是一个特定的概念,它不是指所有劳动关系的立法,而仅指建立、变更和终止劳动关系的立法。在实践中,不少国家也常把建立、变更、终止劳动关系作为劳动关系立法的分类。

（一）建立劳动关系的立法

所谓建立劳动关系的立法,是指劳动者与用人单位确立劳动关系,明确双方权利义务的立法。其内容主要有用人单位招收聘用劳动者的立法和订立劳动合同的立法。

（二）变更劳动关系的立法

变更劳动关系的立法,是指劳动关系建立以后,用人单位与劳动者之间因某种原因,对已确定的权利义务作部分变动。其内容主要有变更劳动合同、集体合同及职工流动方面的立法。

（三）终止劳动关系的立法

终止劳动关系的立法，是指劳动关系主体双方因某种原因导致劳动权利义务终结，劳动关系消灭。其内容主要有劳动合同解除、终止，职工辞职，用人单位辞退违纪职工及开除、除名职工等立法。

从世界各国劳动立法的实践看，劳动关系立法的内容因国情不同而有所不同。在美国、菲律宾等国，劳动关系立法主要包括劳动合同、集体合同、工会、劳动争议处理等方面的内容。在日本，则仅限于工会，劳动争议处理的立法，劳动合同立法归属于劳动标准立法的范畴。在保加利亚、南斯拉夫等国，劳动关系立法则是一个综合性的概念，不仅包括劳动合同、集体合同、劳动争议方面的内容，而且还包括了一般认为是劳动标准范畴的内容。我国劳动关系立法的内容尚无固定的模式，一般认为其内容包括劳动合同、集体合同，职工招聘、调动、辞职及用人单位辞退职工，劳动争议处理等方面的立法。

劳动关系立法作为劳动立法的重要组成部分，与其他劳动立法常常有交叉，其作为劳动立法的一个方面主要是便于学习和掌握，并无实质性的意义。因此，各国对此并无严格划分标准和分类界限。

二、调整劳动关系的原则

调整劳动关系的原则，是指集中体现在调整劳动关系的法律规范和各项制度中起主导作用的本质精神。它是调整劳动关系所应遵循的基本准则，决定着调整劳动关系的方向，贯穿于劳动关系调整的全过程。调整劳动关系的原则，对于调整劳动关系的每一个环节都具有指导和统帅作用，是有着普遍约束力的行为规则。它对于调整劳动关系具有涵盖的全面性、高度的权威性和极强的稳定性等特征。在市场经济条件下，调整劳动关系的基本原则主要有下述内容：

（一）劳动关系主体权利义务统一的原则

劳动关系是劳动者与用人单位之间在实现劳动过程中的权利义务关系，劳动关系主体双方在实现劳动过程中各自既行使权利，又履行义务。调整劳动关系实际上就是通过法律法规或制度对劳动关系主体的权利义务进行规范。在劳动关系中,一方面,劳动者负有将其劳动力交付给用人单位使用的义务。其主要表现是,参加用人单位组织的劳动,完成用人单位安排的劳动任务,且在劳动过程中遵守用人单位制定的劳动纪律。另一方面,劳动者在让渡劳动力使用权给用人单位的同时,仍保留着劳动力的所有权,这就要求用人单位在享有使用劳动力权利时,对劳动者承担保障劳动力再生产和履行劳动义务以外人身自由的义务。其表现是,向劳动者支付劳动报酬和其他物质待遇,保证劳动者休息,保护劳动者在劳动过程中的安全和健康。

在劳动关系中,劳动者和用人单位都享有权利和负有义务,双方的权利义务相互对应,彼此依存,即一方权利的实现要以另一方义务的履行为保证,一方的义务又是对另一方权利的体现。这不仅表现了劳动关系主体之间对劳动过程的共同支配,而且反映了主体间相互制约的辩证关系。因此,在协调劳动关系时,权利义务的规范处于同一重要的位置,并且相辅相成,相互统一。

(二)劳动力资源合理配置的原则

劳动关系是劳动力与生产资料相结合的一种社会关系,亦即劳动力资源配置的社会形式。仅此意义而言,调整劳动关系就是要实现劳动力资源的合理配置。在市场经济体制下,判断劳动力资源配置是否合理及合理的程度,应当奉行兼顾效率和公平双重价值取向。就是说,需要同时追求劳动力资源的高效率配置和公平配置。这意味着,在劳动关系的建立和运行中,既要实现劳动平等,更要强调对劳动力资源的高效率使用。所以,劳动关系的调整,必须以此作为目标,对劳动力资源从宏观配置和微观配置两方面进行规范。

在劳动力资源宏观配置上,协调劳动关系的任务,就是要发展完善劳动力市场,确立以市场机制为基础的劳动力资源配置机制,维护劳动力市场运行秩序,特别是要确立和保护劳动力供求双方确立劳动关系的自主权,让双方都成为市场主体;形成一套以劳动力自由流动、劳动者竞争就业、劳动供求双方相互选择、用劳动合同确立劳动关系等为特征的劳动力市场运行规则,从而为实现劳动供求平衡、有序流动和高效使用创造宏观条件。

在劳动力资源微观配置上,为了确保实现劳动者各尽所能、人尽其才,在劳动关系中,必须正确处理劳动者利益和劳动效率的关系,使二者相互依存、彼此促进。一方面,通过协调劳动关系来调动劳动者的积极性,增强劳动者素质,改善劳动者的劳动条件,从而提高劳动效率;另一方面,通过提高劳动效率,并使劳动效率与劳动者利益挂钩,从而为增进劳动者利益创造有利条件。为此,协调劳动关系应当引导和强制劳动力资源的微观配置符合下述要求:(1)保证各个劳动者在劳动关系存续期间实现参加劳动的权利,科学地组织劳动过程,按照合理使用、充分发挥作用的准则安排劳动者岗位,避免劳动力闲置和浪费;(2)用人单位在劳动者工资报酬、保险福利、休息休假、安全卫生、技能培训等方面,保证劳动力再生产顺利进行,不断改善劳动力供给结构,提高劳动力供给水平;(3)充分调动劳动者的积极性、主动性和创造性,强化劳动者完成劳动任务的意识和遵守劳动纪律、提高劳动力素质的义务和责任。

(三)保护劳动关系主体权益的原则

劳动关系就其本质而言,是一种权利和利益关系,调整劳动关系说到底就是通过劳动关系双方劳动行为的规范,来实现对权利和利益的保护。在市场经济条件下,劳动者和用人单位在劳动关系中主体明晰,是两个相对独立的权利和利益主体,有着不同的利益取向和追求。劳动关系协调的任务之一,是保护各方主体的权利和利益不受侵犯,从而保证劳动关系的顺利运行。在劳动关系调整中,实施劳动关系主体权益保护原则的具体要求是:

1. 全面保护

所谓全面保护,是指要对劳动主体和用人主体的权益实施保护,任何一方都不得随意侵犯对方的权益。同时,对劳动关系双方来说,无论是法定权益还是约定权益,无论是财产权还是人身权,无论是在劳动关系缔结中,还是在劳动关系运行中,都要置于保护范围内。

2. 平等保护

所谓平等保护，是指对全体劳动者和各类用人单位的权益都应平等保护。其含义和要求包括两个方面：一是对各类用人主体的权益平等保护。对于国有和各类非国有用人单位赋予同等的用人权利，对其使用劳动力的权益给予同样保护。二是对各种劳动者平等保护。对于民族、种族、性别、职业、职务、劳动关系的经济类型或用工形式等不同的劳动者来说，在劳动关系中地位平等，标准和条件相同，不得有任何歧视。

3. 优先保护和特殊保护

优先保护，是指在特定条件下，当对劳动者权益保护和对用人单位权益保护出现矛盾、发生冲突时，调整劳动关系应对劳动者实施优先保护。如在劳动过程中，当安全与生产发生冲突时，应首先保护劳动者的人身安全。特殊保护，是指在劳动关系中，对于某些特殊群体的劳动者的权益给予特殊保护。如女职工、未成年劳动者、残疾劳动者、军队退役劳动者等。这种特殊保护是对一般保护的必要补充。在一定意义上，只有对这些特殊群体劳动者进行特殊保护，才能真正实现全体劳动者的平等保护。

（四）促进经济发展和社会进步的原则

经济的发展和社会的进步，既是人们从事生产劳动的重要目标之一，又是人们进行生产劳动不可缺少的环境条件。保护劳动者和用人单位的权益，维护和发展稳定和谐的劳动关系，建立良好的劳动秩序，调动劳动者的积极性，提高劳动生产率，促进生产力发展，最后都要落实到经济发展和社会进步上来。劳动关系作为生产关系的重要组成部分，从调整劳动关系的全局和局部的观点看，调整劳动关系只能是社会关系的局部，而经济发展和社会进步才是全局。这两者是不可分割的，是相互作用的。如果经济发展缓慢、生产力水平低下、综合国力薄弱，无论是劳动者还是用人单位，都会缺少权益保护的物质基础或者只能在低水平上循环。没有社会的进步，国家的文明程度和劳动力素质很低，也就很难维持劳动关系的和谐稳定。因此，调整劳动关系，必须放眼全局，把促进生产力发展、增强综合国力和推动社会文明进步作为出发点。

三、调整劳动关系的法律制度

现代社会中的市场经济是依据一定的社会规范并通过体现这些规范的法律制度来控制的。在调整劳动关系方面,世界各国也都通过立法建立了相应的法律制度。

(一)职工招聘制度

职工招聘制度,是指用人单位招工(招聘)行为和劳动者应招(应聘)行为相结合而建立劳动关系的一种法律制度。我国法规确立的招聘制度主要包括下述环节:(1)申报指标。在计划经济条件下,用人单位招用职工需要事先编制增人计划和补充自然减员的指标,报主管部门和劳动管理部门批准后执行。随着社会主义市场经济的建立和发展,需要申报指标的政策已被取消。(2)公布招工简章。用人单位应以法定的方式或国家机关指定的方式向不特定的劳动者公布招工简章,在简章中载明职工录用条件、录用后的权利义务、应招人员报名办法、录用考核方式等。(3)自愿报名。劳动者按照用人单位公布的招工简章的要求,自愿应招报名。(4)考核录用。用人单位对应招劳动者经考核后择优录用,公布录用名单并发录用通知书。

在职工招聘制度中,国家和地方法律法规对用人单位作出了许多限制性规定,其目的一方面是为了实现劳动力资源的合理配置,另一方面是为了保障劳动者就业。职工招聘的限制性规定主要包括:(1)用人单位必须以符合国家规定的职工录用基本条件的劳动者作为招工对象。(2)用人单位应当主要在有城镇户籍的劳动者中招工,只有在国家明确规定的经批准的范围内才允许从农村招工;使用农村剩余劳动力必须办理务工许可证。(3)用人单位一般应在本地区招工,凡需向外地招工,必须是在本地招聘不到或在短期内难以通过培训解决为前提条件,并须经劳动行政部门批准或确认。(4)除文艺、体育和特种工艺单位经批准可以招用未满16周岁的文艺工作者、运动员和艺徒外,禁止招用童工。(5)企业裁员后6个月内招工的,应当优先录用被裁减人员。(6)企业招用外国人或港澳台地区人员须办理许可证。(7)不得招用在校学生。(8)凡适合妇女从事劳动的岗位,不得拒绝招收女性应聘者。

应当指出的是，在不同的国家和地区及在不同的历史时期，职工招聘法律制度会有不同的原则、条件和方式，此项法律制度的内容也会有所变化。

（二）职工调动制度

职工调动，是指劳动者在不同用人单位之间依行政方式进行流动，是劳动者流动的一种形式。它是计划经济条件下我国调整劳动关系的一项重要法律制度。在市场经济条件下，除成建制等政策性调动和特定的用人单位外已基本不存在职工调动问题。

职工调动按照一次调动的职工数量不同，分为多数调动和零星调动两类。多数调动按照被调动职工之间的关系不同可分为：成建制调动、成套调动、成批调动。零星调动是指职工单个调出或调入单位。有正式调动和非正式调动、对调和单调、商调和抽调等。

职工调动有一定的限制条件：（1）职工流向的限制。对与国家规定的职工合理流动相反的跨地区调动，予以严格限制。（2）职工编制的限制。职工编制由有关部门核定的单位，已满编或超编时，一般不得调入职工。（3）内部调剂的限制。用人单位的缺员凡在本单位、本地区、本部门现有职工中能调剂解决的，一般不得从外单位、外地区、外部门调入职工。（4）特定职工需要的限制。例如，中小学教师一般不得调离教育部门。（5）职工个人特定原因的限制。经国家统一分配的大中专毕业生，除需要外，在分配岗位见习合格后工作未满一年的不得流动。由于健康原因不能正常工作或患精神病的职工，不得调动。犯有错误，正在审查尚未作出结论或开除留用察看期限未满的职工，不允许调动。

职工调动的程序一般为：（1）填写职工调动工作审批表。（2）调出、调入单位商洽。（3）需要审批的按职工管理权限报有关部门审批。（4）签发职工调动通知书。（5）按规定期限办理职工调动手续。

（三）劳动合同制度

劳动合同制度是市场经济条件下，调整劳动关系的一项基本法律制度，目前，已为世界各国普遍采用。我国早期的企业就曾实行过劳动合同制度，后来在改革固定工制度时，对新招职工实行劳动合同制度。

《劳动法》颁布实施后,我国已普遍实行了劳动合同制度。

劳动合同法律制度的主要内容包括:(1)劳动合同概念的界定。劳动合同是劳动者与用人单位确立劳动关系,明确双方权利和义务的协议。这表明,劳动合同是建立劳动关系的法律形式。(2)劳动合同的订立。规定了劳动合同订立的原则、形式和合同成立的必备条款。(3)劳动合同的履行。劳动合同订立后,劳动者和用人单位必须履行劳动合同规定的义务。劳动合同履行应当遵从亲自履行、全面履行、协作履行的原则。(4)劳动合同的变更。包括变更劳动合同的原则、条件、方式、程序等。(5)无效劳动合同。规定了无效劳动合同的条件,即违反法律法规的劳动合同,采取欺诈、威胁手段订立的劳动合同;无效劳动合同的认定,劳动合同的无效由劳动争议仲裁机构或人民法院确认。(6)劳动合同的解除和终止。规定了劳动合同解除和终止的条件、方式、程序,以及劳动合同解除、终止的法律后果。(7)违反劳动合同的法律责任。(8)劳动合同的管理。规定了管理体制、管理措施等。

(四)集体合同制度

集体合同,又称团体协议或集体协议,是指劳动者(通过工会)与用人单位为规范劳动关系、维持劳动秩序而订立的,以全体劳动者的共同利益为中心内容的书面协议。集体合同是产业革命以后,随着工人运动的发展,特别是工会的兴起,而产生和发展起来的调整劳动关系的法律制度。集体合同制度现已盛行于市场经济国家,并且在调整劳动关系中处于与劳动合同制度并重,甚至比劳动合同制度更为重要的地位。

综观各国的集体合同制度,就其体制而言,可分为单一层次集体合同模式和多层次集体合同模式。在实行单一层次的集体合同的国家,法律只允许存在基层工会与用人单位签订的集体合同。目前实行单一层次集体合同的国家并不多,我国属于这种模式。在实行多层次集体合同模式的国家,法律允许基层集体合同与若干宏观层次集体合同并存,后者即产业集体合同、地方集体合同、职业集体合同和全国集体合同。现代西方国家大都实行这种模式。

对于集体合同的内容,各国立法规定也不尽相同。有的国家立法列举的比较详细,而有的国家立法只简略规定其必备条款。从发展趋势看,集体合同内容所涉及的面越来越广,凡在劳动关系中可能发生的问题,都纳入到集体合同范围,甚至以往被认为是雇主特权的某些内容,如引进新技术,变更管理组织、生产计划等,也成为集体合同的内容。我国《劳动法》对集体合同的内容只作了不完全的列举,但劳动和社会保障部颁发的《集体合同规定》则作了比较详细的规定,共列举了15项,即:劳动报酬;工作时间;休息休假;劳动安全与卫生;补充保险和福利;女职工和未成年工特殊保护;职业技能培训;劳动合同管理;奖惩;裁员;集体合同期限;变更、解除集体合同的程序;履行集体合同发生争议时的协商处理办法;违反集体合同的责任;双方认为应当协商的其他内容等等。

就集体合同法律制度来说,法律一般规定下述内容:(1)集体合同的主体及资格。(2)集体合同订立的原则和程序。(3)集体合同的内容和期限。(4)集体合同的履行、变更、解除和终止。(5)集体合同的管理。

(五)企业劳动规章制度

企业劳动规章制度,又称企业内部劳动规则,有的国家和地区称之为雇佣规则、工作规则或从业规则等,是指用人单位依法制定并在本单位实施组织劳动过程和进行劳动管理的一种制度。它是调整劳动关系法律制度的重要组成部分,是协调劳动关系的有效手段。

企业制定劳动规章用以协调劳动关系,是法律赋予的一项义务。许多国家立法中都有此规定。我国《劳动法》规定,用人单位应当依法建立和完善规章制度,保障劳动者享有劳动权利和履行劳动义务,并把劳动者严重违反用人单位规章制度作为可以解除劳动关系的一项条件。目前,各国法律确立的企业劳动规章制度已形成两种模式:一种是授权式,即把建立劳动规章制度的权利授予用人单位,对其内容一般不作规定或只简要列举其应含事项,由用人单位自主决定其内容;另一种是纲要式,即对用人单位劳动规章制度的制定,从权限、程序到内容都作出纲要式规定,用人单位以此为依据和标准来制定劳动规章制度。这两种模式虽有区别,但其共同点是:(1)都授权用人单位制定劳动规章制度并自行确定内容。(2)都规定用人单位的劳动规章制度在制定程序和内容上必须合法。(3)都确认劳动规章制度在协调劳动关系时具有法律效力。

劳动规章制度的内容一般包括:职工工作时间、休息时间、休息日、休假及轮班时的有关事项;工资的决定、计算及支付方法;工资制度及发放日期,工资增减等;职工退职、离职及退休;劳动安全卫生;各项社会保险及福利;劳动纪律及实施奖惩的办法、种类及程度的事项;职业训练及考核的有关事项;劳资双方相互沟通的内容等。

劳动规章制度的制定程序,一般规定为下述主要环节:(1)职工参与。指在制定劳动规章时要有职工代表参加,听取职工意见。(2)报送审查或备案。劳动规章制度制定后,要报送有关管理部门进行审查或送其备案。(3)正式公布。劳动规章制度要向全体职工以正式文件方式予以公布,从公布之日起生效。

(六)职工民主管理制度

职工民主管理,又称企业民主管理,西方国家通常称之为职工参与或产业民主,是指职工直接或间接参与管理所在单位内部事务。职工民主管理制度是职工以自己的身份参与企业内部的事务,它与劳动合同制度、集体合同制度和企业劳动规章制度并存,共同执行调整劳动关系的职能。

职工民主管理制度较之劳动合同和集体合同制度,在协商劳动关系方面有其自身的特点。主要表现在:(1)职工民主管理由劳动关系主体各自的单方行为所构成,其意志协调表现为职工意志对企业意志的影响和制约,企业意志对职工意志的吸收和体现;而劳动合同和集体合同制度都是劳动关系主体双方的行为,其意志协调表现为协商一致所达成的协议。(2)职工民主管理是在劳动过程中处于被管理者地位的职工参与管理,属于管理关系中纵向协调;而劳动合同和集体合同属于平等关系的横向协调。(3)职工民主管理由于其形式多样,能够在劳动关系存续期间,对劳动关系进行经常、随机、及时的协调;而劳动合同和集体合同制度对劳动关系的协调则主要表现在劳动关系的建立和合同变更环节。

各国职工民主管理的形式主要有以下四类：（1）机构参与，或称组织参与。这种方式是职工通过组织一定的专门性机构参与企业管理，如职工委员会、初级董事会、职工代表大会等。（2）代表参与。即职工通过合法程序产生的职工代表参与企业管理，如职工代表参加企业有关机构或监督企业日常管理活动等。（3）岗位参与。即通过职工在劳动岗位上实行自治来参与企业管理，如组织质量管理小组、班组自我管理等。（4）个人参与。即职工本人以个人行为参与企业管理，如向企业提合理化建议，向企业有关部门进行查询等。

我国职工民主管理的主要形式是职工代表大会制度。职工代表大会是由法律规定，经过职工民主选举产生的职工代表组成的，代表全体职工行使民主管理的机构，是企业实行民主管理的基本形式。在计划经济条件下，职工代表大会制度一直是公有制企业实行职工民主管理的一种法定必要形式，随着市场经济体制的形成，职工代表大会制度的适用范围将扩展到各类所有制企业。

在调整劳动关系方面，职工代表大会行使民主管理的职权，依其指向的对象不同，可分为对事权和对人权两类。职工代表大会的对事权，是指对企业劳动事务拥有进行审议的职权。它包括下述主要内容：（1）审议、建议权。对属于企业生产经营的全局性重大事项进行审查、讨论并提出意见和建议。（2）审议、通过权。对涉及职工利益和生产经营的具体方案和规章制度进行审查、讨论，并在此基础上以一定的方式作出同意或否决的决议。（3）审议、决定权。对非生产经营但属于职工切身利益方面的重大事项进行审查、讨论，并直接作出决定，提交企业行政执行。职工代表大会的对人权，是指对企业领导和管理人员拥有进行监督和选择的职权。它包括下述内容：（1）评议监督权。评议、监督企业行政的各级领导人员，并提出奖惩和任免的建议。（2）推荐选举权。按照国家规定和企业所有者或其他机构的部署，民主推荐厂长（经理）人选，或者民主选举厂长（经理）。

（七）平等协商制度

平等协商，又称劳资协商，是指职工方与企业方就企业有关生产经营和职工利益的事务，平等地交涉、对话和商讨，以实现相互理解和合作，并在可能的条件下达成一定协议的活动。平等协商制度出现在19世纪末，并在两次世界大战期间和以后得到较快发展，至今，已成为市场经济国家协调劳动关系的一项重要制度。

平等协商制度与集体合同制度是不同的，其特点是：（1）平等协商的职工一方的代表是经职工民主选举产生的。（2）平等协商并不一定要以达成协议为目的，通常只需增进相互理解或形成合作意向即可。（3）平等协商中如有争议，只能由双方协商解决，不能采取过激行为，如罢工、闭厂等对抗行为。（4）平等协商中，双方可不限于劳动条件，可以就企业经营决策和发展战略之类的问题交换意见。（5）平等协商往往频繁举行，如一月一次，甚至可随时举行。

对于平等协商形式，许多国家和地区立法要求采用劳动协商机构进行，即依法由劳资双方组成一定机构专司平等协商的职能。如法国的工厂委员会，我国台湾地区的劳资会议。但也有的国家并不从法律上规定平等协商要建立专门机构，而只规定平等协商的一般规则。

在我国，1950年政务院曾批准《劳动部关于在私营企业中设立劳资协商会议的指示》。目前，我国不少企业都有开展平等协商的实践，但并不规范，也未形成法定的制度。其主要形式有：（1）民主对话；（2）民主质询会；（3）民主咨询会；（4）民主接待日。基于我国民主协商制度的实践，借鉴国际上成功的经验，立法应对平等协商制度进行规定，就平等协商的适用范围、协商内容、协商形式、协商代表、协商程序、协商结果等作出规定。

（八）劳动监察和劳动争议处理制度

劳动监察和劳动争议处理制度，是从用人单位外部采取措施来协调劳动关系的法律制度。

劳动监察，国外又称劳工监察，是指法定专门机关代表国家对用人单位遵守劳动法律法规情况依法进行检查、纠举、处罚等一系列活动。

它作为调整劳动关系的一种强制性手段,是世界各国广为运用的法律制度。它具有法定性、行政性、专门性、唯一性等属性。劳动监察制度的内容一般包括:(1)劳动监察机构和监察员的主体资格;(2)劳动监察的形式和范围;(3)劳动监察的职责和程序;(4)监察结果处置等。

劳动争议处理制度,是指由法定的机构依法对劳动关系主体双方因劳动权利和义务发生的纠纷进行处理的一项制度。劳动争议处理制度的内容包括:(1)劳动争议处理机构的设立。劳动争议处理机构大致可分为三种类型,即调解机构、仲裁机构和司法机构。调解机构可分为劳动行政部门所属机构、政府所属机构、民间机构、企业内部机构四种。仲裁机构可分为半官方机构、民间机构、官方机构三种。司法机构可分为普通法院和劳动法院(法庭)两种。(2)劳动争议处理的方式。各国处理劳动争议的方式各具特色并且多种多样,但基本上分为合意方式和裁判方式两大类。(3)劳动争议处理的原则。主要是着重调解的原则,合法、公正、及时处理的原则。(4)劳动争议处理的体制。各国劳动争议处理的体制不完全相同,主要有两种模式,即单轨制和双轨制。单轨制是指调、裁、审依次进行的体制,而双轨制则是裁、审分离,各自终局的体制。(5)劳动争议处理的程序。各国对劳动争议处理的程序都规定了申请、受案、立案、处理等程序。其中申请是必经程序,不经申请不能进入处理过程。

本章小结

1. 劳动关系是指劳动者在运用劳动能力,实现劳动过程中与用人单位产生的一种社会关系。

2. 劳动关系具有以下特征:它以劳动为目的,以劳动力与生产资料相结合为方式,在人们运用劳动能力,作用于劳动对象,实现劳动过程中发生;它具有自然关系和社会关系双重属性;它的主体一方是劳动者,一方是用人单位;它以劳动力的使用为核心,形成了二元权利结构;它是人身关系属性和财产关系属性相结合的社会关系;它是平等性与隶属性兼有的社会关系；它的确立、变更和终止以及在劳动过程中主体的权利义务都以特定方式实现。

3. 劳动关系主体是指劳动关系中劳动力的所有者和劳动力的使用者，即拥有劳动力的劳动者和使用劳动力的用人单位。其中劳动者亦称劳动主体，用人单位亦称用人主体。劳动关系主体具有以下特征：主体范围的广泛性和主体资格的法定性。

4. 建立劳动关系的条件，是指建立劳动关系的双方主体，即劳动主体（劳动者）和用人主体（用人单位）所应具备的资格。劳动者资格是指公民建立劳动关系，成为劳动关系主体的必备条件，一般由法律规定。它包括劳动权利能力和劳动行为能力两个方面。劳动权利能力是指公民依法能享有劳动权利和承担劳动义务的资格。它是公民成为劳动者，劳动者成为劳动关系主体的必备条件。劳动行为能力是指法律认可的劳动者行使劳动权利和履行劳动义务的资格。它是劳动者参与劳动关系的实质性条件。用人单位资格指使用劳动力所必须具备的法定的前提条件。它决定用人单位能否与劳动者建立劳动关系和建立什么样的劳动关系。用人单位的资格由有关法律规定，包括用人权利能力和用人行为能力两个方面。用人权利能力指用人单位依法能够享有用人权利和承担用人义务的资格。用人行为能力指用人单位能够以自己的行为行使用人权利和履行用人义务的资格。

5. 劳动关系的运行，是指劳动关系形成和存续的动态过程。它表现为劳动关系的发生、延续、变更、中止、终止等一系列环节和在这些环节之间，劳动主体和用人主体相关权利和义务的实现。

6. 劳动关系的产生是指劳动者和用人单位按照一定的方式确定劳动关系，从而产生相互间权利和义务的活动。劳动关系产生一般有两种方式：行政方式和合同方式。劳动关系的延续是指劳动关系存在的有效期延长。劳动关系的变更是指劳动关系主体双方在劳动关系中确定的内容和客体的变动。劳动关系的中止是指劳动关系存续期间，由于某种因素导致劳动关系主体双方主要权利义务在一定期限内暂时停止行使和履行，待中止期限届满后又恢复以前的正常状态。劳动关系的终止是指劳动关系主体双方权利义务的消灭，它是劳动关系运行的终结。

7. 调整劳动关系的原则是指集中体现在调整劳动关系的法律规范和各项制度中起主导作用的本质精神，它是调整劳动关系所应遵循的基本准则，决定着调整劳动关系的方向，贯穿于劳动关系调整的全过程。在市场经济条件下，调整劳动关系应遵循四个基本原则：劳动关系主体权利义务统一的原则；劳动力资源合理配置的原则；保护劳动关系主体权益的原则；促进经济发展和社会进步的原则。

思考题

1. 什么是劳动关系？它具有哪些特征？
2. 试论述建立劳动关系的条件的具体内容。
3. 调整劳动关系应遵循哪些原则？

第二章

劳动合同制度

学习目标

通过本章学习，掌握劳动合同的概念、形式、内容，劳动合同订立、履行的原则、条件，劳动合同的变更、解除和终止的概念、情形和条件，无效劳动合同的认定；理解劳动合同制度的作用，违反劳动合同的法律责任；了解新中国劳动合同制度的发展过程，在社会主义市场经济体制下劳动合同制度所发挥的作用，劳动合同管理的意义、作用、内容、方式。

劳动关系

第一节 概 述

劳动合同制度是市场经济条件下用人单位和劳动者确立劳动关系的一种用人制度。在我国，随着市场经济体制和现代企业制度的建立，已逐步实行劳动合同制度。我国《劳动法》规定，用人单位与劳动者建立劳动关系，必须签订劳动合同。通过签订劳动合同确立劳动关系，从法律上打破了原来计划经济条件下劳动者的身份界限，有利于劳动力的合理流动和劳动力资源的合理配置，充分保障了劳动者和用人单位的合法权益，也是促进劳动关系良好运行以及预防、妥善处理劳动争议的必要条件。

一、新中国劳动合同制度的发展史

（一）建国初至 20 世纪 80 年代初：探索和反复阶段

建国以后，有关签订劳动合同的规定在 1951 年劳动部发布的《关于各地招聘职工的暂行规定》中曾有过规定："招聘职工时雇佣与被雇佣者双方应直接订立劳动契约，须将工资、待遇、工时、试用期以及招住远地者来往路费、安家费等加以规定，并向当地劳动行政机关备案。"这应该是我国建国以来最早有关签订劳动合同的规定。但这一规定主要限于非国营企业。随着对工商业社会主义改造的完成，我国在用工制度上，逐步形成了固定工制度，劳动力就业由国家包安置，统一分配到用人单位。企业在国家下达的劳动计划内用工，分配到企业的职工一般不流动。这种用工制度，在建国初期对稳定就业发挥了积极作用。但统得过死、不能适应生产需要的弊端很快暴露出来。20 世纪 50 年代末和 60 年代初期政府对用工制度改革进行探索，对使用合同工的方式进行了尝试，规定部分私营企业和建筑、矿山、交通、铁路等用人单位及其招用的临时工、季节工和轮换工，应当订立劳动合同。1954 年劳动部发布的《关于建筑工程单位赴外地招用建筑工人订立劳动合同办法》规定，"建筑工程单位赴外地招用临时工，不论招用期限长短，均应由招工单位与工人或工人代表按照工程所在地区劳动行政部门招工的规定签订劳动合同，并应严格遵守。"自此，建筑业在招用临时工时，一般都签订劳动合同。1957 年，中央结合苏联用工制度的经验和我国的实际情况，提出了"合同工制度"，以改变当时的用工办法，允许企业在一定条件下辞退职工，职工也可以自由选择职业。进而又提出"多用合同工、少用固定工"的政策，对企事业单位招用的新工人实行合同工制度，对老工人仍维持固定工制度，即"新人新制度，老人老制度"的两种劳动制度。以后，党中央、国务院陆续下达了有关企事业单位招收职工必须签订劳动合同的文件。在 1958 年推行了新的劳动制度，除了对临时性、季节性生产工作招用职工由用人单位与劳动者本人订立劳动合同外，新招收的学徒工也由用人单位与学徒工签订劳动合同。但这次改革由于"大跃进"和三年的经济困难，没能继续进行。"文革"中，一大批临时工、合同工转为固定工，更强化了固定工制度。

（二）20 世纪 80 年代初至 1995 年：试点和实践阶段

20 世纪 80 年代，随着经济体制改革的深入，劳动用人制度的改革日益成为一种迫切的需求，得到党和国家领导的高度重视。广东、上海等地在企业对新招工人进行了劳动合同制度的实践，取得了明显效果。1983 年原劳动人事部发布《关于积极试行劳动合同制度的通知》，提出今后无论全民所有制单位还是区、县以上集体所有制单位，在招收普通工种或技术工种的工人时，都必须与被招用人员签订劳动合同。这一年，全国 29 个省、自治区、直辖市均开始试行劳动合同制度，到年底，签订劳动合同的企业职工达到 332 万人。经过几年的试点和探索后，国务院于 1986 年 7 月发布了《国营企业实行劳动合同制暂行规定》，规定企业在国家劳动工资计划指标内招用常年性工作岗位上的工人，除国家另有规定外，统一实行劳动合同制度；国家机关、事业单位和社会团体在常年性岗位上招用的工人，应当比照该规定执行。并且，还对劳动合同制度的基本原则，合同制工人的招收录用，在职、待业、退休期间的待遇以及劳动合同的订立、变更、解除和终止等内容作出了较为系统的规定，成为我国第一部较为系统地规定劳动合同法律制度的劳动行政法规。值得一提的是,通过对新招工人实行劳动合同制度,开始建立了我国的养老保险和待业保险制度。

(三) 1995年至目前:全面实施阶段

1994年7月5日,第八届全国人民代表大会常务委员会第八次会议审议通过了《中华人民共和国劳动法》,并决定自1995年1月1日起实施。《劳动法》明确规定,建立劳动关系应当订立劳动合同,将劳动合同上升为法律规范,标志着我国劳动用人制度从此走向了法制化、规范化的轨道。《劳动法》对劳动合同的订立原则、订立形式,劳动合同的内容,劳动合同的期限,劳动合同的终止、变更和解除,经济补偿金,无效劳动合同等作出了详尽的规定。为配合《劳动法》的贯彻实施,原劳动部相继发布了一系列配套规章和政策,主要有《违反和解除劳动合同的经济补偿办法》《违反〈劳动法〉有关劳动合同规定的赔偿办法》《关于贯彻执行〈中华人民共和国劳动法〉若干问题的意见》《关于实行劳动合同制度若干问题的通知》《关于企业职工流动若干问题的通知》等。

目前,劳动和社会保障部与国务院法制办在总结我国实行劳动合同制度基本经验的基础上,吸收借鉴其他市场经济国家的成功做法,正在进行《劳动合同法》的立法前期工作,相信不久的将来,会有一部专门的有关劳动合同制度的法律面世。

二、劳动合同制度的作用

实行劳动合同制度,是我国劳动制度的一项重大改革,也是城市经济体制改革的一项重要内容。劳动合同制所以能够推行,是它适应了社会主义市场经济的需要,适应了新的经济体制的要求。实行劳动合同制度,主要有以下几方面作用:

(一) 劳动合同制度是建立劳动力市场的重要条件

党的十四大确立了建立社会主义市场经济体制的改革目标后,企业经营机制逐步转变,劳动工资领域也进行了一系列重大改革,这就是培育和发展劳动力市场。通过培育和发展劳动力市场,可以建立劳动力的社会调节机制,调整企业、事业组织、国家机关、社会团体、个体经济组织等用人单位的劳动力供求关系，以满足社会主义生产和生活的需要。劳动合同制度从法律上规范了用人单位和劳动者的行为。劳动合同当事人在规定的条件和范围内活动，任何一方都不能超越合同的约束。因此，推行劳动合同制度，为培育和发展劳动力市场，建立统一、开放、公平和规范的劳动力市场运行机制创造了有利条件。从改革的实践看，劳动合同制度已初步显示出它在这方面的作用。

（二）有利于保障用人单位和劳动者双方的合法权益

劳动合同制度，在劳动用工上实现了由法律、经济、行政三种手段相结合的管理方式。用人单位与劳动者在平等自愿的基础上，按照国家有关法律、法规，通过签订劳动合同，明确双方的权利和义务，使双方平等地置于法律的监督和保护之下。用人单位和劳动者按合同规定履行各自的义务，享受相应的权利。任何一方违约侵害另一方权益的，都要承担经济或法律责任。所以，实行劳动合同制度，用人单位与劳动者的合法权益都能得到切实有效的保护。

（三）有利于劳动力的合理使用和合理流动

实行劳动合同制度，有利于企业和劳动者在一定条件下的相互选择。企业可以根据生产需要在数量上和质量上选择适宜的劳动者，劳动者也有权选择最适合自己志趣和专长的岗位。这种用人制度，实现了劳动者与生产资料的合理结合，企业与劳动者可以通过签订或续订劳动合同确定双方相对稳定的劳动关系，也可以通过终止劳动合同的办法，促进劳动力的合理流动，使劳动力的稳定性与流动性辩证地统一起来，增强企业活力，提高经济效益。

（四）增强企业社会责任

实行劳动合同制度，对企业来说，既增强了活力，又加重了社会责任。一方面，促使企业根据生产（工作）需要选择用人，合理配置和使用劳动力；另一方面，又促使企业创造条件，增加对职工特别是技术工人和管理人才的吸引力，以保持企业职工队伍的相对稳定，从而保持人才、技术的优势，这就加重了企业的责任。因为吸引和稳定职工的重要条件之一，是企业给予职工的物质利益，而企业职工物质利益的增进又取决于企业自身的管理水平和经营效益。所以,实行劳动合同制度必将促进企业改善经营管理,提高经济效益,不断改善职工的物质、文化生活条件。

(五)有利于提高职工队伍的素质

实行劳动合同制度,对劳动者来说,既是动力又是压力。一方面,劳动者从部门、单位所有制的束缚下解放出来,有一定的自由选择职业的权利,因而可以按照自己的专长、意愿和身体素质等条件选择职业或根据这些条件和变化转换职业,这就为不同层次、不同素质的劳动力通过择业竞争各尽所能、人尽其才创造了条件,有利于实现劳动力与生产资料的最佳结合;另一方面,在社会主义条件下,劳动还是谋生的手段,不劳动者不得食,少劳少得,多劳多得,而且每个劳动者的劳动所得与职业或岗位相联系,劳动者若想获得或继续从事某种理想的职业或岗位,必须具备这种职业或岗位所要求的各种条件,并在与具备这些条件的劳动者竞争中获胜,这种竞争压力必将促进劳动者勤奋学习,努力钻研业务,不断提高技术水平。

(六)促进劳动法制建设

劳动合同的基本内容就是用人单位和劳动者双方的劳动权利和义务。在不违背国家法律的前提,劳动合同一经签订,即具有法律效力,成为双方必须遵守的行为准则,违者要承担法律责任。现代社会的重要特征之一,就是实行法治。用人单位与劳动者之间所存在的错综复杂的利益关系,只有用法治手段才能有效地加以处理。劳动合同制就是行之有效的法治手段。劳动合同制的立法及其实施,是我国劳动制度现代化和法制化的一大成果,这必将对我国的改革和建设事业产生积极的影响。

第二节 劳动合同的订立与履行

一、劳动合同的概念及其内容

（一）劳动合同的概念及其法律特征

《劳动法》第16条第1款规定："劳动合同是劳动者与用人单位确立劳动关系、明确双方权利和义务的协议。"《劳动法》第16条第2款规定："建立劳动关系应当订立劳动合同。"劳动合同一经双方当事人签订，即确立了劳动者与用人单位之间的劳动法律关系，双方当事人之间的有关劳动权利、义务通过书面合同形式确定下来，使之特定化、具体化。劳动者依据劳动合同在企业、个体经济组织、事业单位、国家机关、社会团体等用人单位内担任一定的职务或工种的工作，遵守劳动法律法规和用人单位的规章制度，完成劳动合同约定的生产（工作）任务；用人单位则依据劳动合同的约定，为劳动者提供符合国家规定的劳动保护和劳动条件，督促劳动者履行劳动义务，并按照劳动者的劳动数量和质量支付劳动报酬，对劳动者享有的劳动权利提供保障。

上述定义表明，劳动合同是发生在劳动者与用人单位之间的一种法律事实或法律文件，即确立具体劳动关系的法律形式。劳动合同具有以下四方面的法律特征：

1. 劳动合同的主体是特定的

劳动合同的一方当事人是企业、个体经济组织、事业单位、国家机关、社会团体等用人单位，另一方是劳动者本人。即劳动关系是在拥有生产条件的用人单位与具有劳动权利能力、劳动行为能力的劳动者之间形成的。

2. 劳动合同当事人双方法律地位是平等的

劳动合同是双方当事人在平等自愿、协商一致的基础上达成的协议，是双方意思一致的产物，劳动合同的订立，真正实现了企业的用工自主权和劳动者的择业自主权。

3. 劳动合同当事人在职责上具有从属关系

劳动合同订立后，劳动者一方则成为该用人单位的一名职工；用人单位则依据劳动法律、法规和劳动合同，有权利也有义务组织和管理本单位的职工。这种职责上的从属关系，是由社会化生产劳动过程中的分工要求所形成的。

4. 劳动合同的目的在于劳动过程的实现，而不仅仅是劳动成果的给付

劳动过程是个相当复杂的过程，其成果也多种多样。有的劳动直接创造或实现价值，有的劳动则是间接地帮助创造或实现价值，有的劳动有独立的成果，有的劳动物化在集体劳动成果中。劳动合同的目的主要是使劳动者与用人单位构成具体的劳动关系，实现单位生产（工作）需要的劳动过程。这一特征使劳动合同区别于仅仅只是成果给付的承揽形式的劳务合同。

（二）劳动合同的形式

劳动合同的形式，一般情况下，常根据劳动合同的期限来划分。《劳动法》第20条第1款规定："劳动合同的期限分为有固定期限、无固定期限和以完成一定的工作为期限。"由此，劳动合同的形式分为以下三种：

1. 有固定期限的劳动合同，亦称有一定期限的劳动合同。它是指劳动者与用人单位在订立的劳动合同中，对劳动合同履行的起始和终止日期有具体明确的规定。期限届满，双方的劳动关系即行终止。如果双方协商同意，还可以续订期限。这类劳动合同适用范围广，应变能力强，可以根据生产需要和工作岗位的不同要求来确定合同期限，有利于合理使用人才，也有利于促进职工合理流动。我国劳动法律对有固定期限的劳动合同没有时间限制，因此，用人单位和劳动者协商一致可以选择6个月、5年、10年或者更长的期限。

2. 无固定期限的劳动合同，亦称没有一定期限或不定期的劳动合同。它是指劳动者与用人单位订立劳动合同时不约定具体明确的终止日期。但按照劳动法的规定，无固定期限的劳动合同，应当约定劳动合同

终止的条件。这种劳动合同只要不出现双方约定的终止条件或法律法规规定的其他情形,一般不能终止。根据《劳动法》第20条第2款的规定:"劳动者在同一用人单位连续工作满10年以上,当事人双方同意续延劳动合同的,如果劳动者提出订立无固定期限的劳动合同,应当订立无固定期限的劳动合同。"但无固定期限的劳动合同不等于一成不变,只要符合法律、法规或者双方约定的条件,任何一方均可提出解除或终止劳动合同。

3. 以完成一定的工作为期限的劳动合同。它是指劳动合同当事人双方把完成某项工作或工程作为确定劳动合同起始和终止的时间。该项工作或工程开始的时间,就是劳动合同履行的起始时间;该项工作或工程一旦完成,劳动合同随即终止。此类劳动合同。实际上也是一种定期的劳动合同,只是与有固定期限劳动合同在表现形式上有所不同。

(三) 劳动合同的内容

劳动合同的内容,是指双方当事人在劳动合同中必须明确的各自的权利义务及其他问题。劳动合同内容是劳动关系的实质,也是劳动合同成立和发生法律效力的核心问题。劳动合同的内容主要包括三个方面。一是劳动关系主体,即订立劳动合同的双方当事人的情况;二是劳动合同客体,即双方当事人在劳动合同中确定的权利义务指向的对象,它是双方当事人订立劳动合同的直接体现,也是产生当事人权利义务的依据;三是劳动合同的权利义务,指双方当事人依据劳动合同享有的劳动权利和应当承担的劳动义务。

劳动合同的内容,可以分为法定条款和协商条款两部分。前者是指劳动合同必须具备的由法律、法规直接规定的内容;后者是指不需由法律、法规直接规定,而由双方当事人自愿协商确定的内容。

根据《劳动法》第19条规定,劳动合同的法定条款有以下7项:

1. 劳动合同期限

劳动合同期限是指劳动合同的有效时间,是双方当事人所订立的劳动合同起始和终止的时间,也是劳动关系具有法律效力的时间。劳动合同期限是劳动合同成立的必备条款,是判定劳动合同是否有效、何时有效的依据。《劳动法》第21条规定:"劳动合同可以约定试用期。试用期最长不得超过6个月。"试用期是劳动者和用人单位在签订劳动合同后,双方相互进行考察的阶段,一方发现实际情况与对方介绍的情况不相符时,均可以在试用期内依法解除劳动合同。劳动合同期限包括试用期,它分为有固定期限、无固定期限和以完成一定的工作为期限三种情况。

在劳动合同期限的确定上,根据原劳动部《关于实行劳动合同制度若干问题的通知》第2条的规定:"在固定工制度向劳动合同制度转变过程中,用人单位对符合下列条件之一的劳动者,如果其提出订立无固定期限的劳动合同,应当与其订立无固定期限的劳动合同:

(1) 按照《劳动法》的规定,在同一用人单位连续工作满10年以上,当事人双方同意续延劳动合同的;

(2) 工作年限较长,且距法定退休年龄10年以内的;

(3) 复员、转业和退伍军人初次就业的;

(4) 法律、法规规定的其他情形。"

2. 工作内容

工作内容是针对劳动者而言的,是对劳动者设立的义务条款。工作内容包括劳动者在劳动合同有效期内所从事的工作岗位(工种),以及在生产或工作岗位上应当达到的数量、质量或应当完成的任务。

3. 劳动保护和劳动条件

劳动保护和劳动条件是针对用人单位而言的,是对用人单位设定的义务条款。劳动保护和劳动条件是为了保障劳动者在劳动过程中获得适宜的劳动条件而采取的各项保护措施,如工作时间和休息休假、各项劳动安全与劳动卫生方面的措施和设备,以及对女职工和未成年工的劳动保护等。

4. 劳动报酬

劳动报酬是指劳动者直接基于劳动关系、提供劳动的成果返还和劳动者履行劳动义务后必须享受的劳动权利。从另一方面讲,即用人单位依据劳动法律、行政法规以及劳动合同的约定支付给职工的工资、奖金、津贴等。劳动关系双方在约定劳动报酬时,不得违反国家法律、法规的规定。如工资不得低于当地政府规定的最低工资标准,工资支付形式和期限也不得违反有关的法律、法规和政策。

5. 劳动纪律

劳动纪律也可称为厂规厂纪,是指劳动者在生产(工作)中必须遵守的工作秩序和劳动规则。劳动纪律是用人单位组织生产经营活动、完成工作任务的保证条件,是规范劳动行为的一项重要内容,也是劳动者必须履行的义务。主要包括上下班纪律、工作时间纪律、安全技术与生产卫生规程、设备保养纪律、保密纪律、防火及防止其他事故的日常纪律等。

6. 劳动合同终止的条件

劳动合同终止的条件是指通过一定法律事实(包括行为和事件)解除现存劳动关系的条件。劳动合同终止的条件主要有:定期的劳动合同期限届满或者双方当事人约定的工作任务完成;无固定期限劳动合同约定的劳动合同终止条件出现;职工退休、退职;职工应征入伍或者经批准出国定居;用人单位因政府管理机关命令撤销或关闭;企业宣告破产;职工严重违反劳动纪律或者用人单位的规章制度;职工被依法追究刑事责任或者法律规定的应当终止劳动合同的其他情况已经出现。但不能把法定解除劳动合同条件约定为终止条件。因为按照劳动法的规定,用人单位在某些情形下依法解除劳动合同应当支付劳动者经济补偿金,如果将这些情形约定为终止条件则有可能使用人单位规避应支付劳动者经济补偿的义务,侵犯劳动者的合法权益。

7. 违反劳动合同的责任

违反劳动合同的责任,是指由于劳动合同一方当事人不履行或者不完全履行劳动合同,以及违反《劳动法》规定的条件解除劳动合同,应当在法律上承担的后果,即应承担的行政责任、经济责任或司法责任。在劳动合同中规定这一内容是为了促使当事人双方切实履行劳动合同所规定的各项条款,维护当事人双方的合法权益。

劳动合同的内容除以上法定必备条款外,双方当事人可以协商约定其他内容,即协商条款。协商条款是指双方当事人经过平等协商达成一致,在劳动合同中约定的其他权利义务条款。它可以分为必要条件和补充条件两种情况。必要条件是指法律、法规虽作出规定,但劳动合同中必须具备的条款,缺少它们则劳动合同不能成立或难以履行,如劳动者的工作地点、工作性质、用人单位为劳动者提供的工作条件等。补充条件是指对于劳动合同的成立并不是必须具备的条件,有没有均不影响劳动合同的成立和履行,但如果当事人一方提出,经双方当事人协商一致同意作为劳动合同条款的,在劳动合同中加以确定。补充条件一般为:劳动者受培训后的服务期;用人单位是否为职工提供居住条件、居住的期限;职工是否享受用人单位生活福利设施;发生劳动争议时解决的途径等。当事人在协商劳动合同必要条件和补充条件时,须注意与国家相关法律规定不相抵触。

根据《劳动法》的规定,劳动合同中的试用期和保守用人单位商业秘密的条款,也属于协商条款。

二、劳动合同的订立

劳动合同的订立,是指劳动者与用人单位之间为建立劳动关系,依法就双方的权利义务协商一致,设立劳动合同关系的法律行为。

(一)劳动合同订立的原则

劳动合同订立的原则,是指在劳动合同订立过程中双方当事人应当遵循的法律准则。《劳动法》第17条规定:"订立和变更劳动合同,应当遵循平等自愿、协商一致的原则,不得违反法律、行政法规的规定。"根据这一规定,订立劳动合同必须遵守下列原则:

1. 平等自愿的原则

平等,是指订立劳动合同的双方当事人具有相同的法律地位。在订立劳动合同时,双方当事人是以劳动关系平等主体资格出现的,有着平等的利益要求权利,不存在命令与服从的关系,任何以强迫、胁迫、欺骗等非法手段订立的劳动合同,均属无效。这一原则赋予了双方当事人公平地表达各自意愿的机会,有利于维护双方的合法权益。

自愿,是指订立劳动合同必须出自双方当事人自己的真实意愿,是在充分表达各自意见的基础上,经过平等协商而达成的协议。这一原则保证了劳动合同是双方当事人根据自己的意愿独立自主决定的,当事人一方不得强制或者欺骗对方,也不能采取其他诱导方式使对方违背自己的真实意思而接受对方的条件;劳动合同的期限、内容的确定,必须完全与双方当事人的真实意思相符合。

2. 协商一致的原则

协商一致,是指当事人双方依法就劳动合同订立的有关事项,采用协商的办法达成一致协议。协商一致是平等自愿的最好体现,只有通过协商达到统一,才能真正体现平等自愿的原则。这条原则重点在一致,如果在订立劳动合同时,双方当事人虽然经过充分协商,但仍然存在分歧,不能达成一致的意思表示,劳动合同就不能成立。这条原则表明,劳动合同的全部内容都必须符合当事人的意愿,能为双方当事人所接受。协商一致的原则是维护劳动关系当事人合法权益的基础。

3. 不得违反法律、行政法规的原则

即订立劳动合同的合法原则,是指劳动合同的订立不得与法律、法规相抵触,是劳动合同有效并受国家法律保护的前提条件。它的基本内涵有以下 5 点:

(1) 订立劳动合同的主体必须合法。所谓主体合法,是指双方当事人必须具备订立劳动合同的主体资格。对于用人单位而言,主体资格是指必须具备法人资格,必须有被批准的经营范围和履行能力以及承担经济责任能力,个体工商户必须具备民事主体的权利能力和行为能力;对于劳动者而言,则必须具备法定的劳动年龄,具备劳动权利和劳动行为能力。任何一方如果不具备订立劳动合同的主体资格,所订立的劳动合同就属于违法合同。

(2) 订立劳动合同的目的必须合法。所谓目的合法,是指当事人双方订立劳动合同的宗旨和实现法律后果的意图不得违反法律、法规的规定。对于劳动者而言,是为了实现劳动就业,获得劳动报酬,以维持生活和生存。对于用人单位而言,是为了使用劳动力来组织社会生产劳动,发展经济。当事人不得以订立劳动合同的合法形式掩盖其不法意图的内容，达到不良意图的目的。目的合法往往是双方当事人内心的行为动机，一般不易从外表上体现出来，这就要求当事人必须自觉遵守订立劳动合同的法律规定，不得违反法律、法规规定。

（3）订立劳动合同的内容必须合法。所谓内容合法，是指双方当事人在劳动合同中订立的具体的劳动权利与义务的条款必须符合法律、法规和政策的规定。劳动合同的内容涉及国家的用工、工资分配、社会保险、职业培训、工作时间和休息休假以及劳动安全卫生等多方面的内容，劳动合同在约定这些内容时，必须在法律、行政法规的范围内确定，不能违背法律、行政法规和政策的规定。

（4）订立劳动合同的程序与形式合法。程序合法，是指劳动合同的订立，必须按照法律、行政法规所规定的步骤和方式进行，一般要经过要约和承诺两个步骤，具体方式是先起草劳动合同书草案，然后由双方当事人平等协商，协商一致后签约。形式合法，是指劳动合同必须以法律、法规规定的形式签订。《劳动法》第19条规定："劳动合同应当以书面形式订立。"这表明，在我国劳动合同的合法形式是书面形式，以口头方式订立的劳动合同，一般属于不合法的劳动合同，也无法得到法律的保护。程序和形式是劳动合同建立的表现形式，劳动合同订立的程序和形式合法，是劳动合同主体资格和内容合法的保证。如果劳动合同订立的程序和形式不合法，就难以保证劳动合同的内容合法。如以口头方式订立的劳动合同，由于没有文字记载，就无法鉴别其内容是否符合法律、法规的规定，因而无法确认和保证劳动合同的合法性。

（5）订立劳动合同的行为必须合法。所谓行为合法，是指双方当事人在订立劳动合同时，必须以自己的实际行动来体现劳动合同的合法性。有的劳动合同，即使是在双方当事人协商一致的基础上订立的，也符合其他原则和条件，但如果双方订立劳动合同的行为违法，那么该劳动合同也属于违法合同。

（二）订立劳动合同的条件

劳动合同的订立条件，是指依照劳动法律和行政法规签订劳动合同，明确当事人责任、权利和义务关系的一定次序。按照现行规定，劳动合同签订的程序大致要经过招工录用手续的办理、平等自愿基础上的协商一致等阶段，然后由用人单位和劳动者在劳动合同文本上签字，即告劳动合同成立而生效。劳动法律和行政法规要求进行鉴证或者需经批准的，劳动合同应送有关部门鉴证或审批。

上述程序，也适用于国家机关、事业组织、社会团体以及外商投资企业、私营企业和个体经济组织招用、雇用劳动者建立劳动关系签订劳动合同时的程序。

（三）订立劳动合同的主体

劳动合同的主体双方，根据《劳动法》调整范围的规定，一方是劳动者，另一方是用人单位（企业和个体经济组织），只有上述双方签订的合同才是劳动合同，其他任何主体都不能签订劳动合同，劳动者与用人单位是劳动合同中缺一不可的特定主体。

1. 用人单位。用人单位一方必须是依法成立、具有法人资格的企业或能够独立承担民事责任的经济组织，以及与劳动者签订了劳动合同的国家机关、事业单位和社会团体；企业包括国有企业、集体企业、私营企业、外商投资企业、股份制企业和个人独资企业等类型。

2. 劳动者。劳动者一方必须是有劳动能力、年满16周岁的劳动者，从事繁重体力劳动的，还必须是年满18周岁的劳动者。但《劳动法》第15条第2款对文艺、体育和特种工艺单位招用未满16周岁的未成年人作了特别规定，即如果招用，应当依照国家有关规定，履行审批手续。前述的国家有关规定，是指《禁止使用童工规定》第13条规定："文艺、体育单位招用不满16周岁的专业文艺工作者、运动员的办法，由国务院劳动保障行政部门会同国务院文化、体育行政部门制定。"

三、劳动合同的履行

劳动合同的履行，是指劳动合同依法订立后，双方当事人遵守和执行劳动合同规定的各项条款，完成劳动合同规定任务，实现劳动合同规定的权利，建立和谐劳动关系的过程。当事人必须严格劳动合同所规定的义务，既是《劳动法》所作的强制性规范，也是促使劳动关系当事人实现生产（工作）过程的关键环节。劳动合同中所确定的当事人一方的义务即是对方当事人的权利,是基于劳动关系的特征所决定的。因此,劳动合同当事人应以圆满履行劳动合同所规定的义务来获取自身权利的实现。

(一) 劳动合同履行的条件

劳动合同是特定对象之间的合同,其履行也必须在特定对象之间进行。即在劳动合同双方当事人之间履行,而不允许任何第三者代为履行,这与民事合同中有关债权债务关系可以由第三者代为履行的规定是不一样的。履行劳动合同应当具备以下几个条件:

1. 履行的主体必须明确

劳动合同履行的主体是指劳动合同双方当事人的相互履行,不允许由第三人代替一方当事人履行,也不能由一方当事人向第三人履行。由于我国劳动法规定的劳动权利与劳动义务是一致的,因此,劳动合同不存在一方当事人只向另一方当事人履行义务而不享受权利的情况。

2. 劳动合同履行的标的必须明确

劳动合同中的具体内容,必须有明确的标的,譬如劳动者在一定时期内的生产数量、质量以及该生产数量质量完成后用人单位提供的具体报酬等。劳动合同只有具备明确的内容标的,才能为实际履行提供准确的物质衡量,以体现履行的实现。

3. 劳动合同履行的期限必须明确

劳动合同履行期限是双方当事人相互接受履行的时间。劳动合同的履行期限明确后,当事人双方一般不得迟缓履行,如遇特殊情况,一方当事人须征得另一方当事人的意见,协商一致另行确定履行期限。

4. 劳动合同履行的地点必须明确

劳动合同履行的地点,是劳动者最关心的。履行地点关系到劳动合同内容履行的实现,因此,双方当事人在劳动合同中必须明确劳动合同履行的地点,如果在履行过程中变更地点,应当作为劳动条件发生变化,按照变更劳动合同的有关规定办理。

(二) 劳动合同履行的原则

当事人履行劳动合同,必须遵循以下几项原则:

1. 全面履行原则

劳动合同的全面履行，是指劳动合同中订立的各项条款都必须得到认真履行，因为劳动合同是一个整体，合同中订立的条款相互之间有内在的联系，不能任意割裂。只有当事人双方认真地全面履行了劳动合同所规定的全部义务，当事人双方的权利才能充分实现。要克服那种对有利于自身的条款就积极履行、有利于对方的条款则消极对待的现象。要通过全面履行，使双方当事人的合法权益得以全面实现。

2. 实际履行的原则

这一原则意味着劳动关系以特定的法人（包括非法人实体经济组织）和劳动者为主体，双方均不得由他人顶替，其权利必须亲自享受不得转让，义务必须亲自履行不得代行或转移。为了防止那种宁肯支付违约金或者赔偿经济损失而不履行劳动合同的行为。我国《劳动法》第17条第2款规定："当事人必须履行劳动合同规定的义务。"这里"必须"是强制性规范，因此实际履行是劳动合同履行的原则。只有在法律规定或客观上不需要或不可能时，才能允许用支付违约金和赔偿损失的办法，代替当事人的亲自履行。如因市场的变化，企业经批准转产或企业倒闭，已无法实际履行劳动合同，企业应以经济赔偿或补偿代替履行劳动合同。

（三）劳动合同履行的法律保障

劳动合同是以法律法规为依据而订立的，其履行也必须得到法律的保障。在劳动合同履行过程中，任何一方不履行或不完全履行劳动合同的约定而给对方造成损失的，都要被依法追究违约责任，这是保护当事人双方的合法权益，维护和谐稳定劳动关系的重要手段。劳动合同的履行依程度不同，可以分为完全履行、不完全履行或完全不履行三种情形，它们又导致不同的法律后果。双方完全履行劳动合同的，导致劳动关系圆满实现，正常终结；劳动合同的不完全履行、完全不履行都属于违反劳动合同的行为，将根据情节轻重和造成的危害后果，依据《劳动法》追究违约责任。

第三节 劳动合同的变更、解除和终止

劳动合同一经依法订立,就具有法律约束力,双方当事人不得擅自变更、解除、终止劳动合同。但是,由于用人单位生产经营和工作条件以及劳动者自身情况的变化,往往需要对原订立的劳动合同进行一些调整。因此,劳动法律、法规对合同的变更、解除和终止作出了一些规范要求,劳动合同的当事人必须依照这些规范要求认真执行。

一、劳动合同的变更

（一）劳动合同变更的含义

劳动合同的变更,是指劳动合同双方当事人就已订立的劳动合同条款达成修改、补充或废止协议的法律行为。它是原来已经存在的劳动权利义务关系的发展,由原有劳动合同关系所派生。当某种情况的变化使得继续履行原劳动合同的部分条款有困难或不可能时,劳动法律、法规允许双方当事人在劳动合同的有效期限内,对原劳动合同的相关内容进行调整。劳动合同的部分内容经过双方当事人协商一致得以依法变更以后,劳动合同仍然有效。

（二）劳动合同变更的条件

劳动合同的变更,必须符合法定的条件,并经双方协商一致。否则,所变更的内容无效,得不到国家法律的保护,并视为违反劳动合同的行为而承担相应责任。根据现行规定,变更劳动合同一般须具备以下两个条件:

1. 必须有正当理由

所谓正当理由,主要是指出于工作或生产需要而出现某种情况的变化,或者劳动法规明确规定、劳动合同约定的情况已经发生。通常是在下列情况下,当事人可以提出变更劳动合同的相关条款:

（1）企业经上级主管部门批准或根据市场变化决定转产或调整生产任务。企业转产或调整生产任务,必须在产品、产量、质量要求、技术规范,以及经营管理、组织形式等方面引起变化,原订劳动合同的相应内容就要进行修改或补充。

(2) 劳动合同履行过程中,当事人一方或双方的情况发生变化,致使原劳动合同无法履行,必须变更原劳动合同的相关内容。这包括两方面情况:第一,企业一方情况发生变化,如随着技术水平、生产设备的更新和生产效率的提高,原来的技术规范、工时定额已不适应新的需要,必须对原劳动合同中的产量、质量指标、工资、奖金等条款作相应的修改、补充或废止。第二,劳动者一方情况发生变化,如因某种原因部分丧失劳动能力,要求企业另行安排工作,这就必须对原劳动合同中的工作岗位、劳动报酬等条款作相应的修改等。

2. 必须经劳动合同双方当事人协商一致

变更劳动合同是双方当事人的法律行为,必须经双方当事人平等自愿、协商一致,依法对劳动合同的部分内容作某些修改而达成新的协议,任何一方不得单方面变更劳动合同。

此外,订立劳动合同时所依据的劳动法规发生变化或新的改革方案由政府颁布出台,也会引起劳动合同的变更。在此种情况下则必须经过双方协商同意,新的劳动法规或改革方案生效之日起,原劳动合同中的相关内容自行失效。

(三) 劳动合同变更的程序

劳动合同变更的程序,一般需要经过提议、协商、签订三个阶段。即先由要求变更劳动合同的一方向对方提出变更建议,说明需要变更劳动合同的理由及变更内容;对方收到变更建议后进入协商阶段。如果一方同意接受另一方提出的变更建议,双方就可以签订新的协议;如果变更建议不能或不能全部被对方接受,双方需要继续协商。如在协商过程中发生争议,任何一方都可以向本企业劳动争议调解委员会申请调解,调解不成或不申请调解都可向有管辖权的当地劳动争议仲裁委员会申请仲裁。变更后的劳动合同可以送当地劳动保障行政部门办理鉴证手续。

依法变更后的劳动合同,对双方当事人都具有法律约束力。

二、劳动合同的解除

劳动合同的解除，是指劳动合同依法签订后，未履行完毕之前，由于某种原因导致当事人双方提前终止劳动合同的法律效力，解除双方的劳动权利义务关系的法律行为。它既可以是一方当事人单方面的合法行为，也可以是双方当事人的合法行为。由当事人一方的行为导致劳动合同解除的，必须符合法律、法规规定的条件和程序。由双方当事人协商一致解除劳动合同的，也不得违反法律、法规和政策规定。

（一）用人单位可以解除劳动合同的情形

根据《劳动法》第24条、第25条、第26条、第27条的规定，用人单位除与劳动者经协商一致可以解除劳动合同外，有下列情形之一的，用人单位可以解除劳动合同：

1. 劳动者在试用期间被证明不符合录用条件的；
2. 劳动者严重违反劳动纪律或者用人单位规章制度的；
3. 劳动者严重失职，营私舞弊，对用人单位利益造成重大损害的；
4. 劳动者被依法追究刑事责任的；
5. 劳动者患病或者非因工负伤，医疗期满后，不能从事原工作也不能从事由用人单位另行安排的工作的；
6. 劳动者不能胜任工作，经过培训或者调整工作岗位，仍不能胜任工作的；
7. 劳动合同订立时所依据的客观情况发生重大变化，致使原劳动合同无法履行，经当事人协商不能就变更劳动合同达成协议的；
8. 根据原劳动部《关于贯彻执行〈中华人民共和国劳动法〉若干问题的意见》的规定，劳动者被人民法院判处拘役、3年以下有期徒刑缓刑的以及被劳动教养的，用人单位可以解除劳动合同。

具有上述第5、6、7项情形的，用人单位应当提前30日以书面形式通知劳动者本人。

此外，《劳动法》第27条规定："用人单位濒临破产进行法定整顿期间或者生产经营状况发生严重困难，确需裁减人员的，应当提前30日向工会或者全体职工说明情况，听取工会或者职工的意见，经向劳动行政部门报告后，可以裁减人员。"该条第 2 款还规定："用人单位依据本条规定裁减人员，在 6 个月内录用人员的，应当优先录用被裁减的人员。"所谓"法定整顿期间"，是指依据《中华人民共和国破产法》和《民事诉讼法》的破产程序进入整顿期间；而"生产经营状况发生严重困难"则可以依据地方政府规定的困难企业标准来界定。原劳动部于 1994 年年底发布的《企业季节性裁减人员办法》对裁减人员的条件、程序等作出了具体规定。

（二）用人单位不得解除劳动合同的情形

根据《劳动法》第 29 条的规定，劳动者具有下列情形之一的，用人单位不得依据《劳动法》第 26 条、第 27 条的规定解除劳动合同：

1. 劳动者患职业病或者因工负伤并被确认丧失或者部分丧失劳动能力的；

2. 劳动者患病或者负伤，在规定的医疗期内的；

3. 女职工在孕期、产期、哺乳期内的；

4. 法律、行政法规规定的其他情形。

《劳动法》第 30 条规定，用人单位解除劳动合同，工会认为不适当的，有权提出意见。如果用人单位违反法律、法规或者劳动合同，工会有权要求重新处理；劳动者申请仲裁或者提起诉讼的，工会应当依法给予支持和帮助。

（三）用人单位解除劳动合同的经济补偿

用人单位依据《劳动法》第 24 条、第 26 条、第 27 条的规定解除劳动合同的，应当按照原劳动部发布的《违反和解除劳动合同的经济补偿办法》的有关规定支付劳动者经济补偿金。具体标准如下：

1. 经双方当事人协商一致，由用人单位解除劳动合同的，用人单位应根据劳动者在本单位的工作年限，每满 1 年发给相当于 1 个月工资的经济补偿金，但最多不超过 12 个月；

2. 劳动者患病或者非因工负伤，经劳动鉴定委员会确认不能从事原工作、也不能从事用人单位另行安排的工作而解除劳动合同的，用人单位应按其在本单位的工作年限，每满 1 年发给相当于 1 个月工资的经

济补偿金,同时加发不低于6个月工资的医疗补助费,患重病和绝症的还可酌情增加;

3. 劳动者不能胜任工作,经过培训或调整工作岗位仍不能胜任工作而被用人单位解除劳动合同的,用人单位应按其在本单位的工作年限,每满1年发给相当于1个月工资的经济补偿金,但最多不超过12个月;

4. 劳动合同订立时所依据的客观情况发生重大变化,致使原劳动合同无法履行,经当事人协商不能就变更劳动合同达成协议,由用人单位解除劳动合同的,用人单位应按其在本单位的工作年限,每满1年发给相当于1个月工资的经济补偿金;

5. 用人单位濒临破产进行法定整顿期间或者生产经营状况发生严重困难,必须裁减人员的,用人单位应按被裁减人员在本单位的工作年限,每满1年发给相当于1个月工资的经济补偿金。

《违反和解除劳动合同的经济补偿办法》第11条还规定:"经济补偿金的工资计算标准是指企业正常生产情况下劳动者解除合同前12个月的月平均工资。"

(四)劳动者可以解除劳动合同的情形

根据《劳动法》第24条、第31条、第32条的规定,劳动者除与用人单位协商一致可以解除劳动合同,并应当提前30日以书面形式通知用人单位外,有下列情形之一的,劳动者可以随时通知用人单位解除劳动合同:

1. 在试用期内的;

2. 用人单位以暴力、威胁或者非法限制人身自由的手段强迫劳动的;

3. 用人单位未按照劳动合同约定支付劳动报酬或者提供劳动条件的。

由劳动者本人提出解除劳动合同要求的,用人单位可以不支付经济补偿金。

三、劳动合同的终止

劳动合同的终止，是指劳动合同期满或者当事人约定劳动合同终止条件出现，以及劳动合同一方当事人消失，无法继续履行劳动合同时结束劳动关系的行为。

根据劳动法律、行政法规的规定，劳动合同终止有以下几种情形：

1. 劳动合同期满或者当事人约定的劳动合同终止条件出现。《劳动法》第 23 条规定："劳动合同期满或者当事人约定的劳动合同终止条件出现，劳动合同即行终止。"如果劳动合同以完成某种任务为期限，那么该项任务完成时，劳动合同即行终止。

2. 劳动合同主体一方消失或者劳动者丧失劳动能力，无法继续履行劳动合同。如企业宣告破产或劳动者死亡，劳动合同即行终止。再如职工因病、伤残完全丧失劳动能力，或者职工达到退休年龄的，劳动合同也即行终止。

为了保护劳动合同双方当事人的合法权益，终止劳动合同必须依法进行。对职工患病或者非因工负伤在规定的医疗期内的，即使劳动合同期满，用人单位也不能终止劳动合同，必须延续到医疗期满或孕期、产期、哺乳期满。此外，原劳动部《关于贯彻执行〈中华人民共和国劳动法〉若干问题的意见》第 50 条对因工丧失劳动能力的劳动者作出了保护性规定，即"在目前工伤保险和残疾人康复就业制度尚未建立和完善的情况下，对因工部分丧失劳动能力的职工，劳动合同期满也不能终止劳动合同，仍由原单位按照国家有关规定提供医疗待遇"。

劳动合同期满或者当事人约定的劳动合同终止条件出现，劳动合同即行终止，用人单位可以不支付劳动者经济补偿金。但是，如果属于国有企业职工和与国家机关、事业单位、社会团体建立劳动合同关系的职工，以及国有企业招用的农民合同制工人，在劳动合同终止后，仍应按照尚有效的《国营企业实行劳动合同制暂行规定》或《全民所有制企业招用农民合同制工人的规定》中有关规定支付劳动者生活补助费。

四、劳动合同的续订

劳动合同的续订，是指劳动合同期满终止后，经劳动关系双方当事人协商一致，继续签订与原劳动合同内容相同或不同的劳动合同的法律行为。《劳动法》未对劳动合同续订作出规定，但在实际操作中，劳动合同续订的条件及程序与前述的劳动合同订立的有关规定一致。原劳动部在有关文件中对劳动合同续订作出了特别的规定，一是用人单位对工作岗位没有发生变化的同一劳动者只能试用一次；二是针对终止时间相同的劳动合同数量较多的情况，为防止由于大批量终止劳动合同而带来不利影响，要求地方劳动保障行政部门引导、鼓励企业在生产经营、组织结构等未发生重大变化的情况下与职工续签劳动合同。

第四节　无效劳动合同

无效劳动合同，是指不具有法律效力的劳动合同。《劳动法》对确认无效劳动合同的条件、无效劳动合同的处理及确认权归属作出了具体规定。

一、无效劳动合同的认定

根据《劳动法》第18条的规定，无效劳动合同主要有以下几种情形：

（一）一方或双方当事人主体不合格

1. 无劳动能力或无民事行为能力的人与用人单位订立的劳动合同；
2. 用人单位与不满16周岁的未成年人订立的劳动合同；
3. 不具备法人资格的单位与劳动者订立的劳动合同；
4. 未经核准登记领取营业执照的个体工商户与劳动者订立的劳动合同；
5. 未取得就业许可的外国人与中国企业订立的在国内履行的劳动合同。

（二）内容不合法

1. 违反法律、法规或政策的劳动合同，如劳动条件不符合国家规定，劳动报酬低于国家和当地规定的最低工资标准等；

2. 当事人规避法律订立的劳动合同。

（三）严重违反一方当事人的真实意思

1. 因采取欺诈的手段签订的劳动合同。在这里，欺诈是指一方当事人故意告知对方当事人虚假的情况或者故意隐瞒真实的情况，诱使对方当事人作出错误意思表示的行为。如，一家企业已经被撤销，但仍通过广告招工，隐瞒真实情况与劳动者订立劳动合同。

2. 因采取威胁的手段订立的劳动合同。所谓威胁，是指以给公民及其亲友的生命健康、荣誉、名誉、财产等造成损害为要挟，迫使对方作出违背真实的意思表示的行为。

3. 因乘人之危订立的劳动合同。

根据《劳动法》第18条的规定，无效劳动合同由劳动争议仲裁委员会或人民法院进行确认，其他任何组织和个人都无权确认。法律之所以规定无效劳动合同的确认权归属上述两个专门机构，基于它们是法律规定的处理劳动争议的机构，其决定具有法律效力。

二、无效劳动合同的后果

劳动合同被法定专门机构确认无效后，当事人双方已确立的劳动权利义务关系随之无效。劳动合同尚未履行的，不得继续履行，正在履行的，应当立即终止履行。

三、无效劳动合同的处理

无效劳动合同从订立时起，就没有法律约束力，当事人双方都可以不必履行，已经履行的，如订立无效劳动合同属用人单位的原因并且对劳动者造成损害的，用人单位应当承担赔偿责任；如果双方都有责任，则各自承担相应的责任。劳动合同如属部分无效，又不影响其余部分的效力的，则其余部分仍然有效，但对无效部分必须加以修改。

第五节　违反劳动合同的法律责任

违反劳动合同的法律责任，是指违反劳动法律、法规有关劳动合同的规定以及劳动合同的约定，应当对这种行为相对人承担相应的后果，即违反劳动合同行为人应当承担具有强制性的某种法律上的责任。追究违反劳动合同的法律责任，是劳动法制建设的基本要求之一，也是劳动法的组成部分。

一、劳动合同的法律约束力

劳动合同是调整具体劳动关系的法律手段，一经依法订立即具有法律约束力，当事人必须履行劳动合同所规定的义务。劳动合同所具有的法律约束力主要表现在以下几方面：

1. 劳动合同一经依法订立，用人单位与劳动者之间的劳动关系得以确立，即当事人之间产生了法律意义上的劳动权利义务关系。劳动合同是用人单位与劳动者之间关于劳动关系的协议，双方当事人签订劳动合同的行为，是一种法律行为。当事人所享有的权利和承担的义务，是根据劳动法律、法规由劳动合同约定的劳动权利和劳动义务。如果当事人不履行合同，就要承担法律责任，其中主要是赔偿对方经济损失的责任，必要时还应承担法律规定的其他责任。

2. 当事人必须严格履行劳动合同中所规定的义务，一方当事人也有权要求对方当事人全面履行劳动合同所确定的义务。一方违反合同不履行义务，对方有权要求赔偿由此而造成的经济损失；必要时，可以请求调解、仲裁或诉诸人民法院保护自己的合法权益。

3. 未经协商，当事人不得任意变更、增减合同内容或终止合同，否则视为违反劳动合同而承担法律责任。

4. 用人单位法人代表的更换，不影响劳动合同的法律约束力。法人代表所签订的劳动合同，并不是以个人名义签订的，劳动合同所确定的权利、义务应由法人直接承担。因此，不论出于何种原因，只要劳动合同是依法签订的，就不能因法人代表的更换而影响劳动合同的法律效力，后任法人代表必须履行原订劳动合同所确定的义务。

5. 任何单位和个人不得非法干预当事人履行劳动合同所确定的义务。由于第三人的非法干预造成一方违约而使另一方遭受经济损失的，应由违约一方先承担赔偿责任，然后由违约方向第三人追偿。

6. 双方当事人因劳动合同的订立、履行、变更、解除和终止发生争议,经协商不能解决的,均可向当地劳动争议仲裁机构申请仲裁,对仲裁裁决不服的,还可以在规定期限内向人民法院提起诉讼。

二、经济赔偿责任

违反劳动合同的经济赔偿责任,是指依据劳动法律、法规的规定,由违反劳动合同的行为人赔偿给对方造成的经济损失的责任。

(一)用人单位违反劳动合同承担的经济赔偿责任

用人单位违反劳动合同,应依法承担如下经济赔偿责任:

1. 违反劳动法律、法规规定或不按劳动合同的约定支付劳动报酬,造成劳动者工资收入损失的,除按劳动者本人应得工资收入支付给劳动者外,还应加付劳动者应得工资收入25%的赔偿费用。

2. 解除劳动合同后,未依法给予劳动者经济补偿的,劳动保障行政部门可以责令支付劳动者赔偿金。

3. 违反劳动法律、法规,对女职工或者未成年工造成损害的,应当承担赔偿责任。

4. 由于用人单位原因签订、执行了无效劳动合同,对劳动者造成损害的,应承担赔偿责任。赔偿时应考虑两个因素:(1)对劳动者造成了实际损害,包括经济上和精神上的损害;(2)赔偿的数额要根据损害的程度确定。

5. 违反劳动法律、法规规定的条件解除劳动合同或者故意拖延不订立劳动合同,对劳动者造成损害的,应承担赔偿责任。

6. 招用尚未解除劳动合同的劳动者,给原用人单位造成经济损失的,该用人单位应承担连带赔偿责任,其连带赔偿的份额应不低于对原用人单位造成经济损失总额的70%。

7. 造成劳动者工伤、医疗待遇损失的,除依法为劳动者提供工伤、医疗待遇外,还应支付劳动者医疗费用一定比例的赔偿金。

(二)劳动者违反劳动合同承担的经济赔偿责任

劳动者违反劳动法律、法规或劳动合同的约定,给用人单位造成经济损失的,应承担赔偿责任。主要有以下一些内容:

1. 用人单位招收录用其所支付的费用。
2. 用人单位为其支付的培训费用。
3. 对生产、经营和工作造成的直接经济损失。其中，劳动者违反劳动合同中约定的保密责任，对用人单位造成经济损失的，按《反不正当竞争法》的有关规定支付用人单位赔偿费用。
4. 劳动合同约定的其他赔偿费用。

三、行政处罚

违反劳动合同的行政处罚，是指由国家行政机关对违反劳动法律、法规的行为人，依照法定的职权给予的一种行政制裁。对用人单位而言，如用人单位违反有关工作时间、休息休假、安全卫生、女职工和未成年工保护等法规和国家标准的，劳动保障行政部门和其他有关部门依照职责权限可以对用人单位给予行政处罚。行政处罚的形式比较多，如责令改正、责令限期改正、警告、通报批评、行政拘留等。对劳动者而言，如劳动者违反劳动法律、法规和合同约定解除劳动合同、不履行劳动合同约定的保密要求及其他事项等，用人单位有权依法或依照企业规章制度对职工予以行政处分。

四、其他法律责任

违反劳动合同的法律责任还有经济责任和刑事责任两种。

（一）经济责任

经济责任是指因违反劳动合同的过错行为，给相对方造成一定的经济损失，应由责任人依法承担一定的物质责任。根据劳动法律、法规的规定，追究违反劳动合同的行为人的经济责任，主要形式有罚款及经济补偿、经济赔偿，以及政府行政部门申请人民法院依法强制执行的冻结、划拨存款、扣留提取劳动报酬等。

（二）刑事责任

刑事责任是指违反劳动合同的行为人的行为已构成犯罪，应由司法机关执行的刑罚制裁。

第六节　非全日制用工劳动合同

近年来，以小时工为主要形式的非全日制用工发展较快。这一用工形式突破了传统的全日制用工模式，适应了用人单位灵活用工和劳动者自主择业的需要，已成为促进就业的重要途径。

一、非全日制用工的定义

从国际上看，非全日制就业已成为世界各国推广灵活就业的一种重要形式。国际劳工组织将非全日制就业定义为：非全日制就业是指其正常工作时间少于可比性全日制正常工作时数。欧盟将非全日制就业定义为少于法定的、集体合同规定的或惯例的工作时间的就业。欧盟为缓解各成员国失业率较高的压力，颁布了《非全日制工作法令》，要求雇主为全体雇员提供弹性就业机会。非全日制就业是欧盟各国实施弹性就业发展战略中最普遍推行的做法。许多欧盟国家非全日制就业人数占劳动力总数的比重在非全日制就业人员中，既有用人单位的非正式员工，也有正式员工。国外经验表明：推行非全日制就业不仅使广大劳动者能够分享就业机会，减少失业，而且有利于企业降低人工成本，适应灵活用工需求，提高市场竞争力。

在我国，非全日制用工是指以小时计酬、劳动者在同一用人单位平均每日工作时间不超过 5 小时累计每周工作时间不超过 30 小时的用工形式。

二、非全日制用工劳动合同的订立、内容、终止条件

近年来，我国非全日制就业呈现迅速发展的趋势。特别是在餐饮、超市、社区服务等领域，用人单位使用的小时工越来越多。我国现行的关于劳动关系的法律、法规是针对全日制用工形式而制定的。但对于非全日制用工这样一种灵活的用工形式，如果在确立劳动关系方面仍然全盘照搬全日制用工的有关规定，显然是不合适的。因此，需要根据非日制用工的特点，制定有关非全日制用工形式下处理劳动关系的新

规定。

2003年,劳动和社会保障部下发了《关于非全日制用工若干问题的意见》,对非全日制用工的劳动关系进行了规范。关于从事非全日制工作的劳动者,可以与一个或一个以上用人单位建立劳动关系。用人单位招用符合建立劳动关系条件的非全日制员工,也应当与其订立劳动合同。订立劳动合同是确定双方建立劳动关系的必要形式。如果劳动者是通过依法成立的劳务派遣组织为其他单位、家庭或个人提供非全日制劳动的,由劳务派遣组织与非全日制劳动者签订劳动合同。

非全日制劳动合同的内容和形式可以比全日制劳动合同大为简化和灵活。非全日制劳动合同的内容由双方协商确定,应当包括工作期限、工作内容、劳动报酬、劳动保护和劳动条件五项必备条款,但不得约定试用期。

非全日制劳动合同的解除或终止条件以及手续,也比全日制劳动合同更加简便。非全日制劳动合同的终止条件,按照双方的约定办理。如果非全日制劳动合同当事人未约定终止劳动合同提前通知期的,任何一方均可以随时通知对方终止劳动合同。双方约定了违约责任的,按照约定承担赔偿责任。

第七节　劳动合同的管理

一、劳动合同管理的意义和作用

(一)劳动合同管理的意义

劳动合同管理,广义上是指各级劳动保障行政部门对劳动合同的运行包括劳动合同的订立、履行、变更、解除和终止等进行指导、监督、检查、协调和争议处理等一系列职能活动的总称。它属于行政管理的性质,不同于劳动争议仲裁或审判等处理活动。劳动合同管理还包括用人单位的有关主管部门从各自工作的角度参与劳动合同的监督检查和协调。微观上的劳动合同管理,是指用人单位按国家规定加强劳动管理,通过制定、完善内部规章制度，做好劳动合同的日常管理，包括对劳动合同进行归档、利用等管理活动。劳动合同管理是一项政策性、法律性很强的工作，它是稳定劳动关系与社会生产秩序的基础工作之一。

劳动合同是世界上建立劳动关系普遍采用或常用的法律形式。但在我国，由于劳动合同制度尚处在普及完善的阶段，一些用人单位和劳动者对劳动合同的重要性认识不足，一方面，不懂得运用这一法律形式来保护自身的合法权益；另一方面，对劳动合同的订立、变更、解除、终止和续订等环节的操作也缺乏必要的法律知识，致使劳动合同行为处于不规范状态，不能充分发挥劳动合同对劳动关系的调节作用。因此，加强对劳动合同的管理，完善劳动合同制度的配套工作，在现阶段具有重要的现实意义。

（二）劳动合同管理的作用

1. 加强劳动合同管理，有利于促使劳动合同依法订立、严格履行。现阶段，由于人们的法制观念和合同意识还不强，不依法订立和履行劳动合同的现象在不少地区和单位不同程度地存在。有的单位不尊重劳动者的合法权益，单方面拟定合同条款，包办签订劳动合同；有的劳动合同条款未能体现公平原则，只规定劳动者违约应承担的责任；有的劳动合同条款不清，标的不明。例如，有的用人单位随意变更劳动合同工种和期限；有的用人单位和职工违反法律规定擅自解除劳动合同。这些问题的存在，造成了矛盾和纠纷，导致劳动合同无法履行。通过加强劳动合同管理，及时发现和纠正劳动合同订立和履行中存在的问题，维护劳动合同的严肃性，可以有效地提高劳动合同的履约率。

2. 加强劳动合同管理，有利于提高劳动合同双方遵守和执行劳动合同的自觉性，促进劳动关系的稳定和发展。随着用人制度的改革，劳动合同履行中的问题越来越多。在一些国有企业，劳动者"跳槽"的现象十分严重，有的劳动者没有"合同"观念，合同期限未满即不辞而别，给企业生产带来困难，影响了企业的发展；而在一些非国有企业，用人单位违反劳动合同规定，随意解雇职工的现象很严重，给劳动者的就业和生活造成很大困难。以上两种情况，都严重影响劳动关系的稳定，甚至引发恶性事件。因此，通过加强对劳动合同执行情况的监督检查，教育劳动合同主体双方严格履行劳动合同，并对违约者给予一定的处罚，对于劳动关系的稳定和健康发展，维护双方的合法权益，促进企业内部生产秩序和工作秩序的稳定，提高企业的经济效益，都具有十分重要的意义。

3. 加强劳动合同管理，有利于预防和减少劳动争议，促进企业劳动制度改革的深化。据对因劳动合同的原因发生的劳动争议案件分析，大致有以下几种情况：劳动合同这种法律形式尚未被劳动关系双方所认识，体现在行动上，不能按劳动合同条款办事；劳动合同制度不完善，尤其缺乏必要的劳动合同管理制度，对在执行中出现的问题，难以通过制度加以约束和解决；由于对劳动合同监督检查不力，无法及时发现和处理劳动合同履行各个环节出现的问题等。加强劳动合同管理，包括进行法制教育，健全各项管理制度，开展监督检查等活动，使劳动合同制度化、规范化，就可以有效地防止劳动争议案件的发生；一旦发生矛盾和纠纷，也能及时发现和采取有效的处理办法，从而使双方的矛盾和纠纷得以缓解和解决。

作为一种新型的用人制度，劳动合同制度已在全国普遍推行，但是，巩固和发展还需要漫长的路程。加强劳动合同管理，是巩固和发展劳动合同制度的重要环节。通过加强劳动合同管理，提高劳动关系双方对劳动合同制度的认识，发挥劳动合同制度的优越性，这项制度就能在调动劳动者的积极性、提高企业的经济效益方面发挥更大的作用。

二、劳动合同管理的内容

劳动保障行政部门和用人单位对劳动合同的管理主要有以下几个方面的内容：

1. 建立一套科学的劳动合同管理制度，包括相配套的管理办法，如制定劳动合同行为规范、提供示范合同或标准合同范本等。

2. 督促、检查、指导用人单位与劳动者依照劳动法律、法规及有关政策签订劳动合同，切实履行劳动合同。通过引导的方法和服务的手段使劳动合同当事人双方的行为依法实施。这项管理内容贯穿于劳动合同订立的事前或事后。

3. 对用人单位的劳动合同管理工作进行业务指导。例如，帮助用人单位建立关于劳动合同管理制度的办法和劳动合同归档保管制度，劳动合同执行情况的定期报告、统计制度，以及与劳动合同履行相关的职工工资、职级晋升档案和职工医疗期等账簿。

4. 制止和纠正违反劳动法律、法规、政策和劳动合同的行为。根据《劳动法》第85条的规定，劳动保障行政部门对违反劳动法律、法规的行为有权制止，并责令改正。如用人单位非法招用未满16周岁的未成年人、诱骗劳动者签订劳动合同从事非法活动、拖欠职工工资、非法限制职工人身自由等，劳动保障行政部门除依法采取行政处罚手段责令改正外，需要追究刑事责任的，还应移交司法机关处理。

5. 用人单位应设立专门的部门和指定专人管理劳动合同，除制定劳动合同书管理的具体办法外，还应制定与劳动合同运行相配套的各项制度，如考勤制度、奖惩制度、分配制度等。

三、劳动合同管理的方式

（一）劳动保障行政部门加强劳动合同管理的主要方式

对用人单位和劳动者进行政策指导、咨询服务、监察检查以及提供劳动合同范本、开展劳动合同鉴证等，是各级劳动保障行政部门加强劳动合同管理的主要方式。

1. 宣传贯彻劳动法律、法规，促使双方当事人依法签订和履行劳动合同。劳动保障行政部门应当通过开展普及劳动合同基本知识和劳动法律、法规的宣传教育活动，帮助用人单位和劳动者学习掌握劳动合同的法律知识以及违反劳动合同应当承担的法律责任，促使当事人依法订立和认真履行劳动合同。

2. 进行经常性的执法监督检查工作，发现劳动合同订立和履行中的问题并及时解决。劳动保障行政部门对用人单位与劳动者之间是否订立以及履行劳动合同的情况依法进行执法监督，开展定期或不定期的检查，有助于当事人提高劳动合同的法律意识，强化劳动合同的法律约束力，从而保证劳动合同制度的顺利推行。在检查中，要吸收用人单位主管部门和各级工会参加。工会有依法维护劳动者合法权益的权力，充分发挥工会的作用，不仅能有效地维护劳动者的合法权益，也能调动劳动者的生产积极性，帮助用人单位提高经济效益，形成"双赢"局面。

3. 实行劳动合同鉴证制度，掌握劳动合同订立、变更、解除、终止等环节的动态情况。劳动合同鉴证是劳动保障行政部门依法审查和证明劳动合同真实性和合法性的一项有效的监督、服务手段。劳动保障行政部门通过对劳动合同依法进行鉴证，可以及时发现合同双方当事人是否具备主体资格，合同内容是否符合法律、法规和政策的规定；合同签订是否符合平等自愿、协商一致的原则，合同条款是否完备，双方权利、义务和责任是否明确，从而可以及时发现并有效地处理不完善合同、违法合同和假合同，使劳动合同的订立符合法律法规的规定，有利于把合同争议消灭在萌芽状态，一旦发生争议，由于劳动合同鉴证是具有法律效力的，它可以为劳动争议仲裁委员会和人民法院提供具有法律效力的证明，有利于及时准确地进行裁决和判决。

4. 对用人单位主管部门劳动合同管理工作进行业务指导。劳动保障行政部门除对劳动合同进行统一管理外，还应对本地区用人单位主管部门劳动合同管理工作给予业务指导，帮助它们建立健全劳动合同管理制度，帮助培训劳动合同管理人员，对企业内部劳动合同管理工作中出现的问题进行分析，找出原因，研究提出解决办法，推动用人单位加强内部劳动合同管理。

5. 建立健全劳动合同管理制度。劳动合同管理制度，是指劳动合同管理机关对劳动合同进行管理的具体手段，也是劳动合同主体双方必须遵守的规则。劳动合同管理制度，在很大程度上是通过建立制度来实现的。如果没有建立必要的管理制度，或者管理制度不完善，就难以有效地对劳动合同实施管理，影响劳动合同制度的实施。因此，必须要研究建立一套必要的劳动合同管理制度，使劳动合同管理逐步实现制度化、规范化。从实践看，一般要建立劳动合同鉴证制度、劳动合同履行情况检查制度、劳动合同档案制度、劳动合同统计制度以及劳动合同审查备案制度等。

6. 处理违法劳动合同。查处违法劳动合同，是劳动合同管理机关行使管理的重要内容。只有对违法者依法严肃处理，才能震慑违法者，同时教育大多数。从反面提高合同主体双方的合同意识和法制观念，从而自觉履行劳动合同。

（二）行业主管部门劳动合同管理的方式

行业主管部门是基层用人单位的领导机关和行政管理机关，对基层用人单位的经营管理活动负有领导责任，对用人单位的劳动管理也负有领导责任。劳动合同管理制度是用人单位劳动管理的重要组成部分。行业主管部门应当协助劳动保障行政部门对所属用人单位加强劳动合同管理制度。行业主管部门可以根据行业特点，结合企业改革及减人增效的要求，制定行业标准，指导所属用人单位开展劳动合同制度的基础管理工作，对本单位岗位进行测评和分类，按照精干、效能和科学合理的原则实行定员定额管理，合理确定领导组织，制定岗位规范和考评标准，明确职工岗位责任，为劳动合同的顺利履行打下基础。

根据职责范围，行业主管部门对用人单位劳动合同管理制度可以开展以下几项工作：

1. 宣传劳动法律、法规和政策，提高企业经营者和劳动者的法制观念和劳动合同意识，为劳动合同制度在本单位的顺利实施奠定坚实的思想基础。

2. 培训业务骨干。帮助基层用人单位培训负责劳动合同管理的业务骨干，帮助他们系统地学习《劳动法》以及与《劳动法》相配套的法规规章，特别是有关劳动合同的法规和政策，提高他们的思想水平和业务素质。

3. 对劳动合同的订立和履行情况进行监督检查。与劳动保障行政部门相比，行业主管部门对所属用人单位的用人情况更了解。行业主管部门发挥自身优势，在职责范围内，检查和监督基层用人单位依法订立劳动合同、依法履行劳动合同的情况，作用明显。对不认真履行劳动合同的，给予批评教育，督促其认真履行；对违反劳动合同的，帮助其及时纠正。

(三）用人单位劳动合同管理的主要方式

用人单位加强劳动合同管理，完善劳动合同制度，维护劳动合同制度的正常运行，能够有效地发挥劳动合同制度的激励作用，调动劳动者积极性，促进企业深化改革，提高企业经济效益。用人单位劳动合同管理制度主要有以下几种方式：

1. 完善劳动合同内容。用人单位应当经常检查已签订的劳动合同，对其中内容不符合《劳动法》及有关规定的条款进行修改，必备条款不全的应尽快补充；条款过于原则的，可与职工协商一致签订补充协议，也可将有关具体内容直接补充到劳动合同中。通过以上措施，使劳动合同比较全面细致地规定双方的权利和义务，使劳动合同易于履行。

2. 建立和运用实用有效的管理手段，促进劳动合同的履行。用人单位应建立劳动合同台账，对劳动者的基本情况、实际工作年限、劳动合同期限、劳动合同中的约定条款进行动态管理。有条件的用人单位，应当逐步实行管理手段现代化。

3. 建立和完善与劳动合同制度相配套的规章制度。用人单位要依照国家法律法规，建立健全支撑劳动合同制度运行的企业内部配套规章制度，包括工资分配、工时、休息休假、劳动保护、保险福利制度以及职工奖惩办法等，并把劳动合同履行情况与职工的劳动报酬、福利待遇联系起来，促进工资能多能少、岗位能上能下、人员能进能出的新型劳动用人机制的形成。

4. 强化劳动合同制度运行的日常管理工作。用人单位制定的实施方案应当经过职工代表大会或职工大会讨论通过，实施方案应就劳动合同签订、履行、变更解除等各个环节进行具体规定，作为劳动合同运行的依据。要加强对劳动合同签订、续订、变更、终止和解除的管理。对劳动者履行劳动合同情况主要是其个人工资、休假、保险福利、加班及奖惩等有关资料要有记录。劳动合同期满前应提前一个月向职工提出终止或续订劳动合同的书面意向，并及时办理有关手续。

5. 落实劳动合同管理制度工作的责任制。用人单位要指定专职或兼职人员，负责本单位劳动合同的日常管理工作。通过培训，使劳动合同管理人员熟悉和掌握有关法律法规，做到依法管理，提高劳动合同管理水平。

6. 加强劳动合同管理制度的监督工作。工会和职代会要积极参与本单位劳动合同制度的建立和管理工作，监督本单位劳动合同履行情况。对劳动合同履行过程中存在的问题和不足，提出意见和建议。劳动争议调解委员会也要做好本单位劳动争议调解工作，减少劳动争议的发生，保持劳动合同的平稳履行。

本章小结

1. 劳动合同制度是市场经济条件下用人单位和劳动者确立劳动关系的一种用人制度。在我国，随着市场经济体制和现代企业制度的建立，已逐步实行劳动合同制度。我国《劳动法》规定，用人单位和劳动者建立劳动关系，应当签订劳动合同。通过签订劳动合同确立劳动关系，不仅可以充分保障劳动者和用人单位的合法权益，也是促进劳动关系良好运行以及预防、妥善处理劳动争议的必要条件。

2. 劳动合同是发生在劳动者与用人单位之间的一种法律事实或法律文件，即确立具体劳动关系的法律形式。劳动合同的法律特征为：劳动合同的主体是特定的；劳动合同当事人双方法律地位是平等的；劳动合同当事人在职责上具有从属关系；劳动合同的目的，在于劳动过程的实现，而不仅仅是劳动成果的给付。

3. 劳动合同的形式主要有两种划分方式，一种是以合同的载体来划分，可分为口头劳动合同和书面劳动合同，我国《劳动法》确认书面劳动合同为法定形式；另一种是以劳动合同的期限来划分，分为三种：有固定期限的劳动合同，无固定期限的劳动合同，以完成一定的工作为期限的劳动合同。

4. 劳动合同的内容，是指双方当事人在劳动合同中必须明确的各自的权利、义务及其他问题。劳动合同的内容是劳动关系的实质，也是劳动合同成立和发生法律效力的核心问题。劳动合同的内容主要包括三个方面：一是劳动合同主体，即订立劳动合同的双方当事人的情况；二是劳动合同客体，即双方当事人在劳动合同中确定的权利义务指向的对象，它是双方当事人订立劳动合同的直接体现，也是产生当事人权利义务的依据；三是劳动合同的权利义务，指双方当事人依据劳动合同享有的劳动权利和应承担的劳动义务。

5. 劳动合同的内容，可以分为法定条款和协商条款两部分。根据《劳动法》第19条的规定，劳动合同的法定条款有：劳动合同期限、工作内容、劳动保护和劳动条件、劳动报酬、劳动纪律、劳动合同终止的条件、违反劳动合同的责任。

6. 劳动合同的订立，是指劳动者与用人单位之间为建立劳动关系，依法就双方的权利义务协商一致，设立劳动合同关系的法律行为。订立劳动合同，双方当事人应当遵循平等自愿、协商一致，不得违反法律、行政法规的原则。

7. 劳动合同的履行是指劳动合同依法订立后，双方当事人遵守和执行劳动合同规定的各项条款，完成劳动合同规定的任务，实现劳动合同规定的权利，建立和谐的劳动关系的过程。当事人必须严格履行劳动合同所规定的义务。劳动合同中所确定的当事人一方的义务即是对方当事人的权利。当事人履行劳动合同必须遵循全面履行和实际履行的原则。

8. 劳动合同的变更，是指劳动合同双方当事人就已订立的劳动合同条款达成修改、补充或废止协议的法律行为。变更劳动合同一般须具备两个条件：必须有正当理由；必须经双方当事人协商一致。劳动合同变更的程序，一般需要经过提议、协商、签订三个阶段。

9. 劳动合同的解除是指劳动合同依法签订后，未履行完毕之前，由于某种原因导致当事人双方提前终止劳动合同的法律效力，解除双方的劳动权利义务关系的法律行为。它既可以是一方当事人单方面的合法行为，也可以是双方当事人的合法行为。

10. 劳动合同的终止，是指劳动合同期满或者当事人约定的劳动合同终止的条件出现，以及劳动合同一方当事人消失，无法继续履行劳动合同时结束劳动关系的行为。为了保护劳动合同双方当事人的合法权益，终止劳动合同必须依法进行。

11. 劳动合同的续订是指劳动合同期满后，经劳动关系双方当事人协商一致，继续签订与原劳动合同内容相同或对原劳动合同的某些条款作修改或补充的劳动合同的法律行为。虽然《劳动法》未对劳动合同续订作出规定，但在实际操作中，劳动合同续订的条件及程序应与劳动合同订立的有关规定一致。

12. 无效劳动合同，是指不具有法律效力的劳动合同。《劳动法》对确认无效劳动合同的条件、无效劳动合同的处理及确认权归属做出了具体规定。根据《劳动法》第 18 条的规定，无效劳动合同主要有以下几种情形：一方或双方当事人主体不合格；内容不合法；严重违反一方当事人的真实意思。无效劳动合同从订立时起，就没有法律约束力。但劳动合同如属部分无效又不影响其余部分的效力，则其余部分仍然有效，但对无效部分必须加以修改。

13. 劳动合同是调整具体劳动关系的法律手段，一经依法订立即具有法律约束力。违反劳动合同的法律责任，是指违反劳动法律、法规有关劳动合同的规定以及劳动合同约定的行为相对人，法律要求其承担的相应后果。

14. 非全日制用工是指以小时计酬、劳动者在同一用人单位平均每日工作时间不超过 5 小时累计每周工作时间不超过 30 小时的用工形式。非全日制劳动合同的内容、形式、解除和终止的条件，可以比全日制劳动合同更为简化和灵活。

15. 劳动合同管理，广义上是指各级劳动保障行政部门对劳动合同的运行包括劳动合同的订立、履行、变更、解除和终止等进行指导、监督、检查、协调和争议处理等一系列职能活动的总称。它属于行政管理的性质，不同于劳动争议仲裁或诉讼等处理活动。劳动合同管理还包括用人单位的有关主管部门从各自工作的角度参与劳动合同的监督检查和协调。微观上的劳动合同管理，是指用人单位按国家规定加强劳动管理，通过制定、完善内部规章制度，做好劳动合同的日常管理工作，包括对劳动合同进行归档、利用等管理活动。劳动合同管理是一项政策性、法律性很强的工作,它是稳定劳动关系与社会生产秩序的基础工作之一。

思考题

1. 什么是劳动合同?它有哪些法律特征?
2. 订立劳动合同的原则是什么?
3. 如何认定无效劳动合同?
4. 试论述劳动合同管理的意义和作用。

第三章

集体协商与集体合同制度

学习目标

通过本章学习，掌握集体协商制度和集体合同制度的概念和特点，订立集体合同的原则、程序，集体合同的效力；理解集体协商和集体合同的适用范围、作用，集体协商的组织，集体合同的履行、变更、解除、终止；了解集体协商与集体合同制度的发展概况，集体协商的规则和程序、准备策略和技巧。

第一节 概 述

一、集体协商制度与集体合同制度的发展史

集体协商是伴随着市场经济和社会化大生产的发展,劳资双方不断调整劳动关系的必然结果。

18世纪下半叶,从西欧开始的工业革命加剧了劳资矛盾,促进了工会组织的建立,在一些企业出现了集体协商的萌芽。当时英国已经出现了由企业主和工人代表经过协商之后签订的雇佣条件协定。1799年美国费城的制鞋工人也与雇主就劳动条件、劳动报酬等问题进行过协商和谈判。1850年美国的纺织、矿山、炼铁业的工会团体与企业主之间开始就劳动条件等问题达成一些协议,到1890年,通过协商、谈判签订的关于工资标准等方面的集体合同逐渐增多。1910年英国商务院第一次发表集体合同调查报告,报告载明当年英国签订集体合同达1 696件。其他发达资本主义国家的集体协商制度也大都是在这一时期产生和发展起来的。

集体协商制度产生初期,主要是由工人代表与雇主通过协商谈判达成一种普通协议。当时,这种协议仅仅是劳资双方的"君子协定",并不具有法律效力,通过集体协商签订集体合同也不被看成是一种法律行为。雇主为了自由地对工人进行剥削,千方百计地抵制与工会开展任何形式的协商或谈判。随着工人运动的深入发展,劳资矛盾日益尖锐,对抗越来越激烈,工人罢工运动不断高涨,资本家为缓和矛盾,开始对工人作出一些让步。20世纪初期,在工人阶级长期斗争下,集体协商的法律地位开始逐步得到认可,许多西方工业国家的集体协商有了迅速的发展。第一次世界大战以后,随着工人运动的进一步高涨,德国于1918年颁布了《团体协约法》,其后,法国于1919年制定了《劳动契约法》,后将该法编入《法兰西劳动法典》。这些立法表明,当时的一些主要工业国家已经改变了以往对集体协商的抵制,而是将其视为劳资关系调整的重要途径，采取接受、容纳的态度。今天，在许多市场经济国家中，集体协商已经成为确定劳动制度和调整劳动关系的主要手段之一，通过集体协商确定的就业条件不仅直接适用于数量庞大的雇员，而且日益成为整个部门、整个行业或一个地区的模式。

在我国，对于集体协商、集体合同制度的探索已经有相当长的历史。早在新民主主义革命时期，中国劳动组合书记部就在1922年的《劳动法案大纲》中，明确提出"劳动者有缔结团体契约权"，把通过集体协商缔结集体合同作为工人运动的斗争纲领之一。国民党政府迫于工人斗争的压力，于1932年颁布了《团体协约法》，承认工人团体有与雇主或雇主团体通过集体协商缔结团体协议的权利。但在当时的国民党统治区，集体协商、集体合同制度并未得到应有的发展。相反，在当时中国共产党领导下的革命根据地，集体协商、集体合同受到了党和人民政权的极大重视。1930年全国苏维埃区域代表大会通过的《劳动保护法》明确规定："工会为代表工人利益机关，有代表工人与雇主缔结团体契约之权。"1931年中华工农兵苏维埃第一次全国代表大会通过了《中华苏维埃共和国劳动法》，对建立集体合同制度作出规定，并对集体合同的内容、法律效力提出了具体要求。新中国成立后，集体合同制度经历了比较曲折的发展过程。1950年9月18日，东北人民政府发布了《关于公营企业签订劳动合同的指示》，对公营企业中的集体合同内容与签订程序等问题作了具体规定。与此同时，中央人民政府的一些产业部门和工会组织发布了有关订立集体合同的指示。当时，国营企业内的集体合同制度在全国范围得到了蓬勃的发展。为了使集体合同制度能够在私营企业中顺利推广，中华全国总工会于1949年11月发布了《关于私营工商企业劳资双方订立集体合同的暂行办法》，对集体合同的内容、订立集体合同的原则及程序、集体合同的期限等一系列问题作了规定。1950年中央人民政府颁布的《工会法》对集体合同也作了规定，如规定"在国营及合作社经营的企业中，工会有代表受雇工人、职员群众参加生产管理及与行政方面缔结集体合同之权"。以上法律的颁布，为在私营企业中推行集体协商和集体合同制度提供了依据。

1957年以后，由于受"左"的思潮的影响，工会的地位逐步下降，集体协商和集体合同制度也随之被忽略，各企业都不再开展集体协商和签订集体合同。

党的十一届三中全会以后，随着全国工作重心的转移和法制建设的加强，工会的地位逐步提高。1979年4月，中华全国总工会九届二次执委扩大会议发出倡议，呼吁在全民所有制企业中恢复集体协商和集体合同制度。1983年10月，中国工会第十次全国代表大会通过的《中国工会章程》中规定：工会基层委员会有权"代表本单位职工同行政签订集体合同或专项决议"。这些规定有力地推动了集体合同制度的恢复和发展。1994年7月5日，我国颁布了《劳动法》，从法律上对集体合同制度给予了肯定，为在我国建立集体协商和集体合同制度、有效调整劳动关系提供了强有力的法律保障。劳动法实施之后，原劳动部还及时制定了《集体合同规定》，对集体合同的内容、订立程序等具体问题作出了规定，使职工与企业开展集体协商和签订集体合同有法可依。2004年，劳动和社会保障部又修订出台了新的《集体合同规定》，进一步指导职工与企业开展集体协商和签订集体合同。近年来，我国企业开展集体协商签订集体合同工作取得了较大进展，集体协商与集体合同制度已经初步形成。

二、集体协商制度与集体合同制度的适用范围

集体协商的范围是指它对所有行业从事不同职业的就业工人的覆盖程度。一般而言，无论哪一类工人都应有参与集体协商的权利。但是从实际情况来看，仍有许多国家的工人游离于集体协商之外。究其原因是很复杂的，但大致来自客观原因和人为因素两个方面。

从客观原因来看，一个重要的问题就是缺少真正的集体协商主体，或者是缺乏集体协商的实践。如在长期实行计划经济体制的国家里，由于有关工人的劳动权益问题是由政府来决定的，因而企业的经营者只是一种名义上的，他们对企业的经营管理权限极为有限，在这种情况下企业一级的集体协商就不可能存在，工人对自身劳动权益的要求只能服从政府的安排。因此基本上不存在真正的集体协商主体，集体协商实践也

就无从谈起。在一些以农业经济为支柱的发展中国家,成千上万的农业工人因没有自己固定的雇主,致使他们缺乏协商的对手。类似的问题还反映在许多国家民间的经济生活领域,例如马路边的个体摊贩、个体手工艺人、受雇于私人业主的劳动者、擦鞋工或清洗工等等,所有这些劳动者都被排斥在集体协商之外。可见,要在集体协商的范围内解决这些问题,还需要付出艰巨的努力。

从主观原因来看,主要有三种情况。第一种情况是在某些国家,一些企业的雇主对工会组织的合法性持怀疑或拒绝承认的态度,因而他们抵制同工会进行协商。第二种情况是一些国家在法律上禁止开展集体协商,致使工会无可奈何。第三种情况是由于一些国家的工会组织率太低,或者是由于缺乏足够的活动经费,因而不能正常开展和参与集体协商。无论哪一种情况,最终受到影响的则是使工人的切身利益失去了一个通过协商机制可能获得解决的途径。

在我国,为适应社会主义市场经济建设的需要,1994年颁布的《劳动法》规定,企业职工一方可与企业行政方面就劳动条件等问题通过集体协商签订集体合同。实质上对集体协商的范围作出了规定。经过近年来的实践,我国的集体协商和集体合同制度已经初步确立。通过集体协商签订集体合同的企业,集体合同都适用于本企业的所有职工。

三、集体协商与集体合同制度的作用

从西方发达国家集体协商的发展历程和近年来我国开展集体协商的实践来看,集体协商的作用主要有以下几个方面:

1. 集体协商可以促进企业发展生产,改善职工的生活福利条件。通过集体协商可以围绕企业负责人的任期目标,规定企业的生产经营计划和发展计划,规定在完成生产任务的基础上,企业改善职工生活福利方面的计划和措施,这不仅使企业和劳动者双方建立起相互依靠、相互配合的密切关系,也促使双方自觉地在平等基础上互相监督、互相制约。职工明确了企业的生产计划,可以努力完成或超额完成生产任务,促进企业生产的发展。企业生产发展了,职工的生活福利待遇也可以得到改善。集体合同体现了国家、集体、个人利益的结合,解决了生产与生活的矛盾,从而使广大职工认识到只有搞好生产,才能改善生活,这必定能够极大地调动起广大职工的生产积极性。

2. 集体协商可以较好地体现职工在企业中的主体地位,加强企业的民主管理;是企业管理民主化的重要形式。通过协商签订的集体合同是广大职工智慧的结晶,它所规定的各项条款的讨论、签订仪式的举行、合同执行情况的检查,都是在职工代表大会主持下进行的,体现了职工参加民主管理的原则。集体协商可以大大提高职工的主人翁责任感,使职工更加关心企业的生产情况和各项重大问题的决策。

3. 集体协商可以改善企业的经营管理,较好地发挥工会及职工代表的作用,提高工会及职工代表在广大职工中的威信。集体协商对企业行政的经营管理工作提出各项具体要求,这必然加重企业行政的责任感,督促企业行政的各级负责人都要充分履行好自己的职责。集体协商也要求工会及职工代表把自己的各项工作同企业的生产经营和维护职工的合法权益紧密结合起来。所以,工会及职工代表必须尽力完成自己的职责,既要密切联系广大职工,又要协助企业解决生产中出现的问题。集体合同不但充实了工会的工作内容,同时也提高了工会在职工中的威信。

4. 集体协商和集体合同制度可以弥补劳动法规的不足,健全劳动法制。目前,我国虽然已经制定了大量的劳动法规,但还不够健全,还存在无法可依、无章可循的现象。经过协商签订的集体合同中,有些内容是劳动法规的具体化,有些是在符合劳动法规的前提下作出的补充规定,这些内容不但能为企业调整劳动关系提供具体依据,同时也能弥补劳动法规的不足,加强劳动法制的建设。

第二节 集体协商制度

集体协商制度是现代工业社会中非常重要的现象,通过集体协商签订集体合同来规范工作条件的做法在当今世界上许多国家得到普遍采用，作为工业制度的一部分，它正在发挥越来越重要的作用。

一、集体协商制度的概念和特点

集体协商也可称作集体谈判。由于每个国家的国情及市场经济的成熟程度不同，因而集体协商或集体谈判在运作过程中呈现出复杂多样的形式，所以到目前为止，在全世界劳动关系的研究领域内，尚未就集体谈判形成一个明确且被普遍认同的看法。

1981年，国际劳工大会通过了《促进集体谈判公约》（第154号）。该公约就集体谈判的特征及内容作出了概括性的表述：集体谈判适用于单个雇主、雇主群体或组织同单个或若干工人组织之间签订各种协议的过程，这些协议通常涉及以下内容：（1）劳动条件和就业期限；（2）工人与雇主相互关系的调节；（3）雇主或雇主组织同单个或者是若干工人组织相互关系的调节。同时该公约还指出，国家可以根据本国的法律和惯例来决定集体谈判的发展范围。可以看出，该公约不仅勾画出集体谈判的大致轮廓，而且为各国在实践中发挥其自主性留有余地。

用更加概括性的描述来说，集体协商或集体谈判就是雇主和雇员通过协商，不断地就劳动就业的有关条款达成协议的实践。

集体协商制度的特点有以下几个方面：

第一，它是一个很有弹性的决策方法，比立法、司法和行政都要有弹性。它可以运用于各种形式的政治、经济制度，而且，对于任何一个国家，它也可以满足各种产业和职业的需要。例如，无论私营还是公营部门，无论对一个工厂还是一个行业，无论是技术工人、体力劳动者、服务人员还是专业技术人员，都可以运用这一方法。集体协商的弹性特征也可以从其协议方式的多样性中看出来。协议方式可以从简单的口头理解或十分简短的仅仅包括工资率的文件，到十分复杂的总协议。这种协议不仅包含了问题的各个方面，而且还允许有附加条款。总协议一般包括工资、工作时间、工作条件。补充协议可以在车间一层达成，以适应那些特殊的、由具体工作所造成的、在全体协议范围内难以特别有效地加以确定的问题。

第二，集体协商作为一种方法将平等和社会公正的概念引入工业社会和劳动力市场。历史经验证明，单个工人不能通过与雇主单独较量来保护自己，以防止可能存在的剥削时，许多社会团体就产生了一种愿望，即通过加强雇员集体的力量以平衡雇主在谈判中的力量，分享这种保护功能。由于受到公共政策不断地有利于集体谈判的鼓励，工人组织迫切要求以适当的方式，成为制定工业规则过程中有责任的一方。事实证明，集体协商制度已经成为在工作中得到社会公正和公平的一种主要手段。

第三，集体协商从一开始就成为工人参与工业社会决策过程的一条渠道。工人有权参与制定其工作条件的观念，即工业民主的观念，是集体协商本身所固有的。即使那些最简单的集体协商和集体协议，也从单方面决定变成了双方的参与。从这个意义上讲，集体协商在许多过去认为理所当然是雇主权限的领域中明显地减少了这种权威。同时，集体协商还将民主的实践引入了等级森严的组织体系中，这种等级体系曾是所有工业化组织以及一些非工业化组织的特征。随着时间的推移，集体协商的范围越来越大，尽管其中有许多争议和冲突，但毕竟在越来越多的问题上合法地参与了决策过程。

二、集体协商的组织

集体协商可以在社会的不同层面展开，主要表现为国家一级的集体协商、地方一级的集体协商和产业或企业一级的集体协商。从世界范围来看，实行国家一级集体协商的国家极少，只有挪威等少数几个国家有过类似的实践。绝大多数国家的集体协商则是集中在企业的范围。我国从实际情况出发，在《劳动法》中规定了企业与职工可以通过集体协商签订集体合同，表明了我国的集体协商范围是以企业一级为主的。这种情况同许多发展中国家的情况是相近的。其长处在于，工厂里的工人很容易召集，也不需要很复杂的谈判机构，选举出一些能够为工人说话办事的代表也很容易，一些有关的信息和看法的交流也容易彼此沟通，而且工会和工人代表能够就地参加活动，经费支出也不大。同样，从雇主方面看也是如此，在一些小型企业中，雇主可以亲自参加或主持集体谈判，同他们所熟悉的工人代表们就有关问题进行直接交涉。

三、集体协商的规则和程序

首先,开展集体协商的企业与职工双方首先应当遵守法律、法规的规定和平等、合作的原则。双方也应当自觉承担维护企业生产正常秩序和维护社会稳定的义务,因此,任何一方都不应有过激的行为。

其次,企业与职工双方要按照一定程序确定本方的集体协商代表,并各自确定一名首席代表。双方代表的人数应当相等。协商代表一经产生,如果没有特殊情况,必须履行其义务。如遇有不可抗力因素造成空缺的,应当重新指派或推荐。

第三,企业与职工双方应当另行指定一名记录员,以体现公正的原则。

第四,集体协商的内容、时间、地点应由双方共同商定。协商未达成一致或出现事先未预料的问题时,经双方同意,可以暂时中止协商。双方应共同商定中止协商的期限以及下次协商的内容、时间、地点。

第五,如经过集体协商后双方达成一致意见并形成集体合同草案,则该草案在经过职工大会或职工代表大会审议通过后,由企业法定代表人代表企业,企业工会主席代表职工在协议上签字。

四、集体协商的准备、策略和技巧

集体协商的策略与技巧,各个国家实行的制度不同,表现的形式也不一样。在我国,按照《劳动法》和有关集体协商的规定,以及我国的实际情况,集体协商应当做好以下工作:

(一)准备

在正式进入协商之际,双方应做好充分准备。尤其是职工和工会一方的协商代表应当做到:熟悉国家有关平等协商和签订集体合同的现行法律、法规和政策规定,充分掌握参与集体协商所必需的信息和资料,确定协商中需要解决的主要问题和希望达成的意向,明确协商代表的分工和各协商代表应发挥的作用,掌握同对方争辩的口径,弄清协商议题的优先顺序,预测对方基本态度并找出避免和解决陷于僵局的积极方法,酝酿如何创造积极的协商氛围,考虑协商失败可能带来的不良后果以及应采取的对策,等等。

（二）策略

在协商过程中，双方协商代表，应当对正式协商的实施运作从策略上进行整体运筹谋划。从协商策略的类型看，主要包括：进攻策略、退却策略和迂回策略等。平等协商策略的运用，是一种复杂巧妙的组合搭配，实战中往往需要攻守兼备，扬长避短。协商策略一旦确定，双方各自的协商代表都应按照本方确定的策略执行，切忌各行其是。

（三）技巧

实践中，协商技巧的运用十分灵活，具体可通过下列原则得以体现：

双赢原则。即在协商过程中，不仅应考虑职工方面的利益目标，同时也应兼顾企业行政方面的利益目标，从而通过有效的协商和所达成的共识，使双方的利益目标趋向接近，进而使双方通过协商共同受益。

4P原则（Policy 政策，Predict 预测，Preparation 准备，Presentation 陈述）。即在协商过程中，不仅应坚守本方的基本政策和主张，同时又能够预测对方可能作出的反应并适时采取相应的对策；不仅对协商资料准备充分，而且能够充分陈述自己的立场和基本主张。

2C原则（Control 控制，Coordination 协调）。即在协商过程中，不仅能够有效控制协商的过程并使其逐渐靠近所期望达到的目标，同时又能够有效协调内部成员之间的分工以形成默契配合。

第三节　集体合同制度

一、集体合同制度的概念

集体合同又可称为团体协约、集体协议等。集体合同是由工会代表职工与企业、事业单位以及产业部门、雇主及雇主团体之间就职工劳动报酬、工作条件、工作时间、休息休假、劳动安全卫生、社会保险福利等事项，进行协商谈判所缔结的书面协议。

集体合同是一种契约关系，也是一种法律制度。它是商品经济发展的产物。在一切东西都商品化了的资本主义社会中,作为商品交换形式的合同制度成为市场主体之间进行各种往来最基本的信用形式和法律手段,得到了空前发展,其中最有意义的是劳动力的交换也通过合同形式来进行。资产阶级为了使剥削合法化,便通过国家立法对雇佣合同予以认可。工人阶级为了争得改善出卖劳动力的条件,维护自己的利益,逐步联合起来,迫使资产阶级承认工人享有自由结社权和进行协商谈判签订集体合同的权利,并通过法律形式予以确认。

集体合同作为一种合同形式,具有一般合同的共同特征:当事人订立集体合同的地位是平等的。这就是说,集体合同作为独立的劳动法律关系的载体是当事人在平等自愿的基础上产生的;集体合同双方当事人各自享有协议规定的权利,履行协议规定的义务;集体合同依法订立、变更、终止等。

二、集体合同的订立

(一) 订立集体合同的基本原则

订立集体合同应当遵循的基本原则是:

第一,合法原则。订立集体合同是一种法律行为,必须遵循合法原则。所谓合法是指订立集体合同的主体、程序和内容都必须符合国家法律、法规的规定。工会和企业单位是订立集体合同的主体,其他组织则无权订立集体合同。在程序上,当事人双方要在协商谈判、签字、登记等各个环节上,符合有关法律、法规的规定。在内容上,集体合同的全部条款不得与法律、法规相抵触。集体合同只有遵循合法原则,才能得到国家的认可,才具有法律效力。

第二,当事人地位平等原则。集体合同当事人在签订协议过程中,处于平等的法律地位,不存在隶属关系。双方当事人都可以平等地提出自己的主张和要求,以平等的身份进行协商谈判。

第三,协商一致原则。所谓协商一致,是指集体合同是当事人双方意思表示一致而达成的协议。协商是处理劳动关系的重要方式,也是订立集体合同的基础。不协商不能签订协议,虽经协商但未能取得一致意见,也不能签订集体合同。当双方当事人协商不能取得一致意见时,可请求政府有关各方协调,取得一致意见。

第四,当事人义务对等原则。所谓义务对等,是指当事人一方承担的义务需要另一方承担相应的义务。比如,职工一方从企业获得改善劳动条件,领取一定水平的工资,就必须为企业履行一定的劳动义务。如果职工一方从整体上不能完成生产任务,也就不应从企业获得一定水平的工资报酬。

(二)订立集体合同的准备工作

集体合同订立前主要应做好两方面的准备工作:

第一,准备对集体合同的意见和建议。企业在厂长(经理)领导下,由行政办公室或劳动工资部门准备企业一方对集体合同内容的意见和建议。工会一方由企业工会委员会负责人或委托有能力的职工,准备工会方面对缔结集体合同的意见和建议,做到思想上明确,组织上周密,材料掌握充分。准备工作做好了,协商谈判或起草合同书就比较顺利。

第二,起草集体合同文本。在做好准备工作的基础上,由工会或企业起草集体合同文本方案,也可以由工会和企业联合组织有关人员进行起草工作。

(三)订立集体合同的程序

集体合同草案经双方代表正式协商达成一致后,要履行下列程序:

1. 审议。将集体合同草案文本提交职工大会或职工代表大会审议。职工大会或职工代表大会审议时,由企业经营者和工会主席分别就协议草案的产生过程、依据及涉及的主要内容作说明,然后由职工大会或职工代表大会对协议草案文本进行讨论,作出审议决定。

2. 签字。集体合同草案经职工大会或职工代表大会审议通过后,由企业法定代表人和企业工会主席代表双方签字。

3. 报送与公布。集体合同签字后,要将合同文本报送劳动行政部门。劳动行政部门对报送的集体合同经过审阅,如果发现有违反国家法律、法规的内容,可以指令当事人予以修改。如果未提出异议,在法定期限过后,集体合同即行生效。集体合同生效后,企业应将集体合同向全体职工公布。集体合同实行报送劳动行政部门的目的是为了加强对集体合同的管理,进一步对集体合同的内容进行审查,确保其合法性。

三、集体合同的履行

集体合同签订后,签约双方都要严格履行合同约定的条款,保证合同目标的实现。集体合同的履行,对双方当事人来说,不仅是协定义务,而且是法定义务。集体合同的履行和其他合同一样,应当坚持实际履行、全面履行和协作履行的原则。集体合同的履行,应当针对不同的合同条款采用不同的履行方式。集体合同中规定的有关劳动标准方面的条款,主要要求当事人在集体合同的有效期内按照集体合同规定的各项标准签订个人劳动合同,保证个人劳动合同的劳动标准不低于集体合同规定的标准。对于目标性条款,当事人应当按照要求,自觉地实现各自的义务。

四、集体合同的变更

集体合同的变更是指在集体合同没有履行或没有完全履行之前,因订立集体合同所依据的主客观情况发生变化,原合同内容已不适应变化了的情况时,当事人对原合同中某些条款进行补充和修改。所谓主客观情况发生变化,主要是指企业生产经营遇到困难,停产、转产等,使集体合同无法完全履行;国家劳动政策发生变化,法律规定有了新的内容,集体合同违背现行劳动法律、法规和政策规定;因不可抗力等自然因素,如战争、水灾等,使集体合同无法履行。

五、集体合同的解除和终止

集体合同的解除和终止是指因某种法律事实的发生而导致集体合同法律关系消灭。一般有以下几种情形:一是集体合同的期限届满;二是集体合同当事人一方不复存在;三是集体合同依法或通过协商解除。

六、集体合同的效力

集体合同的效力是指集体合同发生作用的范围,包括对人的效力、时间效力和对劳动合同的效力。

(一)集体合同对人的效力

集体合同订立后,对签字双方及所代表的人员都具有约束力。除协议中另有规定的，集体合同的全部内容适用于企业全部职工。在一个企业内部，只要工会与企业签订了集体合同，工会就代表了全体职工，而不只代表工会会员。这就是说，集体合同的效力对于工会会员、非工会会员都适用。集体合同生效后被企业录用的职工，也要受集体合同的约束。对企业来说，也不因企业法人代表的变动而影响集体合同的效力。

（二）集体合同的时间效力

集体合同的时间效力由双方当事人协商确定，集体合同的期限都是固定的，可以是一年，也可以稍长一点。集体合同期限届满后，一般都可以续订。

（三）集体合同对劳动合同的效力

对于签订集体合同的企业来说，集体合同对本企业全部劳动合同都具有约束力。集体合同的内容而劳动合同未涉及的，对劳动者和企业都适用，都应按照集体合同的规定执行；劳动合同中的标准不得低于集体合同规定的标准，否则应确认为无效。集体合同规定的标准依法变更后，劳动合同的标准也应随之变更。

本章小结

1. 集体协商和集体合同的范围是指它对所有行业从事不同职业的就业工人的覆盖程度。我国颁布的《劳动法》对集体协商的范围作出了规定，企业职工一方可与企业行政方面就劳动条件等问题通过集体协商签订集体合同。依法签订的集体合同对企业和企业全体职工具有约束力。经过几年的时间，我国的集体协商和集体合同制度已经初步确立。通过集体协商签订的集体合同，适用于本企业的所有职工。

2. 集体协商也可称为集体谈判，就是雇主和工会通过协商，不断地就劳动就业的有关条款达成协议的实践。集体协商可以在社会的不同层面展开，主要表现为国家一级的集体协商、地方一级的集体协商和产业或企业一级的集体协商。

3. 集体合同又可称为团体协约、集体协议等。集体合同是由工会代表职工与企业、事业单位以及产业部门、雇主及雇主团体之间就职工劳动报酬、工作条件、工作时间、休息休假、劳动安全卫生、社会保险福利等事项，进行协商谈判所缔结的书面协议。

4. 订立集体合同的基本原则是：合法原则、当事人地位平等原则、协商一致原则、当事人义务对等原则。

5. 集体合同的效力是指集体合同发生作用的范围，包括对人的效力、时间效力和对劳动合同的效力。

思考题

1. 试论述集体协商和集体合同的作用。
2. 什么是集体协商？它具有哪些特点？
3. 什么是集体合同？订立集体合同应遵循哪些基本原则？

第四章

劳动争议处理制度

学习目标

通过本章学习，了解劳动争议的基本理论，包括概念、特征、种类和有关劳动争议的立法；劳动争议的社会背景，包括产生劳动争议的原因和预防劳动争议的积极措施；世界各国处理劳动争议的制度，包括司法制度和非司法制度，以及处理劳动争议所适用的法律依据；中国处理劳动争议法律制度的历史沿革、发展和面对的问题。

劳动关系

第一节 劳动争议

一、劳动争议的概念

（一）争议概述

争议，也称纠纷，即特定法律关系当事人之间的权利义务纠纷。法学领域的争议通常基于个体合同或集体协议，围绕法律关系的产生、变更、解除、终止的法律事实，以及由此产生的权利实现和义务履行而展开。争议的法律特征如下：（1）争议主体是某种法律关系的当事人，可以是个人、若干个人，也可以是以工会为代表的工人集体和雇主联合组织；（2）争议内容围绕法定或合同约定的权利和义务而展开，可以是权利争议，在劳动关系领域还存在争取新利益的争议；（3）争议客体可能发生在纵横两向社会关系领域内，纵向为行政争议，横向为合同争议（民事合同、劳动合同等），在横向的合同争议中，也有附带行政特征的争议。

（二）劳动争议

1. 劳动争议的概念

劳动争议，即劳动关系当事人（雇主和雇员，或用人单位和职工）之间的劳动权利义务纠纷。通常是基于劳动合同，围绕劳动关系的产生、变更、解除、终止和续订而发生的纠纷；或基于劳动合同与集体合同[①]，因履行劳动权利与义务而展开的。在 21 世纪，劳动力市场的弹性发展趋势对劳动关系产生深刻影响，如集体合同覆盖面的下降和劳动合同作用的回升。国际劳工组织与各国政府部门和专家，纷纷开始研究劳动关系和劳动合同在知识经济时代的新特点，这些新特点将影响新时期劳动争议的内容和形式。

---

① 我国现行立法使用了"集体合同"这一术语，collective agreement 的准确译文应当是集体协议，此处为与现行法律保持一致，继续使用集体合同术语。

关于劳动争议的本质，国际劳工组织在1993年的研究结论是："在资本市场上，工人和雇主各自具有独立的地位。然而，雇主是资本的所有者，工人是他们劳动力的所有者，他们的追求是截然不同的。雇主追求利润最大化，工人追求工资最大化，成本与利润的矛盾决定了他们之间的对立性；如果处理得不好，还会由对立转化为对抗。"因此，劳动法和集体合同的本质任务之一，是规定处理劳动争议的原则与规范处理劳动争议的机制。

劳动法的调整对象在不同国家有不同含义。德国劳动法调整一切就业关系，所以其雇员包括公务员和教师，劳动法庭受理全体雇员的起诉。我国就业关系又被分成普通职工与用人单位的劳动关系和专业人员与用人单位的聘任关系，因此，我国劳动法中的劳动者是指企业职工，以及国家机关、事业单位、社会团体中应当签订劳动合同的职工。在实践中，建立就业关系的法律事实包括劳动合同与聘任合同。

2. 劳动争议的构成要素

劳动争议具有特定的主体、内容和客体。（1）劳动争议的主体，即劳动争议的当事人，劳动权利义务的承受者。根据我国《劳动法》和《劳动争议处理条例》的规定，劳动争议的主体包括各类用人单位和职工。职工是指与企业订立了劳动合同、建立了劳动关系的全体劳动者，包括企业管理人员、专业技术人员和工人及外籍员工等；不包括公务员、教师和具有专业职称的人。（2）劳动争议的内容，权利争议的内容涉及劳动权利与义务，发生在劳动法规定权利义务和劳动合同约定的条件范围内；利益争议的内容在法定权利义务之外。（3）劳动争议客体，即劳动争议主体权利义务所指向的对象，包括行为，如解除劳动合同的通知；物质，如工资待遇等。

在实践中需要注意以下问题：（1）区分劳动关系和劳务关系。劳务关系是提供劳务与接受劳务的主体之间的关系。劳务合同的主体可以是法人或个人，产生经济合作关系（非劳动关系），服从经济法律规范，其权利义务关系受民法调整。劳动关系是劳动者与用人单位之间发生的权利义务关系，受劳动法调整。因此，劳动关系与劳务关系的主体、内容都存在明显差别。(2) 谨慎对待事实劳动关系。事实劳动关系即缺乏劳动合同依据而现存的劳动关系,它的出现是我国在劳动合同法律制度实施过程中不可避免的问题。我国全面实行劳动合同制度以后,确认劳动关系的依据即合法有效的劳动合同。事实劳动关系发生在两种情况下:一是应当签订劳动合同,因企业管理疏忽或者其他原因未签订劳动合同;二是原合同因期限届满已经终止,在未办理续订合同手续的条件下继续存在的劳动关系。认定事实劳动关系的基本条件是:劳动关系双方已经履行或正在履行各自的劳动权利与义务。

二、劳动争议的特征与种类

(一) 劳动争议的特征

一个事物的特征,是由该事物内涵决定的该事物与其他事物在本质上的区别。劳动争议的内涵决定,与其他领域争议相比较具有如下特征:(1) 特定主体,即雇主和雇员。雇主是具有用人权利能力和行为能力的经济组织或个人。在市场经济条件下,雇主可以是国家、企业、事业组织和个体经济户,我国立法称其为"用人单位"。雇员是具有劳动权利能力和行为能力的人,我国立法称其为"职工/劳动者"。(2) 特定内容。劳动关系是用人单位与劳动者在实现劳动过程中发生的社会关系,即用人单位实现用人权,劳动者实现就业择业权的过程。这一过程必然涉及劳动合同的订立、变更、解除、终止和续订问题,涉及岗位及职责、工资福利、安全卫生、劳动纪律的事项。在有的国家,劳动法的调整对象比较宽,包括与劳动关系密切联系的社会保险等。(3) 特定表现形式,即不同于民事争议和其他争议的表现形式,如罢工。因此,劳动争议常常被作为重要的社会问题,由专门法律和专门政策加以调整。

(二) 劳动争议的种类

劳动争议的种类可以在理论上依据劳动争议的本质、规模对其进行分类,以便指导处理劳动争议的实践,对不同劳动争议采取不同原则和方法进行处理。

1. 个人劳动争议与集体劳动争议

劳动争议按照参与人数可以划分为个人劳动争议和集体劳动争议。

个人劳动争议,即个体雇员与其雇主之间基于劳动合同发生的纠纷,主要是工资、辞退争议。集体劳动争议,即基于共同的争议内容和诉讼理由发生的个体争议的联合。争议涉及人数众多时,可以选派代表参加诉讼过程。《企业劳动争议处理条例》规定,集体性的劳动争议职工一方当事人为3人以上。

2. 个体合同争议与集体合同争议

个体合同争议,即基于个体合同发生的争议。集体合同争议,即基于集体合同发生的争议。集体合同争议是发生在工会与雇主或雇主组织之间的争议。

3. 权利争议与利益争议

权利争议,也称法律争议、司法争议,即为实现既定权利而发生的争议,如履行劳动合同、集体合同发生的争议;利益争议,也称经济争议、谈判争议,即因权利主张、权利改善或权利变更而发生的争议,如集体协商(谈判)发生的争议。德国、奥地利、丹麦和瑞典等国家将劳动争议划分为"权利争议"与"利益争议",后来爱尔兰、英国等欧洲国家接受了这样的原则。

4. 劳动关系争议与劳动条件争议

劳动关系争议涉及劳动关系的存在与消灭,表现为因劳动合同订立、变更、解除、终止与续订发生的争议,也包括因事实劳动关系认定引起的争议。过去因除名、开除、辞退发生的劳动争议,今后可以归类为劳动关系争议,按照解除劳动合同的原则和程序处理。劳动条件争议,涉及法定劳动条件的履行,如按时足额支付工资,提供劳动安全卫生设施等。

5. 劳动争议与社会保险争议

劳动争议与社会保险争议均属于社会法领域的争议,但它们是两类不同的争议。二者在主体和内容方面均有交叉。

社会保险争议,即社会保险当事人之间的社会保险权利义务纠纷。通常围绕社会保险法律关系的产生,以及由此发生的权利和义务而展开。有两类社会保险争议:一是用人单位与职工之间基于劳动关系,因缴纳社会保险费发生的争议（劳动关系的延伸）；二是社会保险缴费人（用人单位和职工）和受益人与社会保险经办机构或劳动和社会保障机关之间，因社会保险缴费、数据管理、待遇支付和行政处罚发生的争议。前者基于劳动关系而产生（先有劳动关系，后有社会保险关系），即雇主与雇员之间的社会关系，其核心问题在于"缴费"；后者基于行政关系而产生，核心问题在于"管理与服务"。两类争议的主体和内容均不同，处理这两类争议的原则和要求也不同。从我国现实情况看，第一类争议仍属于劳动争议处理范围。

三、劳动争议立法体系

劳动争议立法发生在劳动关系立法体系内，其法律渊源应包括：在《劳动法》中设立劳动争议专章，在《劳动关系法》《劳动合同法》《集体合同法》中设立专章，或颁布专门的《劳动争议处理法》和《劳动法院法》等。劳动争议立法由劳动争议定义、劳动争议行为限定与禁止、劳动争议处理原则与机制建设等内容构成。劳动争议处理机制包括：劳动争议协商、斡旋、调解、仲裁和判决。立法将规定其处理原则、组织机构、人员资格、职责、程序和收费等问题。

新中国成立以前的劳动争议立法渊源于1927年中国共产党在第四次劳动大会上通过的《经济斗争决议案》和1931年的《中华苏维埃共和国劳动法》。新中国初期的立法包括1949年中华全国总工会颁布实施的《劳资关系暂行处理办法》《劳资争议解决程序暂行规定》，1950年经政务院批准劳动部颁布实施的《劳动争议解决程序的规定》。

改革开放以后的立法主要是1987年7月31日国务院发布的《国营企业劳动争议处理暂行规定》和1993年6月11日国务院发布的《中华人民共和国企业劳动争议处理条例》。1994年7月，《中华人民共和国劳动法》以基本法的形式，对劳动争议处理的范围、原则、机构、程序及因签订和履行集体合同发生劳动争议的处理作出了原则性规定。我国处理劳动争议的法律体系基本形成。香港特别行政区在20世纪70年代颁布实施了《劳资审裁处理条例》。由劳工处长任命公职人员担任调解员，对申请调解的劳资争议案依法定程序进行有偿处理。

第二节 劳动争议的产生与预防

一、劳动争议的产生
（一）发生劳动争议的原因
1. 社会原因

劳动争议是劳动关系的产物，劳动关系双方在利益上的差异性是发生劳动争议的根本原因，决定了存在劳动争议的客观性。广义劳动关系理论认为，劳动关系存在于传统文化、市场、科技信息和各种权利的环境中，各项环境因素对劳动关系发生实际影响，并决定人们的行为方式。因此，在不同社会背景和时期，劳动争议的性质、特点和方式不同，制定劳动争议处理法律和政策时应当注意其差异性。

（1）封闭竞争的对抗性与全球竞争的合作性

在经济发展全球化到来以前。企业竞争以国内市场为主，雇主和雇员均视自己的利益为最高利益，这是封闭性的竞争阶段，劳动争议常常出现对抗性特征。因此，西方国家积极开展对抗性集体谈判，寻求劳资双方共同点以达成集体合同。

在经济发展全球化到来时期，出现全球性竞争，当人们认识到一国政府、企业和职工之间具有更多的共同利益，需要增强国力以及国际竞争力时，对抗性的集体谈判与集体合同制度，便逐渐被政府、雇主和雇员三方的社会对话与社会合作协议所取代，形成了两个工业民主机制并存发展的局面。集体合同争议的覆盖面缩小，而且数量下降。

（2）劳动力供求关系的影响

劳动力供求关系直接影响企业劳动关系的发展趋势，不均衡的劳动力供给和岗位供给都会导致雇主和雇员处于不平等的地位。在劳动力供给大于需求时期，雇主解除劳动合同的争议常常发生；在劳动力供给小于需求时期，雇员择业比较挑剔，雇员自动离职违反劳动合同的争议常常发生。

(3) 知识经济对劳动力结构的影响

在传统经济条件下,劳动者包括体力型和技能型两类,在知识经济条件下出现智能型劳动者,他们在企业的角色不同于前两者,对高科技和转型企业的发展具有重要的作用,这就改变了传统劳动法理论对雇用关系"依附性"的定义。这一变化必然影响劳动合同管理和劳动争议处理,我们需要研究在知识经济条件下劳动关系和劳动争议的新问题,以完善劳动争议处理的政策和法律。

(4) 社会保障制度的发展程度

完善的社会保障制度是完善劳动力市场的必要条件。在具有完善的社会保障制度的劳动力市场中,企业和职工的关系通过劳动合同,由工资和社会保险待遇两个纽带联系着。如果还具有完善的企业年金制度,签订了劳动合同的职工不会自动离职(跳槽),否则,智能型的劳动者"跳槽"行为常常给企业造成重大损失;职工对经济裁员和解除劳动关系也具有一定的承受能力,因劳动关系消灭产生的争议可以减少。

(5) 工业民主机制的类型

工业民主的发展程度和类型对劳动关系具有重要的影响。健全的集体谈判和信息交流制度,可以使雇员获得与雇主平等协商和分享信息的机会,这是建立公平与和谐的劳动关系,减少劳动争议的前提条件和积极的机制。

(6) 社会变革和企业转型

在社会变革时期,劳动关系很容易受到冲击。在我国从计划经济向市场经济过渡的过程中,劳动关系呈现多样化发展趋势,出现涉外劳动关系、股份制劳动关系、私营企业劳动关系等,协调各种劳动关系的机制有待完善。劳动争议可能发生在这一过渡过程中,并且不断变换形式,如因"入股"和"下岗"引起的争议。

中国加入 WTO 以后,劳动关系必然伴随着经济体制的变化逐渐与国际市场规则接轨,国际劳工标准、劳动合同中的商业秘密规定、劳动力倾销等问题逐渐显现出来,导致新型劳动争议的出现。

在我国企业转型时期,企业之间的联合、吞并和合并,甚至企业破产，将引起劳动关系动荡，因变更和解除劳动合同发生的争议，因不能支付或不完全支付劳动报酬和社会保险待遇发生的争议在数量上必然呈上升趋势。2000年，我国劳动报酬和社会保险待遇支付的申诉案件占全部受理案件的54％。①

2. 直接原因

发生劳动争议的直接原因，即引起劳动争议的诱因。前面所述的社会原因发生于广义劳动关系领域，这里分析的直接原因则发生在狭义劳动关系领域，涉及劳动关系双方当事人、劳动合同管理和企业规章制度、劳动法律法规等。

（1）劳动关系当事人的原因

发生劳动争议的直接原因应当首先从当事人的角度去分析。在我国由计划经济向市场经济转型的过程中，每个人都必须面对新的利益机制的挑战。昔日的"铁饭碗"和"大锅饭"已经远去，人们必须走进竞争的劳动力市场，签订严肃的劳动合同，适应收入与福利待遇的差距。为此，政府、企业和职工在不同程度上都会表现出不适应。就政府而言，主要表现出就业保护政策和措施的滞后，以及劳动法制建设的滞后。因此，因破产而未能清算企业内劳动报酬和社会保险待遇支付案件，以及不公正辞退职工案件不断发生。就企业而言，主要表现在管理水平不适应竞争性的劳动力市场，如建立科学合理的管理规范，建立有利于竞争的人事管理制度等，因此，不当变更、解除劳动合同争议屡见不鲜。就职工而言，主要表现出对国有企业的留恋，缺乏终生学习和参与市场竞争的勇气和能力，只能被动提出要求保护就业的劳动争议处理仲裁申诉和审判起诉。劳动关系当事人的上述问题是实现企业规范化、合同化管理的障碍，是诱发劳动争议的直接原因。

（2）劳动合同管理的原因

企业人事实行全员合同化管理需要完善的合同法律和管理规则。我国企业人事制度正在从计划经济管理体制向市场经济管理体制过渡，国

---

① 资料来源：劳动和社会保障部统计资料，2000年

家劳动合同法律和企业合同化管理规则均不健全。有些企业在合同订立、变更、解除、终止和续订五个环节的管理中均有漏洞。主要表现如下：不签订合同即安排人员上岗、违法延长试用期、合同条款不完善等；企业结构调整过程中不能及时处理合同变更问题；对自动离职和逾期不归人员不能及时清理劳动关系，为企业留有后患；不能按时根据法律法规要求办理终止合同的手续，使离职人员利益受损；在终止原合同前不能及时办理续订合同手续等。这些漏洞均为产生劳动争议的直接原因。

(3) 劳动法体系建设的原因

我国在1994年颁布实施了《劳动法》，这标志着我国的劳动法制已经步入一个新的阶段。但与西方国家在市场经济条件下，屡经修订、逐渐完善的劳动法体系相比较，还相差甚远。例如，国家劳动标准还不完善；集体协商机制不健全，功能作用尚难有效发挥，除国家最低劳动标准以外，缺乏保护职工合法权益的手段；企业规章常常被视为"企业经营自主权"而列在司法和仲裁审理之外等。

与社会原因相比较，直接原因具有微观性，可以在借鉴国际经验（见后面的介绍）和总结近期劳动争议发生情况的基础上，通过加强劳动法律宣传教育、企业规章制度建设以及完善劳动法律和政策，达到消除隐患、抑制和减少劳动争议的目的。

（二）西方国家劳动争议的发展趋势

在市场经济国家，人们常用三个统计指标来说明一个国家劳动争议的严重程度，即罢工次数、涉及的工人人数以及损失的工作日。从这三个指标来看，市场经济国家发生劳动争议的倾向很不相同。以具有悠久工人运动历史的欧洲为例，英国、法国、芬兰、希腊、意大利和西班牙，在20世纪80年代保持着较高的罢工记录；而在奥地利、德国、卢森堡、荷兰和瑞典，工人罢工的次数极少。20世纪90年代以来，欧盟国家劳动关系一个显著的变化是：许多在80年代保持着高劳动争议记录的国家，劳动争议发生率大大下降，如英国、法国、爱尔兰和意大利（见表4—1）。而芬兰、希腊和西班牙，在20世纪90年代仍保持着较高的罢工记录。劳动争议下降的原因是多方面的，主要表现在以下几个方面：

1. 经济衰退与高失业率

在经济的衰退与高失业率情况下，工人为了保持工作而不太愿意罢工。欧盟的一些国家，在20世纪80年代明确规定，罢工前，工会要举行无记名投票，要向政府报告理由和时间，工会要对罢工负责。另外，还增加了对不愿意参加罢工者的法律保护，禁止工会处罚那些不参加罢工的人员。雇主也从法律上得到开除罢工者的权利。这些规定制约了罢工发生的随机性，目的在于减少罢工带来的损失。

2. 和平解决劳动争议的程序

西方国家建立了完善的和平解决劳动争议的程序与机制：在企业内部设有发泄不满和解决不满的程序；在企业外部有调解和仲裁机制。很多国家，设立国家劳资关系委员会或调解与仲裁委员会，负责解决大规模的劳资冲突。这类委员会均由三方人员组成，即劳方人员、资方人

表4—1　　　1980—1996年欧盟国家罢工和闭厂的次数

	1980	1982	1984	1986	1988	1990	1992	1994	1996
奥地利	9	2	2	11	—	9	3	0	0
比利时	132	—	—	—	64	33	35	30	—
丹麦	225	180	157	215	157	232	151	240	930
芬兰	2 182	1 212	1 679	1 236	1 327	450	165	171	94
法国	2 188	3 113	3 014	2 681	1 898	1 558	1 345	1 671	—
德国	45	40							
希腊	726	968	486	213	532	480	824	215	
爱尔兰	130	131	192	102	65	49	38	28	32
意大利	2 238	1 747	1 816	1 496	1 769	1 094	903	861	791
荷兰	18	12	16	35	38	29	23	17	12
葡萄牙	269	528	525	—	181	271	409	300	274
西班牙	2 103	1 965	1 498	999	1 279	1 312	1 360		
瑞典	212	46	206	75	144	126	20	13	9
英国	1 330	1 528	1 206	1 074	781	630	253	205	244

资料来源：ILO. 劳动统计年鉴(1984，1994，1997)

员、政府或学者。这套机制的特点是，解决劳资冲突的成本低。而且有些国家的法律规定，必须完全履行完这套程序，才能进行产业行动，否则，工会将负担由此带来的经济损失。对劳方来说，如果在没有履行完这套程序之前举行罢工，就意味着劳方单方面中止集体合同，要承担民事责任，工会将被罚款，工会基金将被没收。

3. 雇员主体发生结构性变化

最后一个原因，是劳动关系中的劳方主体结构发生了变化。第三产业，特别是服务业就业比重大增；制造业中白领人员数量和比重上升。白领工人与蓝领工人的就业意识不同，他们更愿意与雇主合作，更愿意参加资方组织的各种活动，如人员测评、时间分析、业绩工资等，他们可以从这些活动中受益。

二、劳动争议的预防

劳动争议预防，是指采取有效措施防止劳动争议发生和扩大。劳动争议发生的社会原因决定其发生有客观性，但只要双方当事人发挥主观能动性，采取积极的措施，可以达到防止劳动争议发生和扩大的目的。研究劳动争议预防的目的在于消灭误区，创造和谐稳定的劳动关系，为企业改革与发展创造良好的环境。

（一）防止劳动争议发生的有效措施

1. 增强劳动法律意识

劳动法律意识是人们对劳动法律的认识与反应，在实践中，即人们对现代企业建设中劳动合同制的认识与反应。增强劳动法律意识需要掌握劳动法律知识，提高依法维护自身权利的意识和能力。我国《劳动法》规定，"建立劳动关系应当订立劳动合同"，标志着我国劳动力市场和劳动法制建设进入了一个成熟的阶段。劳动合同管理作为建立与协调劳动关系的法律工具，是现代企业管理的重要环节。用人单位与劳动者均应认真学习劳动合同法律知识，掌握下述关键的问题：劳动合同是建立劳动关系的法律依据，法律是调整人们之间社会关系的特殊行为规则，法律规范人们之间的权利义务关系。只有掌握这一劳动法之间社会关系的特殊行为规范，才能具备劳动法律心理和劳动法律意识，即透过表面现象,看到本质问题。如认定一个用人单位与职工劳动关系存在与否,关系到他们之间权利义务是否履行;该权利义务的客体将表现为,工作岗位的安排、工资和福利待遇的支付(甚至巨额医药费用的支付)等实际行为和物质问题。

2. 加强劳动合同管理

用人单位加强劳动合同管理,首先,应当完善劳动合同内容,对劳动合同中内容不符合《劳动法》及有关规定的条款进行修改,与职工协商补充有关具体内容,使劳动合同合法有效,并且便于履行。其次,要建立健全规章制度。用人单位应当依照国家法律法规,建立健全支撑劳动合同制度运行的工资分配、工时、休息休假、劳动保护、保险福利制度以及职工奖惩办法等企业内部规章制度。第三,用人单位应当运用有效的管理手段,建立劳动合同台账,对劳动者的基本情况、实际工作年限、劳动合同期限、劳动合同中的约定条款等进行动态管理。同时要强化日常管理工作,加强对劳动合同签订、续订、变更、终止和解除的管理,及时办理有关手续,减少由此引起的劳动争议。

3. 建立平等协商机制

建立平等协商机制,促进劳动关系双方对涉及职工利益的事项经常性地进行协商和沟通,有利于化解矛盾,减少劳动争议的发生。劳动关系双方在平等协商中,均有权向对方提供如企业发展、企业经营和企业效益,人力资源开发和使用等信息的义务和被告知的权利。应建立平等协商机制,规范和完善协商程序,并把工资集体协商作为平等协商的重点。由劳动关系双方就企业的工资分配制度、工资分配形式、工资收入水平、工资支付办法、最低工资标准和特殊情况下的工资以及工资保障机制等进行平等协商。这是协调劳动关系、避免劳动争议的基础性建设工作。

4. 实行劳动监督检查制度

"有法可依,有法必依"是劳动法制建设的中心环节。在市场经济条件下,政府介入劳动关系领域的手段,即制定劳动法律法规和监督其执行情况。对用人单位和职工执行劳动法的情况进行监督,将违法现象消灭在萌芽状态中,可以预防和减少劳动争议。另外,工会和职工代表大会的劳动执法监督也是减少劳动争议的有力措施。

(二)防止劳动争议扩大的有效措施

劳动争议易于蔓延的特点决定,积极预防已经发生的劳动争议继续扩大,是政府的职责。防止劳动争议扩大,可以创造安定团结的局面,避免重大经济损失和社会危害发生。世界各国均依据国情建立了"调解、仲裁和诉讼"三道防线,力争将劳动争议解决在萌芽状态中,把劳动争议造成的损失减少到最低限度。我国根据《劳动法》建立的"企业调解""地方仲裁"和"法院判决"预防机制,在经济体制改革和企业转型过程中起到"减震"作用。

第三节　劳动争议处理制度概述

一、劳动争议处理制度

劳动争议处理制度,是通过国家立法,将劳动争议处理原则、机构、人员和程序作为制度确定下来,成为劳动法制的组成部分。

处理劳动争议的普遍原则是"公正、及时、有效",世界各国处理劳动争议的法律和政策均提倡"通过协商,取得一致"的原则。协商是处理劳动争议的首要措施和程序。在争议处于激化状态、对立状态和利益冲突较大的情况下,协商不能解决问题,需要第三者或中间人介入劳动争议的处理过程。第三者可以是个人,如调解人;也可以是机构,如仲裁委员会。

劳动争议处理包括非司法制度和司法制度。

(一)非司法制度

非司法制度处理劳动争议包括如下方式:斡旋、调解和仲裁。斡旋、调解和仲裁被广泛运用于处理劳动争议,比司法制度更具有便捷、经济和接近当事人心理的优势。

1. 斡旋

斡旋，即在争议双方主体自我协商失败的情况下，中间人介入和帮助双方主体互递信息和意思表示，促成其和解。斡旋中间人，可以是个人，也可以是机构。斡旋人与其他处理劳动争议第三者的区别在于，他的责任是为争议双方递送信息，促进争议双方互相理解，不提供解决问题的建议。

2. 调解

调解，即在争议双方主体自我协商失败的情况下，第三者介入争议处理过程，并可以提出自己的建议，促使双方当事人达成和解协议。调解人在处理劳动争议过程中具有独立主张权，其角色比斡旋人更独立，在和解协议中也比斡旋人更重要。

3. 仲裁

仲裁，即在争议双方主体自我协商失败的情况下，第三者介入争议处理过程，并可以作出处理争议的决定（公断）。仲裁人更接近于法官，具有仲裁决定权。实践中有自愿仲裁和强制性仲裁。

（二）司法制度

司法制度，即由专门法院（如劳动法院）和普通法院处理劳动争议的制度。在很多西方国家，司法制度只处理个体劳动争议，不处理集体合同争议，特别是集体利益争议。

1. 劳动法院

劳动法院是专门处理劳动争议的法院或者以处理劳动争议为主的法院。建立劳动法院，由雇主和在雇员参与法庭处理社会纠纷的思想产生于法国大革命时期。劳动法院的传统理论是从维护社会公正出发，实行比民事法庭更便捷、经济、具有特殊功能和特殊程序的专门法庭处理劳动争议。这些专业法院的主要特点如下：（1）劳动法庭由职业人员组成，这些人员可以是职业法官，也可以是兼职法官，兼职法官常常是劳动法庭的重要组成人员。兼职法官可以来自雇主组织、雇员组织（工会），甚至个体就业者协会。总之，他们必须是劳动和社会保障专业领域的专家。他们的出现是为了保证劳动法庭的工作更加有效和公正。（2）劳动法庭适用便捷、经济的程序；劳动法庭的当事人受律师的制约少于其他法庭。他们可以请求职业组织的代表、工会的代表或者家庭成员参与诉讼。正如欧洲学者 W. VanEeckhoutte 教授所说:"劳动法庭适用的程序与其他程序相比较,更加具有民众性。"事实上,只有这样简洁的程序才能满足人们对公正司法的愿望。①

2. 其他法院和类似机构

除劳动法院以外,西方国家还有社会法院等其他法院处理劳动争议的丰富实践。如德国、葡萄牙、希腊的行政法院。另外,有些欧盟国家实践了与法院既相似又不同的裁判实体,如丹麦的国家调解员办公室和英国的产业法庭。

总之,为创造和谐的劳动关系和贫富相对均衡的社会关系和秩序,很多国家从实际出发,将司法与非司法、行政与非行政、行政与民间等多种方式融合在一起,相辅相成,已经筑起一道道社会防线。政府的劳动法制和独立自治的集体劳动关系协调机制相呼应,构成自己的特色。

二、劳动争议处理制度的法律适用

法律适用,即劳动争议处理机构或人员,依据法定职责和程序,适用法律规范处理劳动争议。法律适用发生在弄清争议事实之后,目的在于根据法律规范对争议的是非作出判断。因此,法律适用具有正确判断争议和准确适用法律规范的要求。

(一) 法律规范

法律规范是由国家制定或认可的行为规则。法律规范通过法律条文表述出来,即条、款、项。一个法律规范可以通过几个法律条文加以表述;几个法律条文可能只表述一个法律规范。法律规范根据其发生的领域来划分部门,处理劳动争议需要依据劳动法律规范。运用法律规范处理劳动争议的人员应当了解法律规范的逻辑结构,以便准确理解和运用法律规范处理争议。法律规范的逻辑结构具有三个要素:(1) 假定,即运用劳动法律规范的条件和情况。如根据《劳动法》第 32 条规定,用人单位未按照劳动合同约定支付劳动报酬,即劳动者可以随时通知用人

---

① W. VanEeckhoutte. 法官在劳动争议处理中的作用. 荷兰 KLUWER,1996

单位解除劳动合同的条件。研究立法假定，可以帮助人们正确理解法律规范，提高适用法律规范的判断能力。(2) 处理，即行为规则明确告诉人们必须做、可以做和禁止做的事情。研究行为规则，掌握处理原则，可以帮助人们准确运用法律规范对争议是非作出公断。(3) 制裁，是对违反劳动法律规范行为的惩罚。违反劳动和社会保险法律的责任包括经济责任、行政责任和刑事责任。经济责任，在劳动法领域包括补发工资、福利费等；在社会保险领域包括补缴保险费和滞纳金等。行政责任，是由劳动行政部门对违反劳动法律规范行为人作出的处理，如警告、责令改正。刑事责任，是指由于严重违反安全生产规则，造成重大伤亡事故，触犯刑律，而被处以的刑罚。研究法律制裁理论有助于提高制定解决争议适当方案的能力。

（二）法律规范的渊源

法律规范的渊源即它的表现形式，包括国际渊源和国内渊源。

1. 国际渊源与国际劳工立法

国际渊源来自国际组织公约、建议书和双边、多边国际协议。劳动法律规范的国际渊源主要是国际劳工组织（ILO）的公约和建议书。到1998年6月86届国际劳工大会为止，共制定公约181个，建议书189个；而且内容广泛，包括劳动者的基本权利和政府促进就业的政策。国际公约需要经过会员国批准，由批准国通过本国法律贯彻实施；建议书仅供各成员国参考。

国际劳工立法具有以下特点：(1) 三方性，即立法机构和立法会议的组成上要有政府、工人和雇主三方代表参加。在对公约和建议书的表决中，一个国家的三方代表可根据自己的意见独立投票，不要求一致。国际劳工立法的"三方性"充分体现了国际劳工立法的宗旨，即促进政、劳、资三方合作，共同改善劳动状况，维护社会正义。(2) 国内性，即国际劳工公约和建议书的内容主要是适用于各会员国国内劳动关系。其目的在于改善各国劳工生活状况，提高劳动标准。(3) 伸缩性，即国际劳工立法确定的劳动标准并非采用绝对划一的办法，而是考虑到会员国在政治、经济等方面的差异，存在一些变通做法，如《最低就业年龄公约》《社会保障最低标准公约》等都存在弹性规定。(4) 自愿性，即是否批准劳工公约完全由会员国自愿决定。如有特殊的情况，还可以向国际劳工组织有关部门申请部分保留条款。建议书只供会员国参考，不需批准，因此，国际劳工立法的批准不存在强制性。(5) 间接性，即国际劳工立法内容对国内劳动关系的调整没有直接作用，必须通过国内劳动立法去实施。

我国与国际劳工立法的关系。1919 年，北洋政府在《对奥和约》上签了字，我国成为国际联盟和国际劳工组织的原始成员。从 1929 年开始，国民党政府每年都派代表出席国际劳工大会。国民党政府公布的《工厂法》和其他劳动法规都参考了国际劳工立法的规定。从 1930 年起，国民党政府先后批准了 14 个国际劳工公约。1971 年 10 月，我国政府在联合国恢复了席位。同年 11 月，我国在国际劳工组织的合法席位也得到恢复。1985 年 5 月，国务院重审，对国民党政府批准的 14 个国际劳工公约予以承认。1998 年 12 月，我国批准加入《准予就业最低年龄公约》。至此，我国政府已经加入了第 7，11，14，15，16，19，22，23，26，27，32，45，59，80，100，122，138，144，159，170 号共 20 个国际劳工公约。

2. 国内渊源与我国的劳动法律规范

国内渊源以国家立法为主，包括法律规范、法律规范的延伸和法律解释。法律规范即由国家权力（立法）机关制定的宪法和法律、由国家行政机关为执行宪法和法律而制定的行政法规（条例）以及由中央行政机关的部委为执行国家法律和行政法规而制定的行政规章（部颁规章）、地方权力机关制定的法令和地方政府制定的法规。法律规范的延伸，即依据法律规范制定和形成的文件，如企业规章、集体合同、劳动合同等。法律解释，即权威部门对已经颁布实施的法律规范的解释，包括立法机关的解释、行政机关的解释、人民法院的解释。解释主体不同，约束力也不同。

具体来说，我国的劳动法律规范包括：(1) 国家权力机关的立法，如 1994 年 7 月，全国人大常委会制定和颁布的《中华人民共和国劳动法》。(2) 行政立法，即国务院为执行宪法和国家法律而制定的行政法规和国务院部委为执行国家法律和行政法规制定的行政规章。如国务院于1993年7月6日颁布的《企业劳动争议处理条例》和1995年3月25日颁布的《关于职工工作时间的规定》等；又如劳动和社会保障部在2000年颁布的《工资集体协商试行办法》。(3) 地方立法，即由地方权力机关制定的法规和地方政府制定的规章，如北京市人民代表大会常务委员会制定的《北京市劳动保护监察条例》和北京市政府发布的《北京市最低工资规定》。(4) 政策的作用。我国是经济发展中国家，也是法制发展中国家。在由计划经济向市场经济转型的过程中，许多领域尚未建立健全法律法规制度。中共中央和国务院的一系列决定指导了改革实践。如1997年国务院颁布的《建立统一的企业职工基本养老保险制度的决定》。这些政策经过实践检验，合理部分逐渐成为立法原则，为立法奠定了基础。但这些政策不能作为处理劳动争议的依据。(5) 合法有效的集体合同、劳动合同和企业规章。

劳动法是处理劳动争议法律适用的主要依据。与世界各国劳动法相比，我国劳动法具有自己的特点，研究这些特点有益于处理劳动争议的理论研究和法律适用研究。(1) 一部综合性的劳动法典，它的调整对象包括劳动关系、职业培训关系、社会保险关系和劳动执法的管理关系。但在欧盟的许多国家，劳动法的调整对象主要是就业关系，其内容涉及集体合同、个体劳动合同、产业民主、工会、劳动标准、劳动争议的处理和劳动法庭等。社会保险法和职业培训法是独立于劳动法之外的法律部门。我国劳动法的综合性，体现了它在我国法律体系和社会生活中的重要地位。(2) 一部发展中的劳动法典，已经包括一些市场因素，如劳动合同制度、集体合同制度、经济性裁员等。然而，我国政府还控制着一些本应该由市场决定的问题，如工资总额调控。协调集体劳动关系的模式，在我国还是一个探讨中的问题。所以说，劳动法还将随着经济体制改革的进一步深入不断完善。(3) 协调劳动关系与强制性劳动标准的统一。有些国家通过分别的立法协调劳动关系和制定强制性劳动标准，如美国的劳工关系法和日本的劳动基准法。我国劳动法是一个协调劳动关系与制定强制性劳动标准的统一体。(4) 实体法与程序法的统一体。规定权利与义务的法律称为"实体法",规定程序的法律称为"程序法"。我国《劳动法》第10章,规定了劳动争议调解、仲裁和诉讼的基本程序,因此,我国《劳动法》也是实体法与程序法的统一体。

(三) 法律运用的基本要求

劳动争议处理法律适用包括两个部分,即根据争议事实选择适用的法律规范,根据法律规范的规定对争议焦点作出是非判断。

1. 正确选择应适用的法律规范

根据争议事实正确选择应当适用的法律规范是劳动争议处理法律适用的基本要求。要做到这一点,劳动争议处理人员必须培养和树立牢固的法律意识。即透过事物的表象,观其背后的本质(社会关系的范畴和本质),用法律的观点(权利和义务)和判断是非的标准分析问题。例如,一旦遇到因劳动关系变动引发的争议,必须看到由于劳动关系的变动引起企业和职工之间的一系列权利和义务的变化,基于这些变化的权利义务选择应当适用的法律;还需要准确判断这些权利义务的内容和客体将反映怎样的物质利益,如是否需要和由谁来承担补发工资,支付经济补偿、巨额医药费和赔偿经济损失的责任等。处理劳动关系争议的思维方式可以用这样的公式表述:

劳动关系存在与否——相关权利义务——应适用的法律规范——利益的重新配置

2. 正确理解所适用的法律规范

在处理劳动争议过程中适用法律规范必须注意其在时间、空间和对人的效力问题。法律规范的时间效力是指该规范约束力的开始和终止,只能适用其约束力已经开始,并尚未终止的法律规范处理争议。法律规范的空间效力是指该规范适用的空间和地域范围。一般劳动法律规范仅适用于本国境内用人单位与职工的劳动关系。

法律规范对人的效力是指该规范对人的约束力,是劳动争议处理适用法律规范的关键问题,如区分劳动争议与其他争议、确认劳动关系存在与否、某用人单位或个人是否享有某些权利和承担某些义务等。如我国《劳动法》第2条规定:"在中华人民共和国境内的企业、个体经济组织和与之形成劳动关系的劳动者,适用本法。"法律规范对人的效力基于社会关系理论而限定,如劳动法律规范对人的适用范围是劳动关系的当事人,民事法律规范则是形成民事关系的当事人。

当前,全球出现了高失业率和社会保障高成本的问题,因此,在劳动法的适用空间和对人的效力方面,各国都实施比较严格的保护政策。21世纪是市场经济全球化的发展时代,劳动法律规范在空间和人的效力范围上的壁垒,是劳动力和人才合理流动的障碍,将阻碍经济发展。国际劳工组织提出,劳动者具有不分国籍得到平等待遇和平等保护的权利;发达国家甚至在WTO谈判中提出劳工标准和劳动力反倾销的问题。所以,劳动法的国界保护政策将在世界各国之间的"磨合"中开放。

3. 法律规范适用冲突的调整

法律规范适用冲突是指处理同一劳动争议事实,可适用不同的法律规范,由于内容和原则的差异导致效力上的抵触。这种冲突来自不同的立法主体,有不同的规定,形成内部(同一立法主体)的和外部的,级别的和地域的,以及特别的冲突。法律规范适用冲突的调整原则是:以低层次服从高层次的原则处理级别冲突;以属地(企业所在地或其他)原则处理地域冲突;以前法服从后法,一般服从特殊的原则处理内部冲突;以普通法服从特殊法的原则处理特别冲突。

我国全国人大九届三次会议于2000年通过并实施的《中华人民共和国立法法》以及国务院办公厅于1999年发布的《关于行政法规解释权限和程序问题的通知》,对处理法律冲突作出了专门规定。

第四节 我国劳动争议处理制度的历史沿革

一、旧中国劳动争议处理制度的遗产

鸦片战争后,随着西方资本的侵入,劳资纠纷在我国逐渐产生。

1927年，中国共产党在汉口召开的第四次劳动大会上通过《经济斗争决议案》，第一次提出处理劳资纠纷的程序，将"谈判、调解或仲裁"和"罢工"等概念引入我国。1928年国民党政府颁布、1930年又修正颁布的《劳资纠纷处理法》，规定成立由国民党党部、管属和地方法院派代表组成"仲裁委员会"，首次尝试了以"仲裁委员会"调解、仲裁劳资纠纷的实践。1931年，《中华苏维埃共和国劳动法》提出建立新型劳动争议处理制度。在抗日边区和解放区，劳动争议仲裁与地方仲裁和地方政府职能结合起来，创造了行政与群众相结合的劳动争议仲裁体制。

二、新中国劳动争议处理制度的建立与中断

新中国建立初期，私营企业和职工的数额较大。在新旧经济制度的转型期间，劳资纠纷不断发生。为此，中央政府劳动部设立了劳动争议处理司，负责劳动争议处理工作的政策制定和监督检查工作，并直接处理具有全国意义的劳动争议案件。各省、市劳动局设立的劳动争议处理室，负责本辖区劳动争议处理工作的监督检查，并直接处理本辖区的劳动争议案件。1950年6月，劳动部颁布了《市劳动争议仲裁委员会组织及工作规则》，各地劳动部门聘请同级工会代表、工商管理部门代表和工商联代表，共同组成"劳动争议仲裁委员会"，负责处理劳动争议案件。1950年11月，经政务院批准，劳动部又颁布实施了关于《劳动争议解决程序的规定》，进一步规定了适用于国营、公营、私营、公私合营及合作社经营企业的劳动争议处理程序。上述法规的实施，初步建立了我国劳动争议处理法律制度的雏形，在协调劳动关系中发挥了重要作用。1950—1955年间，约处理各类劳动争议案件20多万件。

1955年，我国对资本主义工商业的社会主义改造开始以后，劳动争议逐渐下降。当"国家经营的企业与职工无利益冲突"的理论形成以后，上述法规自行停止实施，政府劳动部门设立的仲裁机构被撤销，企业与职工的纠纷归政府信访接待部门处理。

三、改革开放以来劳动争议处理制度的恢复与发展

（一）劳动争议处理制度的恢复

1986年，我国开始在国营企业推行劳动合同制的用工制度，劳动争议的处理问题也随之提上日程。1987年7月31日，国务院发布《国营企业劳动争议处理暂行规定》（以下简称《暂行规定》）。从此，我国劳动争议处理在中断了30年后重新被纳入法制轨道。

随着社会主义市场经济的发展，劳动关系变得多样化和复杂化，劳动争议呈上升趋势。《暂行规定》适用范围窄，对劳动争议仲裁委员会办案形式无明确规定等矛盾越来越突出，已经不能适应处理社会主义市场经济中劳动争议的需要。针对这种情况，1993年6月11日，国务院发布《中华人民共和国企业劳动争议处理条例》（以下简称《条例》），将劳动争议处理范围扩大到各类企业，进一步完善了办案程序。同年，劳动部依据《条例》制定颁布了一系列配套规章，主要包括《劳动争议仲裁委员会办案规则》《劳动争议仲裁委员会组织规则》《劳动仲裁员聘任管理办法》及《企业劳动争议调解委员会组织及工作规则》。1994年，第八届全国人民代表大会常务委员会第八次会议通过的《劳动法》，以基本法的形式对劳动争议处理的范围、原则、机构、程序及签订和履行集体合同发生劳动争议的处理进一步作出了原则性规定。至此，我国劳动争议处理的法律体系基本形成。

按照上述法律、法规和规章，我国的劳动争议处理形成了"企业调解、地方仲裁与法院判决"相结合的"一调、一裁、两审"体制。即用人单位与劳动者发生劳动争议后，当事人应当协商解决；不协商或协商不成的，可以向本单位劳动争议调解委员会申请调解；调解不成，当事人一方要求仲裁的，可以向劳动争议仲裁委员会申请仲裁。当事人一方也可以直接向劳动争议仲裁委员会申请仲裁。对仲裁裁决不服的，可以向人民法院提请诉讼。仲裁是处理劳动争议的必经程序。只有不服仲裁裁决时，才可以自收到仲裁裁决书之日起15日内向人民法院起诉。人民法院审理是劳动争议处理的最终程序。人民法院只受理当事人不服仲裁决定，向人民法院起诉的劳动争议案件。

（二）劳动争议处理制度的改革与发展

在社会主义市场经济不断发展的过程中，劳动关系和劳动争议出现的新情况和新问题对劳动争议处理工作提出了新的要求。为进一步贯彻落实《劳动法》和《企业劳动争议处理条例》，推动劳动争议处理工作的发展，1995年以来，劳动部会同全国总工会、国家经贸委联合下发了《关于进一步完善劳动争议处理工作的通知》（劳部发〔1995〕222号）、《关于进一步完善劳动争议仲裁三方机制的通知》（劳部发〔1996〕85号），就完善劳动争议处理工作的内容、完善劳动争议仲裁委员会工作制度、积极探索增强劳动争议仲裁体制的新路子等问题提出了具体要求。十几年来，全国劳动争议处理工作有了较大的进展，逐步形成了一个由企业劳动争议调解委员会和劳动争议仲裁委员会组成的全国性的劳动争议处理组织网络，建立了一支由100多万名专、兼职企业调解员和近2万名专、兼职劳动仲裁员组成的工作队伍。各地仲裁委员会积极按照规定扩大受案范围，使大量劳动争议案件得到了及时处理，为保持劳动关系的和谐稳定，维护社会的安定发挥了重要作用。

四、社会保险争议的出现与处理

在20世纪90年代，我国社会保险制度改革取得了突破性进展，正在建立一个独立于用人单位之外，资金来源多元化、保障制度规范化、管理服务社会化的社会保险体系。同时，社会保险立法将逐步与劳动法区分开来，形成独立的法律部门。

社会保险法律关系与劳动法律关系的相同之处是：（1）由于劳动法和社会保险法所保护的对象都涉及劳动者，所以，保障权利和诉讼的原则同时适用于这两个领域。（2）企业为职工缴纳社会保险费的义务是基于劳动关系而产生的，发生在企业与职工订立劳动合同、履行义务之后。

社会保险法律关系与劳动法律关系的不同之处是：（1）劳动法和社会保险法对劳动者实施保障的目的不同，有些原则在两个领域是相互排斥的，如劳动法中的工资问题属于分配领域，而社会保险法中的给附属于再分配领域。又如储蓄和延期支付是社会保险领域的运作原则，但在劳动法领域则是被禁止的。（2）社会保险法律关系的主体具有双重性，即社会保险经办机构与缴费人的关系，企业与职工的缴费关系；劳动法律关系的主体是企业与职工。因此，有些特有原则在两个领域之间是不能比较的，如劳动法领域的多支柱原则等。

职工与用人单位之间因社会保险问题发生的争议，属于劳动争议的范畴，可以依《条例》的规定通过劳动争议的调解、劳动争议的仲裁和劳动争议诉讼的制度处理。按照现行法律法规的规定，社会保险经办机构与缴费义务人和收益人之间的争议不属于劳动关系范畴，要通过协商、行政复议和行政诉讼来处理。随着企业年金制度的发展，越来越多的企业补充养老保险行为将在集体合同或劳动合同中约定。劳动合同将涉及补充养老保险和医疗保险基金的筹集、投资管理和支付问题。

发生在劳动关系延伸领域的争议，如社会保险缴费争议和企业年金争议，增加了劳动争议内容的复杂程度，增多了劳动争议与其他领域争议的交叉面，为劳动争议处理工作提出了新的挑战。与劳动关系没有交叉的社会保险争议，即社会保险经办机构与缴费人或受益人的争议，不宜直接进入行政法庭，世界上多数国家的经验是由社会法庭（或劳动法庭等）综合处理劳动者的劳动争议和社会保险争议。当中国加入WTO以后，还将面对"社会法"理论研究和"社会法庭"的实践问题的挑战。

本章小结

1. 劳动争议，即劳动关系当事人（雇主和雇员，或用人单位和职工）之间的劳动权利义务纠纷。劳动争议具有特定的主体、内容和客体。

2. 发生劳动争议的主要社会原因：封闭竞争的对抗性与全球竞争的合作性，劳动力供求关系的影响，社会保障制度的发展程度，工业民主机制，社会变革和企业转型。劳动争议预防，是指采取有效措施防止劳动争议发生和扩大。

3. 劳动争议处理包括非司法制度和司法制度。非司法制度处理劳动争议包括斡旋、调解和仲裁。司法制度，即由专门法院（如劳动法院）和普通法院处理劳动争议的制度。劳动争议处理法律适用包括两个部分，即根据争议事实正确选择和理解适用的法律规范，根据法律规范的规定对争议焦点作出是非判断。

4. 我国目前劳动争议处理体制是"企业调解、地方仲裁与法院判决"相结合的劳动争议处理"三道防线"机制。

思考题

1. 什么是劳动争议？劳动争议的构成要素有哪些？
2. 劳动争议的种类包括哪些？
3. 简述劳动争议处理的司法制度和非司法制度的内容。

第五章

劳动争议处理

学习目标

通过本章学习，了解劳动争议的法律定义和构成要素；准确掌握劳动争议的内涵与外延、劳动争议的法律特征和种类，正确区分劳动争议和人们社会生活中的其他纠纷，为正确处理劳动争议奠定基础；熟悉劳动争议立法渊源和内容体系，以及我国劳动争议立法的历史沿革和主要内容，为学习我国劳动争议立法奠定基础。

第一节 劳动争议调解

一、劳动争议调解原理

(一) 劳动争议调解的概念和特征

劳动争议调解,即第三者介入劳动争议,促使当事人达成和解协议。当今,第三者介入纠纷处理过程是很普遍的做法,调解是其中的一类。与其他第三者相比较,调解人和他的工作具有下列特点:(1)可以以个人名义调解,也可以以组织名义调解。目前我国主要由组织出面调解劳动争议。(2)申请调解、进行调解、制作调解协议书和履行调解协议书均坚持自愿原则,基于自愿原则达成和解协议,更能反映双方当事人的意志,不伤害感情,职工乐于接受。(3)调解(非诉讼)依据是广泛的,可以是国家法律、伦理道德、规章制度、集体协议与劳动合同、案例事例,以及为群众所接受的习惯做法等。(4)调解人可以有自己的见解,对当事人进行劝导和启发,促使当事人互相谅解,达成和解协议,但是调解人没有处理争议的公断权。(5)调解形式可以多样化和简单化,随案创造,力争省时省力省钱,为当事人减轻负担。

调解是解决民间纠纷,协调社会关系的传统做法,在我国具有悠久的历史。在行政领域、司法领域、社区邻里和家庭,人们创造了各种形式的调解方式。这些方式是预防争议和避免争议激化,防止造成重大社会影响和经济损失的"第一道防线"。将调解方式引入劳动争议处理领域,符合中国国情和劳动关系当事人的需要。

(二) 劳动争议调解的依据

劳动争议调解对"以事实为依据,以法律为准绳"的司法原则的适用具有更多的弹性。宪法、劳动法、劳动行政法规、劳动行政规章当然是调解劳动争议的依据,在实践中上述依据更多地运用于宣传教育阶段。以情以理说服当事人互相谅解,是劳动争议调解的优势所在。所以对劳动争议调解更有实践意义的依据是:(1)企业规章制度;(2)当事人之间书面或口头约定；(3) 道德规范与民规民约等。

(三) 劳动争议调解的原则

根据《劳动法》的原则，将调解引入劳动争议处理领域，成为现代企业管理和企业民主建设的组成部分，是结合中国国情，从协调劳动关系需要出发的。因此，劳动争议调解工作应当坚持下列原则：

1. 自愿原则。其适用要求是：申请调解自愿，即根据当事人的请求实施调解，不得强行调解；实施调解自愿，即使用说服教育的方式进行调解，不得以权压人、以势压人；和解自愿，即基于当事人的愿望达成和解协议，制作和解协议书，不得强求当事人接受调解人的意见；履行和解协议自愿，即和解协议书不具有法律约束力，由当事人自觉履行和解协议，不得强制当事人履行和解协议。

2. 合法、合理、合情原则。为处理好法律准绳与情理依据的关系，劳动争议调解必须坚持"事实清楚、是非分明、有原则的让步"的原则。

3. 尊重当事人申请仲裁和诉讼的权利。如果当事人选择企业调解，即及时调解；如果当事人在调解过程中又选择仲裁，应当积极支持当事人进行仲裁。

4. 适用简便易行的方式进行免费调解，在法定期限内完成调解工作。

此外，还要做好调解的文书和卷宗的管理与存档工作。

二、企业劳动争议调解

(一) 企业劳动争议调解组织

《劳动法》第79条规定："劳动争议发生后，当事人可以向本单位劳动争议调解委员会申请调解。"《劳动法》第80条和《条例》第7条、第8条、第9条规定，在用人单位内，可以设立劳动争议调解委员会。劳动争议调解委员会由职工代表、用人单位代表和工会代表组成。劳动争议调解委员会主任由工会代表担任。

企业劳动争议调解组织，是劳动争议调解委员会（以下简称调解委员会）。调解委员会是设立在用人单位内部，由职工代表、企业代表和工会代表组成的。职工代表由职工代表大会推举产生,企业代表由厂长(经理)指定,工会代表由工会委员会指定。调解委员会的组成人数由职工代表大会提出,与厂长协商确定,企业代表不得超过1/3。调解委员会主任由工会代表担任,调解委员会的办事机构设在企业工会委员会。没有成立工会组织的企业,调解委员会的设立及其组成由职工代表和企业代表协商决定。企业调解委员会的工作接受上级工会和地方劳动争议仲裁委员会(以下简称仲裁委员会)的业务指导,与仲裁委员会和人民法院之间不存在隶属关系。

企业劳动争议调解委员会是依法调解本单位内部劳动争议的群众性组织,它不同于行政或司法机关,也不同于社会上的民事调解组织或其他调解组织。调解委员会具有如下特征:(1)法定性,调解委员会依法建立,受国家法律约束和保护,是我国企业民主制度的重要组成部分;(2)独立性,调解委员会依法调解本单位的劳动争议,不受任何个人、用人单位或国家机关的干预;(3)群众性,调解委员会的性质是群众组织;(4)专一性,处理企业内部劳动争议是调解委员会唯一的工作。

(二)企业劳动争议调解程序

《条例》第10条规定:"调解委员会调解劳动争议,应当自当事人申请调解之日起30日内结束;到期未结束的,视为调解不成。"第11条规定:"调解委员会调解劳动争议应当遵循当事人双方自愿原则,经调解达成协议的,制作调解协议书,双方当事人应当自觉履行;调解不成的,当事人在规定的期限内,可以向劳动争议仲裁委员会申请仲裁。"根据上述规定,劳动部制定并颁布了《企业劳动争议调解委员会组织及工作规则》。企业调解劳动争议的程序包括下述几个阶段:

1. 申请与受理。当事人的调解申请应当做到:争议事实清楚,尽可能有依据和证据,调解请求具体可行。根据当事人的书面或口头申请,进行立案的准备工作。包括:审查当事人的资格,是否与本案争议事实具有直接的利害关系,争议事实是否属于劳动争议范围,争议类型是否属于企业调解委员会受理范围等。然后,通知当事人立案调解。

2. 实施调解。根据争议事实与调解请求,研究争议事实和是非界限,拟订调解方案,实施调解。调解方式可以是正式的,如召开调解庭;也可是非正式的,如各种形式的谈话。

3. 制作调解文书。调解成功即制作调解协议书,作为双方当事人执行和解协议的书面依据。调解协议书包括如下内容:当事人的有关情况,主要争议事实,达成和解协议的主要依据、意见和实施方案。经调解委员会调解达成的协议,当事人应当履行,但不具有强制的法律效力。

调解不成功即制作调解意见书,反映调解人的意见,供仲裁机构或人民法院参考。调解意见书包括如下内容:当事人的有关情况,主要争议事实,未达成和解协议的原因等。

4. 调解不成功,当事人在法定期限内(从知道或应当知道其权利被侵害之日起60日内,在一个月内实施调解时间可以排除)仍可以申请仲裁;调解成功,当事人反悔的,在法定期限内,也可以申请仲裁。

(三)企业劳动争议调解范围

企业劳动争议调解委员会主要调解本单位发生的下列劳动争议:因职工辞职、自动离职发生的劳动争议;因履行劳动合同发生的争议;因工作时间和休息休假、工资、劳动安全卫生、女职工和未成年工特殊保护、职业培训、社会保险和福利发生的争议;法律法规规定应予调解的其他劳动争议。

第二节 劳动争议仲裁

一、劳动争议仲裁原理

(一)劳动争议仲裁的概念和特征

仲裁,"仲"即中人,立足于当事人之间的人;"裁"即公断。劳动争议仲裁即第三者介入劳动争议,促使争议双方当事人达成和解协议或作出公断。仲裁具有悠久的历史,早在古罗马时代就已经存在;1697年,英国政府制定了世界上第一部《仲裁法案》。在市场经济高度发达、司法制度高度完善的今天，仲裁在经济领域、国际贸易领域、民事领域和知识产权领域，仍然具有不可替代的作用。这就在于仲裁人比斡旋人、调解人更具有独立性和权威性，比法官更具有灵活性。

仲裁人和他的工作具有下列特点：（1）可以是以个人名义仲裁，也可以是以组织名义仲裁，在处理劳动争议的实践中，人们创造了"民间仲裁"和"官方仲裁"的模式，特别是"三方原则"的"官方民间混合仲裁"，即政府、雇主和雇员组织三方代表共同参与劳动争议的处理。我国目前采用后一种劳动争议仲裁模式。（2）申请仲裁和达成调解协议书均坚持自愿原则；履行调解协议书实行强制原则。（3）仲裁具有公断权，仲裁决定书具有法律约束力。（4）仲裁庭不具有强制执行权。（5）仲裁员、仲裁庭审理劳动争议案件，可以采用简单易行的程序，为当事人减轻负担。

（二）劳动争议仲裁的依据和适用

1. 劳动争议仲裁的依据

在劳动争议仲裁先行调解过程中，对"以事实为依据，以法律为准绳"的司法原则的适用具有较多的弹性；在劳动争议仲裁庭就劳动争议的事实和责任作出公断时，则具有较少的弹性。劳动争议仲裁的主要依据如下：（1）宪法关于劳动者、劳动权利义务的原则规定，指导仲裁工作；（2）劳动法、劳动行政法规、劳动行政规章是认定当事人责任的主要依据；（3）集体协议、劳动合同和企业规章制度是判断争议事实，分清当事人责任的重要依据。

2. 劳动争议仲裁依据的适用要求

（1）在认真审理劳动争议全过程时，捕捉关键事实和争议焦点，运用法律规范的精神实质处理焦点问题；

（2）透过现象分析事物的本质，即劳动关系的变化及权利义务的实际内容，就本质问题适用法律法规；

（3）正确处理法律规范与集体协议、劳动合同、企业规章的关系，既要保证国家法律法规的权威性，又要保证集体协议、劳动合同、企业规章的自主性；

(4) 研究知识经济时代劳动关系新变化和劳动争议新动态，劳动争议仲裁面对的新挑战，正确运用法学基本理论和宪法原则，研究新问题，解决新问题，如对事实劳动关系的认定。

3. 劳动争议仲裁法律规范适用冲突

劳动争议仲裁法律规范适用冲突，是指处理同一劳动争议焦点问题的法律规范，由于级别和地域等原因造成可适用法律规范在内容上的冲突。(1) 级别冲突，即国家立法和地方立法在内容上的冲突。法律规范适用应当坚持以下原则，即地方立法与法律、行政法规不一致，服从法律行政法规；地方性法规与部门规章不一致，由国务院提出意见；地方政府规章与部门规章不一致，由国务院裁决。(2) 地域冲突，即地方之间在立法内容上的冲突。法律规范适用应当坚持"属地"原则，即根据合同约定地、企业所在地或争议发生地来决定法律法规的适用。(3) 法律体系内部冲突，即大法小法、新法旧法在内容上冲突。法律规范适用应当坚持"小法服从大法，旧法服从新法"的原则。

(三) 劳动争议仲裁的原则

根据《劳动法》和《条例》第4条规定："处理劳动争议，应当遵循下列原则：(1) 调解，及时处理；(2) 在查清事实的基础上，依法处理；(3) 当事人在适用法律上一律平等。"

根据劳动关系的特点，劳动争议仲裁委员会的工作还应当坚持下列原则：

1. 三方原则。即政府、工会和企业代表共同组成"行政性与群众性相结合"的劳动争议仲裁委员会，劳动争议仲裁委员会指导劳动争议处理工作。

2. 独立办案。《劳动争议仲裁委员会组织规则》第2条规定："仲裁委员会是国家授权，依法独立处理劳动争议案件的专门机构。"仲裁委员会、仲裁庭、仲裁员处理劳动争议案件，不受任何人和组织的干预，包括政府和人民法院。

3. 必经仲裁。即经过申请仲裁，不服从仲裁决定或仲裁裁决时，当事人方具有向人民法院起诉的权利。

4. 一裁终局。即一级一裁为终局裁决的裁级制度。

5. 合议庭制度。即非简单易行的案件实行仲裁庭"少数服从多数"的合议制度。

6. 区分举证责任。审理民事案件实行谁起诉谁举证的原则,审理行政案件实行谁决定谁举证的原则。劳动关系的纵横交叉特征决定,劳动争议可以是用人单位与职工平等法律关系中的争议,如劳动合同订立时的争议;也可以是不平等法律关系中的争议,如因处罚违纪职工引发的争议。因此,在劳动争议仲裁中要加以区分:处理平等法律关系中的争议实行谁申请谁举证的原则;处理不平等法律关系中的争议时实行谁决定谁举证原则。

7. 合法、合理、合情原则。即处理好法律规范与集体协议、劳动合同和企业规章的关系;处理好法律规范与伦理道德和民间习惯的关系。

8. 适用简便易行的方式实施仲裁。

二、劳动争议仲裁

(一) 劳动争议仲裁组织

1. 劳动争议仲裁委员会

根据《劳动法》和《条例》的规定,县、市、市辖区应当设立劳动争议仲裁委员会(以下简称仲裁委员会)。省、自治区、直辖市是否设立劳动争议仲裁委员会,由省、自治区、直辖市人民政府根据实际情况自行决定。如设立劳动争议仲裁委员会,其受理范围及职责,亦由当地人民政府规定。已经设立劳动争议仲裁委员会的,应予保留。仲裁委员会由下列人员组成:劳动行政主管部门的代表;工会的代表;政府指定的经济综合管理部门的代表。仲裁委员会组成人员必须是单数,主任由劳动行政主管部门的负责人担任。劳动行政主管部门的劳动争议处理机构为仲裁委员会的办事机构,负责办理仲裁委员会的日常事务。

根据《劳动法》和《条例》的规定,仲裁委员会处理劳动争议,应当组成仲裁庭。仲裁庭由 3 名仲裁员组成。简单的劳动争议案件,仲裁委员会可以指定一名仲裁员处理。仲裁庭对重大的或者疑难的劳动争议案件的处理，可以提交仲裁委员会讨论决定；仲裁委员会的决定，仲裁庭必须执行。仲裁委员会实行少数服从多数的原则。

我国劳动争议仲裁委员会具有如下特征：（1）法定性，即设立劳动争议仲裁委员会是国家行政法规规定的义务；（2）混合性，即劳动争议仲裁委员会是行政性（劳动与社会保障行政部门）与群众性（工会与企业协会）的结合体，它符合国际劳工组织倡导的，在市场经济条件下通过"三方机制"协调劳动关系的机制；（3）方便性，即劳动争议仲裁委员会广泛地设立在县、市、市辖区，以方便当事人的申诉，并与地方政府和企业劳动争议调解委员会保持密切联系。

我国劳动争议仲裁委员会具有如下职责：（1）处理本委员会管辖区域内的劳动争议案件；（2）聘任、培训和管理专职或兼职仲裁员；（3）领导劳动争议仲裁委员会办事机构和委员会开展工作；（4）指导企业调解委员会的工作；（5）协调有关方面的工作关系。仲裁工作人员在仲裁活动中，徇私舞弊、收受贿赂、滥用职权、泄露秘密和个人隐私的，由所在单位或者上级机关给予行政处分，仲裁委员会应当予以解聘；构成犯罪的，依法追究刑事责任。

2. 劳动争议仲裁委员会办事机构

《条例》第13条规定："劳动行政主管部门的劳动争议处理机构为仲裁委员会的办事机构。"劳动行政主管部门的劳动争议处理机构，是指劳动行政主管部门设立的劳动争议调解、仲裁业务管理机构，如仲裁处或仲裁科，与同一级仲裁委员会的办事机构合署办公。

劳动争议仲裁委员会办事机构具有如下职责：（1）承办处理劳动争议案件的日常工作，如接待、审查申请材料、立案、指定仲裁员、仲裁文书制作及送达等；（2）管理仲裁员，组织仲裁庭；（3）管理劳动争议仲裁委员会的文书、档案和印鉴；（4）劳动争议处理方面的法律法规及政策咨询；（5）向劳动争议仲裁委员会汇报工作等。

3. 劳动争议仲裁庭与仲裁员

仲裁委员会处理劳动争议，实行仲裁员、仲裁庭制度。

（1）劳动争议仲裁庭

劳动争议仲裁庭,是根据"一案一庭"的原则,由仲裁委员会指定仲裁员组成的处理劳动争议案件的临时机构。仲裁委员会决定受理的劳动争议案件,应自立案之日起7日内按《劳动争议仲裁委员会组织规则》组成仲裁庭。仲裁庭由3名专职或兼职仲裁员组成。劳动争议仲裁庭审理劳动争议案件的工作包括:开庭前的准备工作、事实调查、先行调解、及时裁决、送达仲裁文书、整理结案文件等。

(2)劳动争议仲裁员

劳动争议仲裁员,是具有特定资格,经法定程序由仲裁委员会聘任的、从事劳动争议案件处理工作的专业人员。劳动争议仲裁员的基本条件是:具有良好的职业品行;具有从事劳动管理工作的经历,具有一定水平的劳动与社会保险法律与政策的知识及分析问题和解决问题的能力;有较高的文化程度。仲裁委员会从劳动行政主管部门或者政府其他有关部门的人员、工会工作者、专家学者和律师中聘任经过专业培训、成绩合格、获得资格证书的人员为专职或者兼职仲裁员。劳动争议仲裁委员会成员均具有仲裁员资格。兼职仲裁员与专职仲裁员在执行仲裁公务时享有同等权利。兼职仲裁员进行仲裁活动时,所在单位应当给予支持。对事实清楚、案情简单、适用法律法规明确的案件,可由仲裁委员会指定一名仲裁员独任处理。

根据《条例》规定,可以由一名仲裁员处理简单劳动争议案件,因仲裁员处理劳动争议在职责、权限、程序上与仲裁庭基本一致,是仲裁庭的简易形式,与仲裁庭处理争议的意义是一致的。

(二)劳动争议仲裁参加人

劳动争议仲裁参加人,是指参加劳动争议仲裁活动,享有相应权利、承担相应义务的人(法人和个人)。包括劳动争议仲裁当事人、共同当事人、第三人和仲裁代理人。劳动争议仲裁参加人具有下列共同特征:(1)是劳动争议的主体,与争议事实具有直接或间接的利害关系;(2)处于当事人或与当事人具有同等的地位。

劳动争议仲裁参与人,是指参与劳动争议仲裁活动,享有相应权利、承担相应义务的人或组织,包括劳动争议仲裁参加人、证人、鉴定人、翻译等。劳动争议仲裁参与人比劳动争议仲裁参加人的外延大，二者主要区别如下：(1) 参加劳动争议仲裁活动的原因和目的不同。前者是为自己或自己代理的人的利益参加到仲裁活动中来；后者是为了他人的利益。(2) 在仲裁活动中的地位不同。前者具有仲裁申诉和请求的主体地位；后者则不具备。(3) 在仲裁活动中的权利义务不同。一系列前者的权利义务，后者是没有的。(4) 与劳动争议案件处理结果的关系不同。前者具有直接的利害关系；后者则没有。

1. 劳动争议仲裁当事人

劳动争议仲裁当事人，是指为维护自己的合法权益参加到劳动争议仲裁活动中来的人（法人和个人），包括申诉人和被诉人。劳动争议仲裁申诉人，是指为维护自己的合法权益提出劳动争议仲裁申请的人；劳动争议仲裁被诉人，是指被提起仲裁，由劳动争议仲裁庭通知应诉的人。劳动争议仲裁当事人是劳动争议仲裁活动的主体，其特征如下：(1) 企业与职工为劳动争议的当事人，企业法人由其法定代表人参加仲裁活动，依法成立的其他企业或单位由其主要负责人参加仲裁活动；(2) 劳动争议仲裁当事人必须以自己的名义参加仲裁活动；(3) 劳动争议仲裁当事人必须为维护自己的合法权利参加仲裁活动，并受仲裁决定制约，是仲裁决定规定的权利义务的承受者。

劳动争议仲裁当事人的权利如下：(1) 提起仲裁申请，变更和放弃仲裁请求，反驳申诉人仲裁请求和提起反诉；(2) 委托代理人参加和完成申诉程序；(3) 申请回避；(4) 请求调解和自行和解；(5) 申诉人有权取证、举证和阅读、复制本案法律文书，被诉人有权提出反证；(6) 向人民法院起诉和申请强制执行。

劳动争议仲裁当事人的义务如下：(1) 依法行使自己的申诉权利，尊重对方和其他参与人的权利；(2) 遵守仲裁程序要求和仲裁庭纪律；(3) 尊重事实，提供真实证据；(4) 履行发生法律效力的仲裁文书和缴纳仲裁费用。

2. 劳动争议仲裁共同当事人

在特定劳动争议案中，职工一方在3人以上并有共同理由的，在仲裁活动中为共同当事人。他们应当推举代表参加仲裁活动,代表人数由仲裁委员会确定。劳动争议仲裁共同当事人制度,可以简化仲裁程序,节省时间,减少仲裁机构的工作量。在比利时国家最高劳动法院,可以将十几个或者数十个具有共同理由的劳动争议和社会保险争议案件,在一个法庭、同一时间、逐一审理。

根据《条例》,我国劳动争议仲裁共同当事人的特点如下:(1)劳动争议事项或理由是共同的,如基于共同权利义务的申诉,同班组人员为加班津贴的给付发生争议;又如基于同一事实的申诉,因企业未缴纳养老保险费发生的争议;再如基于同一类型事项的申诉,发生在若干企业的自动离职争议。(2)发生在同一企业或同一劳动争议仲裁委员会的管辖范围内。

劳动争议仲裁共同当事人分为两类:(1)必要共同当事人,即发生劳动争议的职工一方在3人以上,并有共同理由(在劳动权利义务上具有共同的利害关系),向同一个劳动争议仲裁委员会提出申诉(一个共同的整体)的为必要共同当事人;因为具有申诉标的同一性和申诉程序的统一性,在实践中常常将其视为一个不可分割的整体,采取"协商一致"和选派代表参加仲裁程序的原则,处理共同当事人在仲裁程序中的关系。(2)普通共同当事人,即具有申诉标的的同一性,可以合并审理的劳动争议案件当事人。普通共同当事人不具有劳动权利义务上共同的利害关系,可以合并审理,也可以分开审理。

3. 劳动争议仲裁第三人

劳动争议仲裁第三人,是与劳动争议处理结果有利害关系的人。劳动争议仲裁第三人可以申请参加仲裁活动,或者由仲裁委员会通知其参加。劳动争议仲裁第三人包括企业和职工,具有下列特征:(1)在仲裁过程中参加;(2)与本案处理结果有法律上的利害关系;(3)为维护自己的合法权益,以自己的名义参加仲裁活动。

劳动争议仲裁第三人的权利如下:(1)有权了解本案事实和理由,并向劳动争议仲裁庭陈述自己的意见;(2)有权出席仲裁庭,并陈述自己的意见、提供证据、进行申辩;(3)有权就仲裁决定书中规定的个人义务向人民法院起诉。同时,劳动争议仲裁第三人也要遵守仲裁庭规则并执行仲裁决定书中规定的义务。

在劳动争议仲裁程序中,第三人的存在是客观现象。涉及劳动争议仲裁第三人的案件实行合并审理,可以简化程序,但是,必须保护第三人的利益。审理涉及劳动争议仲裁第三人案件的基本要求:(1)准确审查劳动争议第三人的资格;(2)准确判断是否存在第三人,及时通知第三人参加仲裁;(3)经合法通知第三人无正当理由不到庭的,仲裁庭可以缺席判决;(4)如果调解涉及第三人利益,必须通知第三人到庭,参加调解协议的协商与意思表示,才能在调解协议书中规定第三人的义务。

4. 劳动争议仲裁代理人

劳动争议仲裁代理人,是指代理当事人一方,以被代理人的名义,在法律规定或当事人授权范围内,参加劳动争议仲裁程序的人。劳动争议仲裁代理人包挺法定代理人、委托代理人和指定代理人。

(1) 法定代理人,即根据法律规定进行仲裁代理的人,一般具有全权代理资格。《条例》规定,无民事行为能力和限制民事行为能力的职工,可以由其法定代理人代为申诉;死亡职工可由其利害关系人代为申诉,均为法定代理。

(2) 委托代理人,即根据第三人的委托进行仲裁代理的人,在当事人授权的范围内行使代理权。在仲裁程序中,当事人可以委托1~2名律师或其他人代理参加仲裁活动。委托他人参加仲裁活动,必须向仲裁委员会提交有委托人签名或盖章的授权委托书,委托书应当明确委托事项和权限。被代理人有权变更和解除自己的委托,代理人有权辞去委托。

(3) 指定代理人,即由仲裁委员会指定进行仲裁代理的人。主要是指在法定代理人或利害关系人不明确,或者不能行使代理权的情况下,仲裁委员会指定代理人。指定代理人一般具有全权代理资格。

(三) 劳动争议仲裁程序

1. 申请与受理

劳动关系

(1) 申请

当事人应当从知道或者应当知道其权利被侵害之日起 60 日内，以书面形式向仲裁委员会申请仲裁。当事人因不可抗力或者有其他正当理由超过规定的申请仲裁时效的，仲裁委员会应当受理。

当事人向仲裁委员会申请仲裁，应当提交申诉书，并按照被诉人人数提交副本。申诉书应当载明下列事项：职工当事人的姓名、职业、住址和工作单位；企业的名称、地址和法定代表人的姓名、职务；仲裁请求和所根据的事实和理由；证据、证人的姓名和住址。

(2) 受理

仲裁委员会办事机构工作人员接到仲裁申请书后，应对下列事项进行审查：申诉人是否与本案有直接利害关系；申请仲裁的争议是否属于劳动争议；申请仲裁的劳动争议是否属于仲裁委员会的受理内容；该劳动争议是否属于本仲裁委员会管辖；申请书及有关材料是否齐备并符合要求；申请时间是否符合申请仲裁的时效规定。对申诉材料不齐备或有关情况不明确的仲裁申请书，应指导申诉人予以补充。

仲裁委员会可以授权其办事机构负责立案审批工作。办事机构工作人员对于经审查符合受理条件的案件，应即填写《立案审批表》并及时报仲裁委员会或其办事机构负责人审批。仲裁委员会或其办事机构负责人对《立案审批表》应自填表之日起 7 日内作出决定。决定不予立案的，应当说明理由，自作出决定之日起 7 日内制作不予受理通知书，送达申诉人；决定立案的，应当自作出决定之日起 7 日内向申诉人发出书面通知，将申诉书副本送达被诉人，并要求其在 15 日内提交答辩书和证据。被诉人不提交答辩书的，不影响案件的处理。仲裁委员会有权要求当事人提供或者补充证据。

2. 劳动争议仲裁管辖

管辖是劳动争议仲裁机构处理劳动争议案件的分工。县、市、市辖区仲裁委员会负责本行政区域内发生的劳动争议。设区的市的仲裁委员会和市辖区的仲裁委员会受理劳动争议案件的范围，由省、自治区人民政府规定。发生劳动争议的企业与职工不在同一个仲裁委员会管辖地区的，由职工当事人工资关系所在地的仲裁委员会处理。

仲裁委员会发现受理的案件不属于本会管辖时，应当移送有管辖权的仲裁委员会。仲裁委员会之间因管辖权发生争议，由双方协商解决；协商不成时，由共同的上级劳动行政主管部门指定管辖。

3. 案件仲裁准备

仲裁委员会或其办事机构决定立案以后，应自立案之日起7日内组成仲裁庭。可以采取三种方式，即独任仲裁庭、合议仲裁庭和特别仲裁庭。可以独任仲裁的案件应具备以下条件：（1）事实清楚；（2）争议标的不大；（3）情节简单；（4）适用法律法规明确。合议仲裁庭由首席仲裁员和仲裁员组成。集体争议和集体协议争议由特别仲裁庭审理。

仲裁庭成立和接受案件以后，立即审阅案卷，掌握争议焦点，弄清事实，拟订处理方案。仲裁庭应当于开庭的4日前，将开庭时间、地点的书面通知送达当事人。当事人接到书面通知，无正当理由拒不到庭或者未经仲裁庭同意中途退庭的，对申诉人按照撤诉处理，对被诉人可以缺席裁决。

仲裁委员会和仲裁庭在处理劳动争议时，为取得证据、弄清是非，有权向有关单位查阅与案件有关的档案、资料和其他证明材料，并有权向知情人调查，有关单位和个人不得拒绝。仲裁委员会之间可以委托调查。证据是指可以证明争议真实情况的一切事实具有客观性、关联性、合法性的特征。证据在法律意义上包括：书证、物证、视听资料、证人证言、当事人陈述、鉴定结论和勘验笔录。在理论上可以是：（1）原始证据和派生证据；（2）直接证据和间接证据。证据的取得必须依合法的原则、渠道和方式进行，经过全面综合地分析（甄别、比较、综合、取舍）后加以使用。仲裁委员会及其工作人员对调查劳动争议案件中涉及的商业秘密和个人隐私应当保密。

4. 开庭审理

仲裁庭的开庭准备工作包括：查明当事人是否到庭，宣布仲裁庭纪律，宣布仲裁庭组成人员，询问当事人是否申请回避。

当事人及有关人员在劳动争议处理过程中有下列行为之一的，仲裁委员会可以予以批评教育、责令改正；情节严重的，依照《中华人民共和国治安管理处罚条例》的有关规定处罚；构成犯罪的，依法追究刑事责任：(1) 干扰调解和仲裁活动、阻碍仲裁工作人员执行公务的；(2) 提供虚假情况的，拒绝提供有关文件、资料和其他证明材料的；(3) 对仲裁工作人员、仲裁参加人、证人、协助执行人，进行打击报复的。

仲裁委员会组成人员或者仲裁员有下列情形之一的，应当回避，当事人有权以口头或者书面方式申请其回避：(1) 是劳动争议当事人或者当事人近亲属的；(2) 与劳动争议有利害关系的；(3) 与劳动争议当事人有其他关系，可能影响公正仲裁的。仲裁委员会对回避申请应当及时作出决定，并以口头或者书面方式通知当事人。

仲裁庭审理劳动争议案件的程序包括：(1) 申诉与答辩，其发言顺序是：申诉人或代理人，被诉人或代理人，第三人或代理人。(2) 仲裁庭调查，一般采取仲裁员询问的方式进行。包括告知当事人的权利义务，询问事实、理由及证据，出示证据，宣读鉴定和勘验结果。(3) 仲裁庭调解。(4) 仲裁庭合议，实行少数服从多数的原则，不同意见必须如实笔录。(5) 宣布仲裁决定，同时，告知当事人的起诉权利。当庭裁决的，应当在7日内发送裁决书；定期另庭裁决的，当庭发给裁决书。

(1) 仲裁庭调解

仲裁庭处理劳动争议应当先行调解，在查明事实的基础上促使当事人双方自愿达成协议。协议内容不得违反法律、法规。调解达成协议的，仲裁庭应当根据协议内容制作调解书，调解书自送达之日起具有法律效力，当事人不得就调解书的内容向人民法院起诉。劳动争议双方当事人应当在规定期限内认真履行调解书规定的义务，一方当事人不履行其义务时，另一方当事人可以申请人民法院强制执行。

调解未达成协议或者调解书送达前当事人反悔的，应当及时裁决。

(2) 仲裁庭裁决

仲裁庭作出裁决后，应当制作裁决书，送达双方当事人。当事人对仲裁裁决不服的，自收到裁决书之日起15日内，可以向人民法院起诉；期满不起诉的，裁决书即发生法律效力。

仲裁庭处理劳动争议，应当自组成仲裁庭之日起 60 日内结案。案情复杂需要延期的，经报仲裁委员会批准，可以适当延期，但是延长的期限不得超过 30 日。

劳动争议当事人申请仲裁，应当按照国家有关规定交纳仲裁费。仲裁费包括案件受理费和处理费。收费的标准和办法由国务院劳动行政主管部门会同国务院财政行政主管部门和国务院物价行政主管部门规定。

（四）劳动争议仲裁文书

劳动争议仲裁文书，是劳动争议仲裁委员会处理劳动争议案件依法定程序制作的具有法律效力和法律意义的文书。包括具有法律约束力的文书、具有法律意义的文书和具有辅助意义的文书，劳动争议仲裁文书以认定争议事实和正确适用法律依据作出的决定为内涵，具有"内容客观、制作合法、格式特定、强制执行"的法律特征。仲裁文书在劳动争议仲裁程序中具有如下功能：（1）处理案件的工具；（2）案件处理的凭据和证据；（3）宣传教育当事人及他人。

制作劳动争议仲裁文书的基本要求是：（1）全面掌握案件情况；（2）核实证据；（3）认定事实、确立案由。只有满足上述基本要求，才能做到：以事实为依据（原因、事实、理由、证据），以法律为准绳，使用通俗简洁的语言，概括劳动争议案件的真实面貌。

劳动争议仲裁文书主要包括：笔录、仲裁调解书、仲裁决定书、仲裁裁决书和各类通知书等。

1. 劳动争议仲裁笔录

笔录就是文字记录。笔录出现在劳动争议仲裁的各个阶段，反映案件调查、取证、调解和裁决全过程。劳动争议仲裁笔录由首部（案由、当事人、时间、场所等）、正文（内容）和尾部（被调查人签名等）构成，要求做到：内容完整、客观，格式正确，文字准确，手续合法。劳动争议仲裁笔录包括：（1）勘验笔录。是根据现场勘察、观察分析和检验记录整理成的材料，可以是文字、录像、拍摄或者绘画。（2）调查笔录。办案人员在劳动争议处理过程中向有关人员进行调查取证时做的具有法律效力的询问笔录。（3）庭审笔录。仲裁庭审理劳动争议案件时，书记员做的笔录,是反映庭审情况的法律文书,是了解案件处理情况的重要依据。(4)仲裁庭评议笔录。是仲裁庭在休庭期间对案件进行评议的记录,是制作仲裁决定书的依据。

2. 劳动争议仲裁调解书

仲裁调解书是劳动争议仲裁机关通过调解方式解决劳动争议案件后,将双方达成协议的内容,按一定的程序形成文字,发给双方当事人作为凭证的仲裁文书。

仲裁调解书是劳动争议仲裁机关最常用的法律文书,它是劳动争议仲裁机关按照双方当事人自愿和合法的原则,在劳动仲裁机关主持下达成协议而制作的。仲裁调解书一经送达,即具有法律效力。生效的仲裁调解书与劳动争议仲裁裁决书具有同等的法律效力,双方当事人必须执行。

3. 劳动争议仲裁裁决书

劳动争议仲裁裁决书,是劳动争议仲裁委员会在查明争议事实,依法对争议作出裁决的书面表示形式。劳动争议仲裁裁决书不同于仲裁决定书,后者是仲裁庭在审理案件时,对所发生的程序上的问题作出决定的文书。如劳动争议仲裁委员会对确定集体争议代表人数、同意回避申请、决定撤销案件、发现原裁决书确有错误需要重新处理、终止原裁决执行、作出撤诉处理、同意撤诉申请、不同意撤诉申请、终止审理作出的决定。

制作仲裁裁决书应做到一事一文,文字准确简练,法律、法规和政策依据充分,裁决意见具有可行性。仲裁裁决书的格式分为首部、正文和尾部。(1)首部。包括仲裁庭的名称,裁决书的编号,当事人的基本情况,事由等。(2)正文。事由的具体内容;仲裁庭对该事由的认定及法律根据;劳动争议仲裁委员会对该事由的决定。(3)尾部。仲裁员或劳动争议仲裁委员会主任署名,并加盖劳动争议仲裁委员会印章。

劳动争议仲裁文书的管理包括立卷和归档,立卷是整理归档的方法。劳动争议案卷分为正卷和副卷。正卷材料包括:(1)调解书、裁决书、仲裁建议书、送达回执;(2)申诉书、受理案件通知书、应诉通知书、当事人回避申请书、法定代表人证明书、委托代理书；(3)调查笔录、证人证言、仲裁庭笔录等。副卷材料包括：(1)立案文书、阅卷笔录、调查提纲等；(2)调查取证文书；(3)调解书原本、裁决书原本等；(4)结案文书。

第三节 劳动争议诉讼

一、劳动争议诉讼的有关规定和程序
（一）劳动争议诉讼的有关规定
1. 劳动争议诉讼的概念

劳动争议诉讼，即劳动争议当事人向人民法院的起诉、上诉以至人民法院对劳动争议案件的终局审理等全过程。它是我国"人民法院终局审理劳动争议案件原则"在劳动争议处理过程中的实际运用，是我国司法审判制度的组成部分。劳动争议诉讼不同于民事纠纷和经济纠纷的诉讼，是当事人在纠纷发生后的直接诉讼行为；它是当事人不服从劳动争议仲裁决定后的司法求助。

2. 劳动争议诉讼的有关规定

1986年国务院《国营企业实行劳动合同制暂行规定》第31条规定："劳动合同双方发生劳动争议时，应当协商解决；协商无效的，可以向当地劳动争议仲裁委员会申诉，由劳动争议仲裁委员会仲裁；对仲裁不服的，可以向当地人民法院起诉。"1993年《条例》和1994年《劳动法》，将这一原则进一步加以明确。根据最高人民法院的一系列规定，人民法院民事审判庭，依据《中华人民共和国民事诉讼法》的程序处理劳动争议案件。

3. 人民法院对劳动争议案的管辖

人民法院对劳动争议案一般实行地域管辖，通常实行"原告就被告"的原则。用人单位为被告时，用人单位所在地人民法院管辖；职工为被告时，职工户籍所在地人民法院管辖。有些地方规定，由劳动争议

仲裁委员会所在地人民法院受理劳动争议案件。还有的地方实行级别管辖制度。基层人民法院管辖第一审劳动争议案件，但本法另有规定的除外。中级人民法院管辖下列第一审劳动争议案件：重大涉外案件；在本辖区有重大影响的案件。高级人民法院管辖在本辖区有重大影响的第一审劳动争议案件。最高人民法院管辖下列第一审劳动争议案件：在全国有重大影响的案件；认为应当由本院审理的案件。

（二）劳动争议诉讼的原则

人民法院依照法律规定对劳动争议案件独立进行审判，不受行政机关、社会团体和个人的干涉；坚持"以事实为根据，以法律为准绳"；劳动争议诉讼当事人有平等的诉讼权利；人民法院对双方当事人在适用法律上一律平等；人民法院审理劳动争议案件，根据自愿和合法的原则进行调解；调解不成的，应当及时判决；人民法院审理劳动争议案件，实行合议、回避、公开审判和两审终审制度。

人民法院审理劳动争议案件时，当事人有权申请回避，进行辩论，收集、提供证据，请求调解，提起上诉，申请强制执行。

（三）劳动争议诉讼与民事诉讼的比较

劳动争议诉讼与民事诉讼相比有如下特点：(1) 劳动争议诉讼当事人以不服劳动争议仲裁裁决和不予受理案件通知书等为前提；否则，人民法院一般不予受理。(2) 劳动争议案件的当事人是用人单位和职工，而民事案件的当事人主要是公民，这是劳动争议案件与民事案件的主要区别。(3) 劳动争议诉讼的标的是劳动权益及与劳动关系密切联系的权益，民事诉讼的标的主要是民事权益。(4) 劳动争议案件的举证责任与民事案件的举证责任不同，民事案件普遍适用"谁主张，谁举证"的原则，劳动争议案件一般情况下也适用这一原则，但在职工不服企业开除、除名、辞退及其他行政处罚争议案件中，则应由用人单位负举证责任。

（四）劳动争议诉讼程序

1. 起诉与受理

劳动争议仲裁当事人，如果不服仲裁委员会的仲裁裁决或不予受理案件通知书等，应当从接到仲裁裁决书或通知书等之日起 15 日内，以书面形式向当地人民法院起诉。起诉人为原告，对方为被告。劳动争议诉讼参加人包括：当事人、共同当事人、代理人和第三人。

起诉必须符合下列条件：原告是与本案有直接利害关系的公民、法人和其他组织；有明确的被告；有具体的诉讼请求和事实、理由；属于人民法院受理劳动争议案件的范围和受诉人民法院管辖。起诉应当向人民法院递交起诉状，并按照被告人数提出副本。书写起诉状确有困难的，可以口头起诉，由人民法院记入笔录，并告知对方当事人。

起诉状应当记明下列事项：当事人的姓名、性别、年龄、民族、职业、工作单位和住所，法人或者其他组织的名称、住所和法定代表人或者主要负责人的姓名、职务；诉讼请求和所根据的事实与理由；证据和证据来源，证人姓名和住所。人民法院对符合条件的起诉，应当在 7 日内立案，并通知当事人；认为不符合起诉条件的，应当在 7 日内裁定不予受理；原告对裁定不服的，可以提起上诉。

2. 审判组织

人民法院审理第一审民事案件，由审判员、陪审员共同组成合议庭或者由审判员组成合议庭。合议庭的成员人数，必须是单数。适用简易程序审理的民事案件，由审判员一人独任审理。陪审员在执行陪审职务时，与审判员有同等的权利义务。

人民法院审理第二审民事案件，由审判员组成合议庭。合议庭的成员人数，必须是单数。发回重审的案件，原审人民法院应当按照第一审程序另行组成合议庭。审理再审案件，原来是第一审的，按照第一审程序另行组成合议庭；原来是第二审的或者是上级人民法院提审的，按照第二审程序另行组成合议庭。

合议庭的审判长由院长或者庭长指定审判员一人担任；院长或者庭长参加审判的，由院长或者庭长担任。合议庭评议案件，实行少数服从多数的原则。评议应当制作笔录，由合议庭成员签名。评议中的不同意见，必须如实记入笔录。

审判人员有贪污受贿、徇私舞弊、枉法裁判行为的，应当追究法律责任；构成犯罪的，依法追究刑事责任。

审判员与合议庭接受案件后，应立即开始进行审前准备工作。

3. 证据

当事人对自己提出的主张，有责任提供证据。当事人及其诉讼代理人因客观原因不能自行收集的证据，或者人民法院认为审理案件需要的证据，人民法院应当调查收集。人民法院应当按照法定程序，全面地、客观地审查核实证据。人民法院审理劳动争议案件的证据与劳动争议仲裁所依据的证据是一致的。书证应当提交原件，物证应当提交原物。提交原件或者原物确有困难的，可以提交复制品、照片、副本、节录本。经过法定程序公证证明的法律行为、法律事实和文书，人民法院应当作为认定事实的根据。但有相反证据足以推翻公证证明的除外。不能正确表达意志的人，不能作证。

人民法院对有关单位和个人提出的证明文书，应当辨别真伪，审查确定其效力。证据应当在法庭上出示，并由当事人互相质证。对涉及国家秘密、商业秘密和个人隐私的证据应当保密，需要在法庭出示的，不得在公开开庭时出示。

人民法院对专门性问题认为需要鉴定的，应当交由法定鉴定部门鉴定；没有法定鉴定部门的，由人民法院指定的鉴定部门鉴定。

4. 调解

人民法院审理民事案件，根据当事人自愿的原则，在事实清楚的基础上，分清是非，进行调解。人民法院进行调解，可以由审判员一人主持，也可以由合议庭主持，并尽可能就地进行。人民法院进行调解，可以用简便方式通知当事人、证人到庭。调解达成协议，人民法院应当制作调解书。调解书应当写明诉讼请求、案件的事实和调解结果。调解书经双方当事人签收后，即具有法律效力。

对不需要制作调解书的协议，应当记入笔录，由双方当事人、审判人员、书记员签名或者盖章后，即具有法律效力。

调解未达成协议或者调解书送达前一方反悔的，人民法院应当及时判决。

5. 一审程序

一审普通程序包括以下几个阶段：审理前的准备工作、开庭审理、法庭调查、法庭辩论、判决和裁定。

审理前的准备工作包括：（1）在立案之日起 5 日内将起诉状副本发送被告，被告在收到之日起 15 日内提出答辩状（如明确规定自第 2 日起 15 日内，按照该规定执行）。被告提出答辩状的，人民法院应当在收到之日起 5 日内将答辩状副本发送原告，被告不提出答辩状的，不影响人民法院审理。（2）审判人员认真审核诉讼材料，调查收集必要的证据。（3）开庭审理案件，应当在开庭 3 日前通知当事人和其他诉讼参与人。公开审理的，应当公告当事人姓名、案由和开庭的时间、地点。

开庭审理前，书记员应当查明当事人和其他诉讼参与人是否到庭，宣布法庭纪律。开庭审理时，由审判长核对当事人，宣布案由，宣布审判人员、书记员名单，告知当事人有关的诉讼权利、义务，询问当事人是否提出回避申请。

法庭调查按照下列顺序进行：当事人陈述；告知证人的权利义务，证人作证，宣读未到庭的证人证言；出示书证、物证和视听资料；宣读鉴定和勘验笔录；当事人在法庭上可以提出新的证据。当事人经法庭许可，可以向证人、鉴定人、勘验人发问。原告增加诉讼请求，被告提出反诉，第三人提出与本案有关的诉讼请求，可以合并审理。

法庭辩论按照下列顺序进行：原告及其诉讼代理人发言；被告及其诉讼代理人答辩；第三人及其诉讼代理人发言或者答辩；互相辩论。法庭辩论终结，由审判长按照原告、被告、第三人的先后顺序征询各方最后意见。法庭辩论终结，应当依法作出判决。判决前能够调解的，还可以进行调解，调解不成的，应当及时判决。

原告经传票传唤，无正当理由拒不到庭的，或者未经法庭许可中途退庭的，可以按撤诉处理；被告经传票传唤，无正当理由拒不到庭的，或者未经法庭许可中途退庭的，可以缺席判决。

书记员应当将法庭审理的全部活动记入笔录，由审判人员和书记员签名。法庭笔录应当当庭宣读，也可以告知当事人和其他诉讼参与人当庭或者在 5 日内阅读。当事人和其他诉讼参与人认为对自己的陈述记录有遗漏或者有差错的,有权申请补正。如果不予补正,应当将申请记录在案。

当庭宣判的,应当在 10 日内发送判决书;定期宣判的,宣判后立即发给判决书。宣告判决时,必须告知当事人上诉权利、上诉期限和上诉的法院。

人民法院适用普通程序审理的案件,应当在立案之日起 6 个月内审结。有特殊情况需要延长的,由本院院长批准,可以延长 6 个月;还需要延长的,报请上级人民法院批准。

裁决和裁定。判决书应当写明:案由、诉讼请求、争议的事实和理由;判决认定的事实、理由和适用的法律依据;判决结果和诉讼费用的负担;上诉期限和上诉的法院。判决书由审判人员、书记员署名,加盖人民法院印章。

6. 简易程序

基层人民法院和它派出的法庭审理事实清楚、权利义务关系明确、争议不大的简单的民事案件,适用简易程序。对简单的民事案件,原告可以口头起诉。当事人双方可以同时到基层人民法院或者它派出的法庭,请求解决纠纷。基层人民法院或者它派出的法庭可以当即审理,也可以另定日期审理。基层人民法院和它派出的法庭审理简单的民事案件,可以用简便方式随时传唤当事人、证人,可以由审判员一人独任审理,应当在立案之日起 3 个月内审结。

7. 二审程序

二审程序是劳动争议当事人不服人民法院第一审判决,在判决书送达之日起 15 日内向上一级人民法院提起的上诉。上诉应当递交上诉状。上诉状的内容,应当包括当事人的姓名、法人的名称、法定代表人的姓名或者其他组织的名称及其主要负责人的姓名;原审人民法院名称、案件的编号和案由;上诉的请求和理由。上诉状应当通过原审人民法院提出,并按照对方当事人或者代表人的人数提出副本。

原审人民法院收到上诉状,应当在 5 日内将上诉状副本送达对方当事人,对方当事人在收到之日起 15 日内提出答辩状。人民法院应当在收到答辩状之日起 5 日内将副本送达上诉人。对方当事人不提出答辩状的，不影响人民法院审理。原审人民法院收到上诉状、答辩状，应当在 5 日内连同全部案卷和证据，报送第二审人民法院。

二审人民法院对上诉案件，应当组成合议庭，开庭审理。经过阅卷和调查，询问当事人，在事实核对清楚后，合议庭认为不需要开庭审理的，也可以迳行判决、裁定。人民法院审理上诉案件，可以在本院进行，也可以到案件发生地或者原审人民法院所在地进行。

二审人民法院对上诉案件，经过审理，按照下列情形分别处理：（1）原判决认定事实清楚，适用法律正确的，判决驳回上诉，维持原判决；（2）原判决适用法律错误的，依法改判；（3）原判决认定事实错误，或者原判决认定事实不清，证据不足，裁定撤销原判决，发回原审人民法院重审，或者查清事实后改判；（4）原判决违反法定程序，可能影响案件正确判决的，裁定撤销原判决，发回原审人民法院重审。当事人对重审案件的判决、裁定，可以上诉。

8. 审判监督程序

审判监督是各级人民法院院长对本院已经发生法律效力的判决、裁定，发现确有错误，认为需要再审的，应当提交审判委员会讨论决定。最高人民法院对地方各级人民法院已经发生法律效力的判决、裁定，上级人民法院对下级人民法院已经发生法律效力的判决、裁定，发现确有错误的，有权提审或者指令下级人民法院再审。当事人对已经发生法律效力的判决、裁定，认为有错误的，可以向原审人民法院或者上一级人民法院申请再审，但不停止判决、裁定的执行。

当事人的申请符合下列情形之一的，人民法院应当再审：（1）有新的证据，足以推翻原判决、裁定的；（2）原判决、裁定认定事实的主要证据不足的；（3）原判决、裁定适用法律确有错误的；（4）人民法院违反法定程序，可能影响案件正确判决、裁定的；（5）审判人员在审理该案件时有贪污受贿、徇私舞弊、枉法裁判行为的。人民法院对不符合前款规定的申请，予以驳回。人民法院审理再审案件，应当另行组成合议庭。

最高人民检察院对各级人民法院已经发生法律效力的判决、裁定，上一级人民检察院对下一级人民法院已经发生法律效力的判决、裁定，发现有下列情形之一的，应当按照审判监督程序提出抗诉：(1) 原判决、裁定认定事实的主要证据不足的；(2) 原判决、裁定适用法律确有错误的；(3) 人民法院违反法定程序，可能影响案件正确判决、裁定的；(4) 审判人员在审理该案件时有贪污受贿、徇私舞弊、枉法裁判行为的。人民检察院提出抗诉的案件，人民法院应当再审，并通知人民检察院派员出席法庭。

二、劳动争议案件的执行程序

(一) 执行的概念

《民事诉讼法》规定，由法定组织和人员运用国家强制力量，根据法院判决、裁定，劳动争议仲裁委员会裁决书、调解书，以及其他法律文书的规定，强制劳动争议当事人或第三人履行其义务的程序，称为执行程序。劳动争议案件的执行程序具有下列特征：(1) 由人民法院统一实施；(2) 执行的目的在于实现法律文书规定的内容；(3) 执行以国家强制性工具作为后盾。因此，劳动争议案件的执行程序是保护当事人合法权益的手段，是维护法律严肃性的工具，是对内普法教育、对外维护国家主权和利益的制度。

(二) 执行程序实施条件、依据和对象

劳动争议案件的执行条件包括：已经生效的法律文书（仲裁调解书、仲裁裁决书、判决书）；法律文书具有需要执行的义务；负有义务的一方当事人，无正当理由未在规定期限内履行其义务；享有权利一方当事人提出执行请求。执行程序的依据是法院判决、裁定，劳动争议仲裁委员会裁决书、调解书。

执行对象，是指法律文书规定义务所指的事项，包括：劳动报酬、福利津贴、经济补偿、履行特定的权利义务等。

(三) 执行程序

1. 执行的申请和移送

发生法律效力的劳动争议判决、裁定、裁决和调解书，当事人必须履行。一方拒绝履行的，对方当事人可以向人民法院申请执行。

法律规定由人民法院执行的法律文书,由被执行人住所地或者被执行的财产所在地人民法院执行。执行工作由执行员进行。执行员接到申请执行书应当向被执行人发出执行通知,责令其在指定的期间履行,逾期不履行的,强制执行。采取强制执行措施时,执行员应当出示证件。执行完毕后,应当将执行情况制作笔录,由在场的有关人员签名或者盖章。被执行人或者被执行的财产在外地的,可以委托当地人民法院代为执行。受委托人民法院收到委托函件后,必须在15日内开始执行,不得拒绝。

在执行中,双方当事人自行和解达成协议的,执行员应当将协议内容记入笔录,由双方当事人签名或者盖章。

2. 执行措施

我国《民事诉讼法》规定了9项执行措施。其中执行劳动争议案件的措施如下:(1)冻结、划拨被执行人的存款,不得超出被执行人应当履行义务的范围;(2)扣留、提取被执行人应当履行义务部分的收入,但应当保留被执行人及其所扶养家属的生活必需费用;(3)法律文书指定的行为等。

3. 执行中止和终结

有下列情形之一的,人民法院应当裁定中止执行:申请人表示可以延期执行的;案外人对执行标的提出确有理由的异议的;作为一方当事人的公民死亡,需要等待继承人继承权利或者承担义务的;作为一方当事人的法人或者其他组织终止,尚未确定权利义务承受人的。中止的情形消失后,恢复执行。

有下列情形之一的,人民法院裁定终结执行:申请人撤销申请的;据以执行的法律文书被撤销的;作为被执行人的公民死亡,无遗产可供执行,又无义务承担人的;追索养老费、医疗费、抚育费案件的权利人死亡的;作为被执行人的公民因生活困难无力偿还借款,无收入来源,又丧失劳动能力的。中止和终结执行的裁定,送达当事人后立即生效。

4. 申请执行的期限

根据《民事诉讼法》的规定,公民作为申请执行的一方或双方当事人，期限为1年；双方均是法人或其他组织的，期限为6个月。

第四节 集体合同争议处理

根据《劳动法》第84条的规定，集体合同争议被划分为两类，即因签订集体合同发生的争议和因履行集体合同发生的争议。这两类争议在国外通称为"集体争议"。因履行集体合同发生的争议，是指集体合同生效后，在履行集体合同的过程中发生的争议。履行集体合同的过程包括变更、解除、续延和终止等事项。企业工资协议是集体合同的核心内容，在签订集体合同时因工资谈判发生争议的，属于"因签订集体合同发生的争议"；在集体合同生效后因修改工资方案发生的争议，属于"因履行集体合同发生的争议"。

一、因签订集体合同发生的争议

因签订集体合同发生的争议，实质上归属于利益争议。利益争议是市场经济国家劳动关系领域中一个通行的概念，其含义是指劳动关系双方围绕签订集体合同在集体协商过程中提出法定权利之外新的权利要求而发生的争议。此类争议又称为事实争议或经济争议。

（一）处理因签订集体合同发生争议的机构

我国《劳动法》第84条对因签订集体合同发生争议的解决办法作出规定："因签订集体合同发生争议，当事人协商解决不成的，当地人民政府劳动行政部门可以组织有关各方协调处理。"这一规定明确了因签订集体合同发生争议时，可以采取由当事人协商解决或由劳动行政部门协调解决两种方式。因此，因签订集体合同发生争议时，首先应当由当事人协商解决。当事人协商解决不成时，应当在规定的时间内报告当地劳动行政部门，由当地劳动行政部门组织工会代表、企业组织等各方进行协调处理。劳动部在1994年制定的《集体合同规定》中对因签订集体合同发生的争议处理方式作了具体规定：因签订集体合同发生争议，双方当事人不能自行协商解决的，当事人一方或双方可向劳动行政部门的劳动争议协调处理机构书面提出协调处理申请；未提出申请的，劳动行政部门认为必要时可视情况进行协调处理。

劳动行政部门处理因签订集体合同发生的争议时，应组织同级工会代表、企业方面的代表以及其他有关方面的代表共同进行。协调处理机构的主要职责是：(1)调查了解争议的情况；(2)研究制定协调处理争议的方案；(3)对争议进行协调处理；(4)制定《协调处理协议书》并监督处理结果的执行；(5)统计归档并将处理结果报上级劳动行政部门备案；(6)必要时向政府报告并提出有关建议。

(二)处理因签订集体合同发生争议的时效及方式

1. 处理时效

按照劳动部发布的《集体合同规定》，劳动行政部门处理因签订集体合同发生的争议，应自决定受理之日起30日内结束。争议复杂或遇影响处理的其他客观原因需要延期时，延期最长不得超过15日。

2. 处理方式

劳动争议协调处理机构处理因签订集体合同发生的争议时，应由工会和企业行政双方当事人各选派代表3~10名，并指定1名首席代表参加。代表产生的方式与集体协商代表产生的办法相同。争议双方及其代表应如实提供有关情况和材料。

协调处理因签订集体合同发生的争议结束后，由劳动行政部门制作《协调处理协议书》，双方当事人首席代表和协调处理负责人共同签字盖章。《协调处理协议书》下达后，双方应当执行。

二、因履行集体合同发生的争议

因履行集体合同发生的争议，归属于权利争议。权利争议的含义是指劳动关系当事人围绕执行法律条文、履行集体合同或劳动合同发生的争议。我国《劳动法》规定："因履行集体合同发生争议，当事人协商解决不成的，可以向劳动争议仲裁委员会申请仲裁；对仲裁裁决不服的，可以自收到仲裁裁决书之日起15日内向人民法院提起诉讼。"这一规定表明，对因履行集体合同发生争议的处理程序，有别于因签订集体合同发生的争议。

(一) 因履行集体合同发生争议的特征

因履行集体合同发生的争议具有下列特征:

1. 发生在集体合同生效之后

因签订集体合同发生的争议,发生在集体合同协商过程中;而因履行集体合同发生的争议,以合法有效的集体合同为条件,因此,只能发生在集体合同生效之后。

2. 主要发生在企业与企业工会之间

因履行集体合同发生的争议,主要是企业与工会之间的争议。它不同于劳动合同,个体职工不能成为因履行集体合同发生争议的主体。根据我国《劳动法》第33条的规定:"企业职工一方与企业可以就劳动报酬……等事项,签订集体合同。"劳动部办公厅《关于〈劳动法〉若干条文的说明》第33条规定:"本条中的'企业职工一方'是指企业工会或者职工推举的代表。"从实践的情况看,通过集体协商与企业行政签订集体合同的一方很少有职工推举代表的情况,基本都是企业工会。集体协议由企业组织和工会签订。因此,因履行集体合同的争议只能发生在企业一级,主要是发生在企业工会与企业行政之间。在西方国家,履行集体合同的争议可能发生在企业、行业、地区,甚至国家一级。履行集体合同的争议应当说也是一种集体争议,但又不同于一般的集体争议,因为共同诉讼标的而结合到一起的职工团体,不是工会,他们与用人单位不存在集体合同关系。在实践中,要注意处理"因履行集体合同发生的争议"和一般集体争议的区别。

3. 争议内容是共同劳动条件

集体合同是规范企业、行业或地区劳动待遇和劳动条件的协议,是国家劳动法令的具体化和补充,是订立个体劳动合同的依据。一般情况下,集体合同不产生具体劳动关系。因履行集体合同发生的争议,不存在确认劳动关系的争议,只能围绕实现集体合同规定的共同劳动条件而发生。集体合同应当包括以下内容:劳动报酬,工作时间,休息休假,保险福利,劳动安全与卫生,合同期限,变更、解除、终止集体合同的协商程序,双方履行集体合同的权利和义务,履行集体合同发生争议时协商处理的约定,违反集体合同的责任,双方认为应当协商约定的其他内容。

集体合同内容包括三个部分:(1)劳动标准条款,如劳动报酬、工作时间、休息与休假、企业补充保险、生活福利、职业培训、劳动纪律、劳动保护等。劳动标准条款是集体合同的核心内容,它对个人劳动合同起制约作用。(2)劳动权利条款,如职工参与企业管理和利润分配的规定。(3)制约性规定,主要包括因签订或履行集体合同发生争议的解决措施,以及集体合同履行情况的监督检查办法等。(4)集体合同效力条款,如集体合同的有效期限、变更、解除条件等。

4. 社会影响和经济损失较大

因履行集体合同发生的争议涉及企业、行业或地区的共同劳动待遇和劳动条件。因此。因履行集体合同的争议一旦发生,很容易在企业内外扩散蔓延,引致同情行为,其社会影响和经济损失都比较大,应当积极预防,及时处理。

(二)因履行集体合同发生争议的预防

积极预防因履行集体合同发生的争议,是企业发展和社会安定的重要因素。集体合同是规范集体劳动待遇和劳动条件的协议,因此,预防因履行集体合同发生的争议应当从协调集体劳动关系入手。

1. 强化平等协商原则

强化平等协商原则,即将平等协商作为集体协议产生的前提条件。平等协商是指用人单位与职工之间,就企业发展和职工利益的重大问题进行相互咨询、沟通与统一意见的过程。集体合同的起草、讨论和制定都应当由用人单位和职工一方(工会组织或职工代表)共同进行和完成。避免平等协商走过场,最后由用人单位一方草草了事。只有真正做到平等协商,合同内容才能代表双方的利益,成为公平合理的集体合同,这样的集体合同才能起到协调劳动关系的作用,才能顺利履行。平等协商是个原则,也是企业民主管理的制度,建立在职工参与企业管理制度的基础之上。平等协商的目的是让职工了解企业的问题与现状,调动职工的积极性,在企业与职工之间建立互相信任、互相理解、互相依存的关系。

2. 完善集体合同履行机制

完善集体合同履行机制,包括实现集体合同规定的劳动待遇和劳动条件,依平等协商原则修改和完善集体合同条款,依法解除和续延集体协议。集体合同期限为1~3年,在集体合同规定的期限内,由于签订集体合同的环境和条件发生变化,致使集体合同难以履行时,集体合同任何一方均可提出变更或解除集体合同的要求。一方当事人就集体合同的履行情况和变更提出商谈时,另一方应给予答复,并在7日内进行协商。集体合同双方协商一致,对原集体合同进行变更或修订后,应在7日内报送劳动行政部门审查。

随着集体合同制度的推行,企业人力资源部门应当逐步了解和掌握集体协商的知识和依法操作要求,把集体合同的制定、履行与管理作为现代企业建设的重要组成部分。在履行集体合同过程中,对已经出现或可能出现的问题,及时发现及时解决,避免在修改和完善、依法解除和延期集体合同各环节中,因问题得不到及时解决而出现争议。

3. 加强政府参与和监督作用

加强政府参与和监督,是指政府对集体合同关系的介入和管理。在市场经济条件下,政府不直接介入集体合同关系,而是通过两种方式参与集体合同关系调整:(1)在对抗性的集体谈判制度中,政府通过立法和监督执法介入集体合同关系;(2)在国家、雇主和雇员非对抗性的社会合作与对话的制度中,政府作为主体之一参与社会对话。

我国《劳动法》规定,集体合同签订后,应当报劳动行政部门确认。这就明确了政府在集体合同制度中的地位和作用,即监督检查集体合同的订立和履行。政府的监督检查作用对保证集体合同的顺利履行具有不可替代的重要性。政府有关部门应当建立企业集体合同履行情况的信息反馈机制,及时了解情况,发现问题及时促使双方当事人协商解决。政府还可以在较大范围内总结和推广履行集体合同的经验,促进集体劳动关系的协调发展。

在我国,县级以上人民政府劳动行政部门的劳动合同管理机构负责集体合同的审查。集体合同签订后,应当在7日内由企业一方将集体合同一式三份及说明报送劳动行政部门。地方各类企业和不跨省（自治区、直辖市）的中央直属企业集体合同报送的管辖范围，由省（自治区、直辖市）劳动行政部门确定。全国性集团公司、行业性公司以及跨省（自治区、直辖市）企业的集体合同报送国务院劳动行政部门或由国务院劳动行政部门指定的省（自治区、直辖市）劳动行政部门。

为预防因履行集体合同发生的争议，西方国家政府纷纷采取行政立法手段，加强当事人的协商，限制工业行为。如德国的"和平义务"规定，在集体合同有效期限内，不得采取工业行为。英国等国家规定了复杂的"决定罢工"程序，必须完全履行完这套程序才能举行集体行动，否则将负担由此带来的经济损失。西方劳动法的原则认为，在没有履行完这套程序之前举行罢工，劳方是单方面中止集体合同，要承担民事责任——工会将被罚款，工会基金将被没收。

4. 完善劳动关系领域的立法

完善劳动关系领域的立法，即劳动法律、法规、规章的建设，是依法签订集体合同和履行集体合同的前提条件。完善劳动关系领域的立法，不仅要做到有法可依，提高立法质量，还要使法律法规相互配套，法律用语准确可行，具有在市场经济条件下积极的利益导向功能。

（三）因履行集体合同发生争议的处理

根据我国《劳动法》第 84 条的规定，因履行集体合同发生争议，应按下列程序处理：当事人协商、劳动争议仲裁和人民法院判决。

1. 当事人协商

当事人协商。即订立集体合同的用人单位与工会，基于平等协商的原则，采取自愿的形式，就履行集体合同发生争议的事实、理由与和解条件进行的对话。在我国，当事人协商是处理因履行集体合同发生争议的方法之一。

2. 仲裁

集体合同双方当事人协商解决不成的，可以依法向当地劳动争议仲裁委员会申请仲裁，并依据《条例》和《劳动争议仲裁委员会办案规则》的规定进行处理。因履行集体合同发生的争议由特别仲裁庭处理。

实行企业化管理的事业单位与其职工因履行集体合同发生的争议，也依照本规定执行。我国不实行强制仲裁制度。

3. 人民法院判决

根据我国《劳动法》的规定，集体合同双方当事人不服劳动争议仲裁委员会裁决的，可以依法向当地人民法院起诉，请求依法判决。人民法院组成合议法庭，依据《民事诉讼法》处理因履行集体合同发生的争议。

本章小结

1. 讲述劳动争议调解的原理和我国劳动争议调解制度，我国企业劳动争议调解组织、程序和调解范围。

2. 劳动争议仲裁的概念、特征、依据和原则。劳动争议仲裁组织是劳动争议仲裁委员会，由劳动行政主管部门的代表、工会的代表、政府指定的经济综合管理部门的代表组成。仲裁委员会处理劳动争议组成仲裁庭。明确劳动争议仲裁程序。

3. 集体合同争议被划分为两类，即因签订集体合同发生的争议和因履行集体合同发生的争议。根据我国《劳动法》规定，因履行集体合同发生争议应按下列程序处理：当事人协商、劳动争议仲裁和人民法院判决。

4. 劳动争议诉讼，即劳动争议当事人向人民法院的起诉和人民法院对劳动争议案件的终局审理。明确劳动争议诉讼程序和劳动争议案件的执行程序。

思考题

1. 企业劳动争议调解的原则是什么？
2. 劳动争议仲裁的主要原则是什么？
3. 简述劳动争议的仲裁程序。
4. 试论述劳动争议诉讼与民事诉讼的区别。

第六章

三方协商机制

学习目标

通过本章学习，掌握三方协商机制的概念和特点，政府在三方协商中的作用；理解三方协商机制的作用，组成各方以及适合我国国情的三方协商机制；了解三方协商机制的产生和发展，三方协商的规则和程序。

第一节 三方协商机制概述

一、三方协商的概念和特点

（一）三方协商的概念

三方协商，是指由政府、雇主、劳动者三方代表，根据一定的议事规则或程序，通过特定的形式开展协商谈判而形成的共同参与决定、相互影响、相互促进、相互制衡的一种制度。理解上述概念应把握以下几点含义：（1）三方协商的主体是政府、雇主和劳动者。在三方格局中，政府一方一般是管理劳动事务的劳动（劳工）行政部门或有关主管部门的代表；雇主一方可以是雇主代表，也可以是雇主协会（联合会）代表；劳动者一方一般由工会或工会联合会代表。（2）三方协商的内容是劳动关系领域的重大事务，诸如劳动法律法规和政策的制定与实施，劳动关系运行中的某些变更、劳动纠纷的处理等。（3）三方协商的方式是在平等的基础上进行对话、协商、谈判。（4）三方协商的宗旨是促进政府、雇主、劳动者三方合作，维护劳动秩序，稳定劳动关系，发展国家经济，提高生活水平。

从更广泛的意义上说，三方协商机制还包含着这样的意思，即三方协商机制形成后，工会、雇主和政府各方在不同时期力量对比的变化以及各自地位、作用的态势等构成了一种客观格局，表明各个不同的社会利益集团在经济利益和其他权利等方面寻找某种平衡的客观需要和共同合作而作出的努力。

三方协商的实质是在社会活动中有差异的三方之间实行三方权利分享，共同协商，消除误解，增进了解，弱化争议，取得共识。在市场经济条件下，不同的利益主体有着不同的利益追求，形成不同的利益倾向，不同集团内的人基于不同的经济利益所关注的问题有所不同。雇主最关心的是尽量降低产品成本，保证有序的生产，增强竞争力，以获取更大的利润，实现更大的发展；劳工及其代表组织工会最关心的则是自身的权益和利益,让劳动者更多地分享劳动成果,提高生活水平;政府则倾注于经济的增长、社会的安定、政局的稳定。在这种情况下,对劳动关系的一系列重大问题就难免出现分歧、产生争议,任何一方都不能单独作出决定。现代市场经济社会主张社会生活民主化,尤其推崇决策民主,认为任何一项宏观经济政策和社会政策的制定,必须广泛发扬民主,吸收与之有关的团体、组织的意见和建议,以制约相互关系,达到不同社会群体之间的协调与平衡。劳动关系是社会利益关系的实现方式,更应保持不同利益集团之间的协调与平衡。因此,三方协商原则体现了劳动关系领域的民主化,是平衡各方实力,保持和谐统一的重要机制。

(二)三方协商的特点

三方协商是由三方性组织机构的日常活动具体体现的。在市场经济国家中,均设立了不同形式的三方性组织机构,称为三方委员会或三方协调委员会。许多发展中国家也相继实行了三方协商原则。目前,三方协商机制已成为世界各国普遍采用的协调劳动关系的重要原则和基本格局。从三方协商机制的各方构成和运行实践看,具有四个方面的明显特点。

1. 三方主体的独立性

主体独立是指协商的政府、雇主、劳动者三方,在身份上和地位上都是独立的。这种独立性是基于市场经济条件下,政企分离、利益明晰、责权分明而决定的。三方主体的独立性为协商谈判奠定了前提条件。

2. 主体权利的对等性

三方主体在协商中权利对等是三方主体独立的必然结果。权利对等表明三方互为权利义务主体,在协商机制中任何一方都不能凌驾于他方之上,无权单方发号施令,指使、命令另一方。这种权利对等性对于在劳动关系中总是处于劣势和弱者地位的劳动者来说,是一种保障。如果权利不对等,劳动者听命于企业,企业遵从于政府,协商谈判也不能正常进行。

3. 协商过程的民主性

三方协商机制的关键在于协商,而协商又体现在三方友好的对话和商讨中,互相理解,互相支持,对于讨论的事项,反复商量后取得共识。

4. 协商目的的合作性

在三方协商中,各方虽然都是从自己的立场出发,但都是以协调劳动关系为基础和条件的。因此,协商时各方要充分考虑对方的意见和共同的利益,雇主一方既不能只强调生产经营而损害劳动者权益,劳动者一方也不能只强调己方的劳动权益而影响或阻碍企业生产的发展。诚然,在劳动关系中,各方存在一定的利益取向,会发生利益冲突,但利益冲突只有在双方合作的基础上才能得到解决,各方利益也只有经过合作才能实现。因而,三方协商始终以促进共同发展为目标。

二、三方协商机制的产生和发展

三方协商机制的形成和发展经历了一个长期的过程。它是工人运动的产物,是工业民主化的一个重要组成部分和重要的表现形式。它的发展完善,既取决于社会生产力水平和现代化程度的提高,也取决于工人运动的发展壮大。

18世纪中期兴起的产业革命,标志着资本主义工业化的开端。随着机器的出现,机器生产取代了传统的手工工具,现代工厂制度取代了手工作坊,社会生产力水平获得了空前的提高,从而形成了现代意义上的产业无产阶级。由于生产技术的划时代变革,推动了生产的迅速发展和整个社会的进步,同时也为资本家带来了巨额的利润,但并没有改善普通工人的生活状况。随着机器的广泛采用,千百万手工劳动者被残酷的竞争所排挤,落入破产和失业的行列,形成了庞大的劳动后备军;生产过程中的工人越来越成为机器的附属品,跟着飞速旋转的机器无休止地劳作。资本家为了榨取尽可能多的剩余价值,采用大幅度降低工资,尽量延长劳动时间,增加劳动强度,廉价雇佣童工、女工来取代成年男工等最残酷、最原始的剥削方式,使工人的劳动条件和生活状况急剧恶化。

面对这种处境，18世纪末19世纪初，西欧各国爆发了无以数计的工人反抗斗争，破坏机器设备、烧毁工厂厂房、停工怠工、抗议示威等接连不断。但是，由于这些斗争多是自发的、分散的、没有周密组织和计划的行动，所以，基本上都以失败告终。在斗争实践中，工人们开始意识到联合起来的必要性，在一些行业中开始出现了最初的工人组织，这便是早期的工会。

对于早期的工会组织，雇主进行了激烈的抵制，代表雇主利益的资产阶级政府则用法律对工人组织及其活动加以限制。当时资本主义各国的立法都禁止工人结社、罢工和示威，英国1799—1800年颁布的《结社法》和法国1791年颁布的《夏勃里埃法》就是这类法律的典型代表。当时的资产阶级政府标榜自己的主要职责是保证"自由竞争"，将劳资关系问题交由劳资双方去处理，官方不予干涉。这种自由放任政策，实际上是放任和支持雇主，使他们可以任意剥削工人，而对工人则给予种种限制，形成劳资关系中资方明显处于优势，劳方处于绝对劣势的不合理格局。这种格局造成劳资矛盾加深，激烈的对抗和冲突增多，劳资关系呈现出不稳定状态。

19世纪下半期到20世纪初，西方资本主义各国经济开始从自由竞争向垄断过渡。工人阶级的斗争和工会运动的发展不仅没有因雇主和政府的镇压而停止，反而更加高涨。在工人运动的强大压力下，西方各国政府被迫相继废除了禁止结社的法律，从而使工会组织得到了空前发展。到了19世纪末，工会在西欧各国已经相当普遍。工人组织和工人运动力量的增强，使劳资关系力量对比发生了变化。随着社会经济发展和民主政治的推行，由工会代表劳工与雇主谈判解决劳资纠纷的方式在某些国家开始出现。面对这种形势，欧美各国政府逐渐改变了对劳资关系"自由放任"的政策，转而采取了干预措施，相继出台了一些法令，规定了允许协商谈判。三方协商机制有了一定的社会背景和历史条件。

20世纪20—30年代，资本主义世界发生了空前严重的经济危机，大量的企业破产和工人失业，使劳资关系重新紧张起来，迫使政府直接出面干预失业，并采取了一些政策措施，缓解劳资矛盾。战争和经济危机后，由于进行了大量的固定资本更新，经济得到了新的发展，对劳动过程的科学管理提出了新的要求。在此基础上，"产业合理化"运动开始兴起。在工人阶级强烈要求下，政府为平息工人斗争而采取的开明政策，加之现代生产的客观需要，使得以工人参与企业管理为主要内容的产业民主化运动在许多国家出现。三方协商也在这一时期开始产生。最初，三方协商只是由政府劳动部门安排雇主和工人代表参加一些会议，讨论某些问题。后来，逐步发展成为主动征求双方意见，在工作中与之配合。三方合作的方式主要体现在两个方面：一是以集体方式处理劳资关系；二是雇主组织和工人组织共同参与劳动法的制定与实施。

1904年新西兰出现了集体谈判立法，集体谈判和集体协商制度逐渐在各国兴起。由劳资双方通过有组织的交涉来确定工资和其他就业条件的方式越来越为各方所接受，政府则为谈判创造条件，提供调解和仲裁及其他服务。在劳动立法中，迫于工人运动的压力，政府从开始只邀请雇主代表转变为也邀请工人代表参加协商。为此，一些国家还成立了由三方参加的机构，如劳资协议会等。三方协商在这时虽不普遍和完善，但雇主组织和工人组织参与国家管理，劳方、资方和政府三方协商处理劳资关系事务，已成为不可阻挡的社会潮流和发展趋势。

随后，三方协商机制在西方市场经济国家越来越被广泛推广，三方格局逐渐形成。1919年成立的国际劳工组织是劳资关系领域三方协商机制正式形成和发展的重要标志。国际劳工组织不仅在机构组成上具有三方性的鲜明特点，由政府代表、雇主代表、工人代表三方共同组成，而且活动宗旨也充分体现了其促进政府、雇主、劳方合作，共同改善劳动状况，协调劳资关系，维护劳动权益的精神。1996年国际劳工组织专门制定了《三方协商促进国际劳工标准公约》（第144号）和《三方协商促进国际劳工标准建议书》（第152号）。美国在20世纪70年代末，政府与工会、雇主达成"全面谅解"协议，正式确定了三方合作关系。80年代末至90年代初，东欧国家也陆续建立了三方协商机制，而且许多发展中国家也建立了三方协商机制。由于各国不同的历史背景、传统、社会经济条件，三方协商机制付诸实践的程度和形式以及它所起到的作用不尽相同。

三、三方协商机制的作用

从三方协商机制产生和发展的社会现实和长期运行实践的客观效果看，政府、雇主、工人的相互合作，都在一定程度上缓和了劳资矛盾，减少了劳资纠纷，保护了工人的一些权益，稳定了劳动关系，这对于维护社会和平，促进经济发展和社会进步都起到了十分重要的作用。

（一）确立工会地位，保护工人权益

在资本主义发展早期，产业革命时代，劳资关系一直处于一种对抗和激烈冲突状态，在劳动关系的所有领域，劳资矛盾不可调和。在劳资关系中，资方是生产资料所有者，处于绝对优势，控制着生产经营管理的一切方面，资本家可以任意延长劳动时间，无限加大劳动强度，压低工人工资，随意打骂工人等。由于政府在劳资关系领域实行自由放任政策，在"竞争自由""契约自由"的旗号下，资本家残酷剥削和压榨工人，工人得不到丝毫的保护。为了反对资本家的残酷剥削，工人们虽奋力反抗，从捣毁资本家的机器设备、破坏厂房，到怠工、罢工，但由于没有工会组织，形不成集体力量而一次次惨遭失败。这一时期，资本主义各国政府的法律都严厉禁止工人组织工会和罢工。到19世纪末，三方协商机制出现后，这种局面才发生了变化。政府承认工会组织，废除了歧视性法条，允许结社和罢工，从而确立了工会的地位。工人组织的不断壮大和社会地位的确立，使得劳动者在政府和雇主面前争得了一席之地，为争取工人的权益奠定了基础。在三方协商机制中，工会作为一方独立的主体，可以代表工人提出意见，原先占绝对优势的资方力量开始减弱，劳动者的影响明显增强。工会的地位和工人的权益是密切联系的，工会组织成为维护工人利益的强大力量。从此，工人的许多权益在工会组织的抗争下得到了有利保护。

（二）缓解劳资矛盾，稳定劳动关系

劳资力量的失衡是产生劳资矛盾的条件，而劳资矛盾的加深极易发生劳资纠纷。由于没有正常的渠道和途径进行疏导，势必导致罢工等对抗手段，造成劳动关系的动荡。20世纪30年代，资本主义世界爆发了空前严重的经济危机,造成大量的企业破产和工人失业,使本已缓和的劳资关系变得重新紧张起来。但由于政府采取了一些有效的干预措施,三方协商机制的形成,劳资双方通过有组织的交涉和谈判来解决工资、就业条件等问题,对缓和劳资矛盾发挥了重要作用。经济危机之后,随着经济的重新发展,产业合理化运动开始兴起,以工人参与企业管理的产业民主化运动在许多国家出现。政府、劳方、资方协商处理劳资关系事务已较为普遍,协调劳资关系的方式更加多样,内容更为宽泛。

第二次世界大战后,随着垄断资本主义的发展,世界范围的人民革命浪潮风起云涌。在工人运动的强大压力下,三方协商处理劳资关系有了进一步发展,市场经济国家都设立了不同形式的三方性机构。对于劳资关系领域,诸如劳动者工资、工时、福利、劳动条件等问题,都可以通过三方协商、集体谈判的方式来解决。在这种情况下,劳资间大规模的激烈对抗和冲突相对减少,取而代之的是日常的、规范化的、有组织的劳资协商、劳资谈判,从而在很大程度上改善和缓解了劳资矛盾。自产业革命后一个多世纪的发展,市场经济国家的三方协商机制不断完善,劳资关系的协商途径也趋向制度化、法律化,逐渐形成了比较规范的体系,从而使劳资关系保持了相对稳定。

(三)促进经济发展,推动社会文明进步

生产力水平是衡量经济发展的标志,劳动者是生产力系统中最活跃且处于主导地位的因素。三方协商机制所协调的劳资关系是以作为生产力要素的劳动者为重要对象,通过作用于劳动者对整个生产力系统发生作用而促进经济发展的。三方协商机制对生产力发展的促进作用主要表现在:(1)三方协商机制中确立的工会组织地位,使工会可以代表工人自由讨论、发表意见,行使职权,劳动者在劳动过程中的权益有了自己的组织保障,从而提高全社会的生产力水平。(2)三方协商机制对劳资关系的协调,保护了劳动力再生产的持续进行,促进了劳动力资源的开发,从而为社会生产力发展提供了最本质的条件。(3)三方协商机制协调劳资关系,维护了劳动者的物质利益和政治权利,调动了劳动者的生产积极性,从而有效地发挥劳动者在生产力系统中的能动作用。(4)在三方协商机制中，劳方有权参与企业管理，并可参与国家立法，因而有权要求资方不断改善劳动条件，保护劳动者的安全健康，从而使劳动者在生产力系统的运行中能正常地发挥作用。(5) 在三方协商机制中，通过政府、劳动者和雇主的协商对话，相互合作，增进了团结，消除了对抗，为发展生产创造了良好的社会环境。

历史和现实都表明，无论哪一个历史时期，无论哪一个国家，社会安定都是其政治稳定、经济繁荣和社会文明进步的一个重要前提。而社会安定的实现，取决于多种因素。其中，劳动关系的和谐稳定是最关键、最重要的因素。三方协商机制在资本主义国家得以产生和发展的重要原因之一，就是劳资矛盾长期存在和不断加深，工人运动的蓬勃兴起和高涨。为了实现有利于资产阶级统治和社会安定的局面，各资本主义国家都把三方协商机制作为协调劳资关系、缓和阶级矛盾、防止社会动荡的重要手段。在实践中，三方协商机制正是以它独有的协调劳资关系的功能来保障社会安定而被国际社会所接受，并被纳入民主法制的范畴。

第二节 三方协商机制的主要内容

一、三方协商机制的组成各方

政府、工会（劳方）、雇主协会（资方），是构成三方协商机制的三个独立的主体。

（一）政府

政府是国家利益的代表者和维护者，政府亦是国家权力的执行机关。政府作为三方协商机制中的一方代表，最主要的是关心国家利益和维护社会的安定，并促进其得到完美的体现。

在三方协商机制中，政府一方一般由国家劳动行政部门代表。各国政府一般都设置了劳动（劳工）行政机构。但各国政府设置劳动行政机构的方式各异：(1) 有的国家设置一个单独的专门性劳动（劳工）行政机构。例如，美国政府中设有劳工部，内阁成员中有劳工部长；日本政府中设有劳动省，内阁成员中有劳动大臣。(2) 有的国家政府中设置两个以上机构管理劳动（劳工）事物。例如，牙买加内阁设有公共服务和社会保险部长、劳工部长；加拿大内阁设有劳工部长、就业和移民部长；毛里求斯部长会议设有劳工和劳资关系部长、就业部长。(3) 有的国家将劳动（劳工）事务和有关事务合并由一个机构主管。如巴林、伊拉克等国设有劳工和社会事务部长；有的国家设有劳动和社会福利部长，巴基斯坦设有劳工、人力和侨民事务部长；巴拉圭设有司法和劳工部长。(4) 有的国家在政府部门级不设立专门的劳动（劳工）机构，只在政府的某个部门内设立劳动（劳工）机构。例如，泰国内阁中不设置劳动部长，但在内政部设有劳动厅。

在现代，国家设置劳动（劳工）行政机构，是世界性的普遍要求。1978年国际劳工大会通过的第150号公约《劳动行政管理公约》和第158号同名建议书，对各国建立劳动（劳工）组织系统作了规定，提出了建议。公约规定，各会员国应以适合国情的方法，保证在其领土内组织和有效实施劳工行政机构，对其任务和职责应予适当协调；在劳工行政机构系统内作出安排，以保证公共机关同最有代表性的雇主和工人组织之间的协商、合作与谈判；劳工行政机构系统应由有资格从事其被委派的活动的人员组成，他们应有独立性而不受不正当的外来影响，应具备为有效履行其职责所必需的地位、物质手段和资金来源。公约还对主管机关在劳工行政组织系统内应担负的主要职责作了规定。建议书则就劳动行政机构系统的作用、职能和组织等问题，对公约的规定作了详细的补充。

在我国，劳动行政机构是政府中专门设立的对劳动工作实行统一管理的一个部门。其组织体系是按统一领导、分级管理的原则构建的。县级以上各级政府，都设有劳动行政机构，国务院设劳动保障部，它在国务院领导下，综合管理劳动工作。

在世界各国，政治体制和经济制度不同，因而其劳资关系的性质也不尽一致。同时，由于各国经济发展水平、历史文化传统、民主法制体制等存在一定差异，政府作为三方协商机制的一方，其活动方式、工作目标、介入程度具有不同的特征。大体可以分为两种情况：(1) 宏观调控式。实行这种方式的，以发达的市场经济国家居多。政府一般认为，劳资双方的力量必须保持均衡，任何一方过于强大，都会发生利益倾斜，不利于经济发展和社会稳定，因而主张对劳资关系实行宏观调控。在劳资关系领域，政府一般不直接介入，只通过有关立法和社会政策的制定来实现劳资关系的平衡。劳资双方通过各种途径积极主动参与政府的经济和社会政策的制定和立法过程，政策和法律一旦出台，政府劳工行政机构只监督其执行并处理劳资争议。(2) 直接介入式。实行这种方式的多是发展中国家，政府在劳资关系中起着支配作用。政府被认为是最大的雇主，民族资产阶级势力较弱，工会也多是政府的"官办"工会。企业的生产经营由国家规定计划，企业是由国家行使经营代表权，所以，政府在某种意义上直接决定着劳资关系的一切方面。

(二) 工会

工会，是由工人自愿组织起来的团体或联合团体。在三方协商机制中，工会是劳方的代表，以维护和改善工人的劳动条件、提高工人的经济地位、保护工人的权益为目的。工会是在劳资关系的矛盾发展过程中产生和存在的。历史上，西方国家立法对工会组织大致经过了绝对禁止、相对禁止和完全承认三个阶段。到第二次世界大战以后，工会在西方各国都获得了合法地位。

在现代，许多国家的宪法都明确肯定了工会的合法地位。例如，意大利宪法规定，"职工会组织自由"；日本宪法规定，"劳动者团结的权利受保障"；菲律宾宪法规定，"国家将保证工人得有组织工会的权利"。同时，许多国家还依据宪法制定了工会法或在劳动法典中对工会组织作了专门规定。

工会的合法地位不仅为各国国内法所确定，而且还为国际法所保障。1948年联合国《世界人权宣言》中规定："人人有维护其权益而组织和参加工会的权利。"1949年国际劳工组织在第98号公约《组织权利和集体谈判权利公约》中规定："工人应享有充分的保护，以防止在就业方面发生任何排斥工会的歧视行为。"例如,"将不得加入工会或必须放弃工会会籍作为雇用工人的条件","由于工人加入了工会或者在业余时间或经雇主许可在工作时间参加工会活动而将其解雇,或以其他手段予以打击"。1966年联合国的《经济、社会、文化公约》中,要求缔约各国承担下述保证:(1)人人有权组织工会和参加其所选择的工会,以促进和保护其经济和社会利益;这种权利只受工会有关规章的限制。对这一权利的行使,除法律所规定的及在民主社会中为了国家安全或公共秩序的利益或为保护他人权利和自由所必需的限制以外,不得加以任何限制。(2)工会有权建立全国性的协会或联合会,有权组织或参加国际工会组织。(3)工会有权自由地进行工作,除法律所规定的在民主社会为了国家安全或者公共秩序的利益或者为保护他人的权利和自由所必需的限制外,不受任何限制。(4)有罢工权,但应按照各个国家的法律行使此项权利。

工会的组织形式各国不完全相同,一般有以下几种类型:(1)雇用单位工会,即由被雇用于同一雇用人的雇工所组成的工会。(2)职业工会,即由同一种职业或相类似职业的雇工所组成的工会。(3)产业工会,即由同一类或类似产业内一切雇工组成的工会。(4)材料工会,即不论职业区别如何,以其职业所使用材料之种别而组成的工会,如木材工会、金属工会。(5)联合工会,即由各个单独工会联合组织起来的工会。

就一国范围内的工会组织体系而言,西方市场经济国家有两种模式:(1)一元化工会组织体系。即全国只有一个统一的工会组织体系,各种形式的工会组织都是同一个全国性工会联合组织的成员,在各个雇用单位一般只有一个工会组织。(2)多元化工会组织体系。即在全国并存着几个不同的工会组织体系,没有一个统括全国各种工会组织的全国性工会联合组织,在各雇用单位通常不止存在一个工会组织。例如,法国和意大利,工厂一级就同时存在着几个不同政治派别的工会。在荷兰,工会组织以信仰和政治主张来区分。比利时有总劳联和自由工会联盟。

各国工会的法律地位，决定其在三方协商格局中的地位和作用。市场经济国家对工会的地位主要规定了下述内容：(1) 工会只能是雇工的团体，并且必须是一定人数以上的雇工的联合。不少国家都把拥有最小限度会员人数作为成立工会的法定条件。如意大利规定，产业工会必须是被雇于特定产业的劳动者的 10% 以上的集合；法国规定，成立工会至少须有 20 名会员。(2) 工会不得有政治、经济目的。即工会属于社会团体，工会不得从事以营利为目的的经营。(3) 工会具有社团法人资格。(4) 工会有组织罢工、同雇主或其团体谈判和签订集体合同、监督雇主遵守劳动法等项权利。(5) 工会在与雇主的关系中受到法律的特别保护。如不得随意解雇工会理事，工会依法组织罢工使雇主权益受损时，工会及其理事个人均不负损害赔偿责任等。

在我国，工会是职工自愿结合的工人阶级的群众组织。按照工会章程的规定，工会是具有阶级性、自愿性、群众性、政治性的社会政治团体。我国工会的组织体系由中华全国总工会、地方总工会、产业工会和基层工会所构成。我国工会具有唯一性和独立性的法律地位。其唯一性是指工会在我国是唯一合法的、代表职工利益的工人阶级群众组织，在全国范围内建立统一的组织体系，任何单位和个人都不得在职工群众中另行建立独立于工会组织之外的同一类组织，不得从事任何分裂工会组织的活动。其独立性是指工会是独立的群众组织，依法和工会章程独立自主地开展工作。我国工会具有法人资格。我国工会有下述基本职能：(1) 维护职能。工会在维护全国人民总体利益的同时，维护职工的合法权益。(2) 参与职能。工会通过各种形式和途径，参与管理国家事务，管理经济和文化事业，管理社会事务，管理本企业有关事务，协助政府开展工作。(3) 组织职能。工会组织职工依法行使民主权利，参加本单位民主管理和民主监督。组织职工完成生产和工作任务，开展各种有益于提高劳动生产率、发展社会生产力的活动。(4) 教育职能。工会教育职工热爱劳动，学习科学文化和业务技术，提高职工自身素质。我国工会对用人单位有代表职工利益和反映职工要求的权利，监督用人单位遵守劳动法律的权利，要求提供保障的权利。对各级政府，工会有参与立法,并对涉及职工利益的重大问题提出意见和建议的权利,参加劳动争议处理的权利,参加工伤事故调查处理的权利以及权益不受侵犯的权利等。同时,工会对用人单位和政府也应履行规定的义务。

(三) 雇主协会

雇主协会是由雇主依法组成的,旨在代表、维护和增进雇主在劳动关系中的共同利益而与工会抗衡和交涉的团体。在三方协商机制中,它是雇主一方的代表。

雇主协会最初是随着工会的产生,为对抗工会而形成的。早期的雇主协会,就其职能而言,主要是反对工会。随着工人运动的发展和劳资关系的法制化,雇主协会的职能随之发生了变化,雇主协会同工会进行协商谈判、协调劳资关系成为其主要职能。在市场经济国家,雇主协会同工会进行协商谈判、协调劳资关系成为其主要职能。雇主协会已形成多种组织形式,其中包括:行业雇主协会、职业雇主协会、雇主协会联合会、地方雇主协会和全国雇主协会。

在国际劳工组织的组织制度和法律文件中,雇主协会作为三方格局的一方与工会有平等的地位。国际劳工组织的组织制度和活动规则一直实行三方协商机制。即各成员国代表须由政府代表2人,劳工、雇主代表各1人组成;政府、劳工、雇主三方都参加各类会议和机构,雇主代表可以和劳工代表自由讨论,各自独立行使表决权。在劳工组织的一些公约和建议书中,雇主协会有权制定章程,自主选举代表,组织各种事务,拟定工作计划等。

各国雇主协会在劳资关系中具有重要地位和发挥着重要作用,各国法律对此也都作出了规定。其内容一般包括:(1)雇主协会必须由一定数量的雇主所组成。例如,意大利规定,雇主协会至少须由雇用同一地方特定产业1/10以上的劳动者之雇主组成;智利规定,雇主协会至少由10人组成。(2)雇主协会由雇主自愿加入,有的国家明确规定雇主有退出雇主协会的自由。(3)雇主协会具有公法人资格,它是独立于各雇主之外的主体。(4)雇主协会的机构主要为会员大会和理事会,前者决定重大事项,后者处理日常事务。(5)雇主协会的活动宗旨,是维护所代表之雇主在劳资关系中的利益，不得有政治目的。(6) 雇主协会不得从事反工会活动，不得制造困难阻止雇员加入工会或参加工会活动，不得干涉工会事务、破坏工会组织的罢工，不得拒绝按规定程序与工会进行集体谈判或阻碍集体谈判的正常进行。(7) 雇主协会负有协调劳资关系的法定职责。(8) 雇主协会内部组织及其活动方式。

在我国，企业方的代表一般有三种情况：一是多数地方由企业联合会/企业家协会为代表；二是县市以下的企业方代表，由于企业联合会组织不健全（中国企业联合会正在积极加强各级组织建设），一般由外资企业、私营企业、乡镇企业、个企、工商联等企业协会推选代表，包括国有企业则由经贸部门为代表参加三方机制。三是少数省由经贸部门代表企业方参加三方机制，这在西部地区较有代表性。

二、三方协商的规则和程序

为使三方协商机制运行畅通有效，保证政府、工会和雇主组织在平等的基础上充分发挥作用，必须建立一定的规则，遵从一定的程序。目前，各国的三方协商尚无固定的规则模式，但在实践中已形成了习惯性的做法。主要做法包括：

（一）组成三方性协商机构

成立三方性协商机构是使三方协商有序进行的组织保证。各国三方协商的具体活动基本上都是由三方性组织机构来实施的。以国际劳工组织的三方协商组织原则为基础，许多国家都设立了不同类型的三方协商机构。有的是由政府劳动部门、雇主组织和工会组织的代表所组成的常设机构。如法国的经济社会理事会，由政府、雇主组织、工会组织三方代表在该机构中共同讨论经济和社会政策。有的国家采取劳动大会的形式，这种大会由政府组织三方召开，每隔一段时间就有全国性的劳动问题进行讨论，为一些重要的法律颁布作准备，并使雇主和雇员组织达成协议。协议的内容包括劳资双方的一些共同利益，双方休战的解决办法，以及对有关不履行协议的惩罚措施。如印度就通过这种方法实现三方协商，协调劳资关系。有的国家组成劳资生产委员会，在该委员会中，政府机构、雇主组织和工会组织各派出相同的代表人数。劳资生产委员会定期讨论有关全国性的与经济和劳动问题相关的政策。还有的国家设立专门的工资委员会，由政府、雇主、工会组织三方组成，每年发布工资增长的意见，供企业工资谈判时参考。有的国家成立三方促进就业委员会，专门讨论促进就业、解决失业等问题。还有更多的国家在劳动争议处理机构中设立三方代表，或由三方人员组成。如调解委员会、仲裁委员会、劳资关系委员会等。各国的三方协商机构在工作中为了保证协商三方的合作，还制定了一些具体的规则，如协商正常进行规则、解决协商僵局规则、协商不成的处理规则等。

（二）协商前的准备

协商前的准备工作是三方协商的重要程序，无论是政府、雇主组织、工会组织进行三方协商，或是由政府组织雇主与工会进行谈判，都要事先做好各项准备。协商前准备工作的内容包括：（1）确定三方代表组织人数及组成方式；（2）约定协商内容并拟定协商方案；（3）确定具体的协商日期和地点；（4）协商内容的有关资料。有的国家在协商准备工作中还包括对各方代表的联络方式、各方代表的资格认定等内容。

（三）召开协商会议

经过一定阶段的准备工作后，三方协商机构按确定的日期召开协商会议进行协商。协商会议一般由三方选出主持者，或按三方机构的工作章程由三方代表轮流主持。三方协商会议过程中有两项重要的规则：一是三方权利对等规则。三方代表都有权发表自己的意见，提出自己的主张。二是共同合作规则。三方协商中，各方虽都有权发表意见，但在协商中必须考虑对方意见和共同利益，相互理解、相互妥协，以促进企业和职工共同发展为目标，不能以损害对方利益为条件。协商中，劳资双方任何一方不得有过激行为，不得相互攻击和采取不合作态度。协商会议中，如果出现事先未预料到的问题，三方可协商暂时中止协商，然后另行确定协商时间。每一次协商，如果形成一致意见，都要缔结协商协议。在西方国家，劳资双方集体协商谈判，政府一般也都介入，以促进双方达成协议。

三、政府在三方协商中的作用

各国政府普遍认为,在三方协商处理劳资关系的格局中,必须解决好政府、雇主和工会三者的相互关系、责任及作用问题。就劳资双方而言,都希望以自己的力量影响政府,因此,政府在三方协商中的地位和作用十分关键。从市场经济国家三方协商机制的实践看,政府的作用主要体现在以下几个方面:

(一)组织作用

政府是国家权力的执行机关,三方协商主要是在事关国家重大的宏观经济政策和对社会发展有重大影响的劳资关系的内容上共同讨论,政府的职责决定了其在三方协商中的主导地位和组织者身份。政府的组织作用具体包括:(1)政府在制定法律和重大经济政策,在调整劳动关系及相关劳动问题时,如制定工时制度、确定最低工资标准、劳动条件标准、劳动保护措施和社会保险福利制度等,都吸收并听取劳资双方的意见,组织劳资双方共同进行讨论。(2)对劳动力市场的宏观干预。主要是根据法律创造条件,采取措施,促进失业人员就业,制定消除就业歧视的政策和措施,对雇主的大量裁员进行干预等。(3)对劳资双方的协商谈判,采取直接介入和间接介入、主动介入和被动介入、争议前介入和争议后介入等方式,进行协商,促使劳资双方合作,达成协议。(4)实施劳动行政管理,全面规范劳资双方的行为。

(二)平衡作用

三方协商机制的确立和正常运行,不仅有赖于各方发挥积极有效的作用,更重要的是保持劳资双方力量的平衡。在三方协商格局中,真正形成利益冲突和对立的是劳资双方,而劳资双方的力量对比,一开始是劳方处于绝对劣势,但随着工会力量的不断壮大,特别是法律确认集体协商和集体合同制度以后,工会的地位进一步加强,资方面对的不再是单个的劳动者,而是一群劳动者,即以工会为代表的劳动者团体,因而劳资双方的力量对比发生了重大变化。当劳资双方在某一时期或某一问题上出现分歧,一方力量明显大于对方时,劳资关系的协商会困难重重,协商结果也不利于共同合作,这对于发展经济和安定社会都会产生消极影响。政府的作用就是采取强硬的调整措施，使双方力量保持平衡。特别是当劳工运动一旦危及到经济发展和雇主的利益时，政府往往会使用权力，对工会采取强硬措施，以平衡劳资关系。其方法一般情况下是介入劳资双方进行调停，只有在紧急情况下才采取强制手段。

（三）监督作用

现代社会中，政府对劳资关系的直接干预程度越来越小，而监督的作用越来越强。当劳资关系的调整进入劳资双方依法进行协商谈判、签订集体合同的时期以后，劳资双方的行为纳入了法制轨道，劳资关系的稳定具有了一定程度的法律保障。因而政府在三方协商格局中主要发挥监督作用。在许多国家，劳资双方协商签订集体合同后，要经政府有关部门依法予以确认，方能生效。其目的是通过政府确认来监督和指导集体合同的订立，确保劳资双方协商内容的公平、合理、合法、完备和可行。政府确认的方式为登记、备案、审查或批准。劳资双方协议或集体合同的履行，监督更是非常必要的。西方国家政府劳动部门都对劳资协商结果进行监督，而且设立专门机构进行控制。监督既包括日常对劳资双方履行协议情况的检查，也包括劳资双方对履行协议争议的处理和对违反协议一方的处罚。

（四）服务作用

从产业革命至今历经一个多世纪的发展演变，市场经济国家的劳资关系运行机制和三方协商的格局，逐渐形成了比较完善的制度和比较规范的体系，劳资双方的协商方式也发展成一种有序的组织行为，解决劳资纠纷的途径基本制度化、法律化。因此，政府在三方协商机制中主要的作用将成为一种服务关系，即政府要为劳资关系的协调创造条件和提供服务。政府服务的内容一般包括：（1）政府通过立法，建立完整的劳资关系法律体系，为劳资关系的法律调整提供依据，制定标准。（2）按照国际劳工组织1981年163号建议书的要求，政府部门对参加集体协商、集体谈判的劳资双方组织予以承认，并在谈判过程中提供必要的资料。（3）政府对劳资双方在建立劳动关系，进行合作方面给予指导帮助，提供中介、咨询服务，发布各种信息。（4）为劳资关系双方进行人员和业务培训，组织国际的合作与交流。

第三节　建立适合我国国情的三方协商机制

一、建立适合我国国情的三方协商机制的含义和特征

（一）适合我国国情的三方协商机制的含义

三方协商机制的形成和确立，是受一个国家经济体制和政治制度的制约的。我国是社会主义国家，实行社会主义市场经济。因此，在调整劳动关系方面，必须从我国国情出发，建立适合我国国情、具有中国特色的三方协商机制。

所谓建立适合我国国情、具有中国特色的三方协商机制，是指我国调整劳动关系的三方协商机制是在社会主义市场经济条件下进行的，它体现的是社会主义制度和市场经济规律的有机结合，遵循社会主义方向和原则。适合我国国情的三方协商机制包括以下基本含义：（1）我国社会主义制度下的劳动关系与资本主义劳资关系相比，政权性质不同、经济基础不同、反映意志不同、追求目标不同。虽然劳动关系领域的矛盾和问题大量存在，但它是在根本利益一致的基础上的局部矛盾，是非对抗性的。这是建立三方协商机制的社会基础。（2）我国还处在社会主义初级阶段，生产力发展水平比较低，城乡之间、地区之间经济发展不平衡。因此，以经济建设为中心，最大限度地解放和发展生产力，是三方协商机制全部活动的根本宗旨。（3）我国人口众多但素质不高，劳动力供大于求的状况短期内不会改变。在劳动关系中，劳动者的弱者地位明显。三方协商机制必须致力于保护劳动者的合法权益，提高劳动者的积极性。（4）我国三方协商机制既要具备市场经济国家三方协商的共同特征，与国际接轨；又必须符合我国劳动关系的现实，具有中国调整劳动关系的特色，从实际出发，实事求是。

（二）适合我国国情的三方协商机制应具有的特征

建立在适合我国国情基础上的三方协商机制，应具有以下特征：

(1) 三方协商机制的层次性。我国三方协商应形成国家级、地方或产业级、企业级三个层次。在国家级三方协商机制中，应由政府劳动行政部门的代表、全国总工会的代表、企业组织的代表，共同组成三方协商机构，商讨宏观经济政策和劳动领域的大事，制定法律法规，调整全国范围内的劳动关系。地方或产业级三方协商机制，可分为省、市、县三级层次，也分别由政府、工会和企业组织代表组成三方协商机构，协商调整本行政区域内的重大经济政策和劳动问题。产业层次是产业系统内部的协商机制，调整产业内部劳动关系。企业级三方协商机制由政府劳动行政部门、企业工会、企业组织各为一方代表，就企业劳动关系进行协商。(2) 三方协商机制的多样性。我国三方协商机制应具有多种多样的形式，不能是单一体制。三方协商应从劳动关系的实际出发，因地制宜。从三方协商机制的组成性质上，可分为公有制劳动关系的协调方式和非公有制劳动关系的协调方式；从三方协商机制协调劳动关系的内容上，可分为综合性协调机构和专门性协调机构，如工资协调委员会、劳动争议处理委员会等；从三方协商机制活动方式上，可分为固定组织机构和临时性组织机构，采取常设机构协调和非常设机构协调并举。(3) 三方协商机制的过渡性。我国正处在计划经济向社会主义市场经济转变的过程中，劳动关系领域的改革不断深化，三方协商劳动关系机制的机构、方式、内容、运行，必然伴随着经济体制改革的不断完善。三方协商机制体现出经济发展的阶段性和体制转换的过渡性。

二、我国三方协商机制中三方身份的定位

(一) 政府的身份定位

在我国三方协商机制中，政府的身份定位是：(1) 政府是国家利益的代表者和维护者。我国的社会主义市场经济体制，是以公有制为主体的市场经济。国有资产始终占主导地位，国家是国有资产的所有者，或者说是以国有资产为主的投资者。在劳资关系中，它最关心的是国家的利益。政府是国家权力的执行机关，政府必须通过对劳资关系的协调来维护国家利益，促进经济发展。在市场经济条件下，政府不再直接介入企业的经营管理，而是政企分开。政府的职责是对企业实施宏观管理，进行有效监督，防止国有资产流失，保证国有资产保值增值。三方协商中，政府一方的代表应当紧紧围绕促进生产力发展，在维护国家利益和社会进步等方面平衡劳动者与企业的关系，指导双方合作，保持劳动关系的协调和稳定。(2) 政府是劳动关系的政策制定者和宏观调控者。在市场经济条件下，经济运行和劳动关系主要依靠市场规律来调节，但市场经济的盲目性往往会对经济发展形成一定的破坏性，进而导致劳动关系的不稳定。因此，必须由国家进行宏观调控。在三方协商机制中，政府通过组织工会和企业方的代表采取民主协商的方式，研究解决经济发展和劳动关系领域的重大问题，促进劳动关系双方共同合作，可以避免市场经济的弊端对劳动关系的伤害，这对于劳动关系的和谐稳定和社会经济的健康运行具有重要作用。(3) 政府是企业和职工两个群体利益矛盾的调节者。在市场经济条件下，国家、企业和劳动者是不同的利益主体，在经济活动中各自有着不同的利益追求，因而难免产生矛盾和冲突。在三方协商机制中，政府通过一定的措施，把劳动关系双方各自的利益追求统一到国家利益这个大目标上来，使劳动关系双方形成共识，消除分歧，使矛盾得到解决。

(二) 企业组织身份定位

在我国，作为劳动关系一方的企业（资方）还没有真正意义上的雇主组织，现有的企业家协会还是一种官方机构，其主要功能是交流企业管理经验，组织开展企业家的联谊活动，而不能体现劳动关系中与劳方相对应的企业家利益集团的作用，不能作为企业一方的代表。因此，建立三方协商机制，应当建立一个具有广泛代表性的企业团体联合组织，这种能够代表企业利益的团体组织应当既符合现代国际通行规则，又具有中国特色，符合中国国情。其主要特征：(1) 企业组织应具有广泛的代表性，它是各类企业利益的代表者。(2) 企业组织应是独立的社会团体，具有独立的社团法人资格，依法独立开展活动。(3) 企业组织应能代表企业利益，与政府和工会共同协商劳动关系领域的问题。(4) 能为企业分析劳资关系发展趋势，帮助企业搜集劳资关系方面的信息，为企业提供劳资关系方面的咨询服务。(5) 能代表企业在地方（行业）和国家级进行协商谈判,签订集体合同。(6)能代表企业参加国际会议,开展国际间的合作与交流。

(三)工会的身份定位

工会是职工群众的代表。我国《工会法》《劳动法》《企业法》等法律对工会组织作为职工代表的身份和地位都给予了确认。在三方协商机制中,工会的身份和职能主要是:(1)维护职工群众的合法权益。工会维护职工群众的合法权益,包括维护职工的经济利益、劳动权利、民主权利等。其中维护职工的劳动权利是工会维护职工权利的核心部分,因为它是职工其他权益的基础。同时,工会还要维护职工的政治、社会、文化等方面的权利。(2)协调劳动关系。工会协调劳动关系是工会维护职工合法权益的主要方式和途径。在协调劳动关系中,工会不是第三人,而是职工一方的代表。工会要考虑国家和企业的利益,但其活动的出发点应当是职工的利益。工会协调劳动关系是以法律法规为依据,符合法律法规的要求。(3)工会代表职工进行集体谈判和签订集体合同。这是工会协调劳动关系的基本内容和方式。工会代表职工进行集体谈判和签订集体合同,主要是围绕劳动条件和劳动标准进行。在签订集体合同或是代表职工协商谈判时,工会应充分反映职工群众的意见和要求,既坚持原则,又保持合作。上级工会对下级工会或企业工会集体协商谈判和签订集体合同负有指导的责任和监督其履行的责任。(4)工会代表职工参与民主管理。工会代表职工参与民主管理,表现为参与企业的民主管理、参与行业与地方的民主管理、参与国家的民主管理等不同层次。工会参与企业的民主管理方式主要是通过职工代表大会制度、企业管理委员会制度、职工代表民主协商制度等实现。工会参与地方和政府的民主管理主要是与政府协商对话和各种参政议政活动来体现。在三方协商机制中,我国工会要以职工代表者的身份独立自主、有效地发挥作用,就必须从组织体制、运行机制、工作格局、活动方式等方面进行调整和改革,使工会组织真正实现群众化、民主化、法制化。

三、我国三方协商机制的运行

(一)我国三方协商机制的组织机构

中国劳动关系三方协商机制首先在部分省市进行试点,并取得积极效果。2001年8月,劳动和社会保障部、中华全国总工会、中国企业联合会/企业家协会三方在北京建立了国家一级协调劳动关系三方会议制度,开辟了政府、工会和企业组织在协调劳动关系方面加强三方沟通协调,相互理解、相互支持的重要途径,在劳动关系领域提供了一个全新的社会对话渠道和协调机制。

(二)我国三方协商机制的运行规则

三方协商的组织机构可分为国家级和地方级。

三方会议由劳动和社会保障部、中华全国总工会、中国企业联合会/中国企业家协会三方组成。劳动和社会保障部领导担任主席,中华全国总工会和中国企业联合会/中国企业家协会领导担任副主席。各方确定相对固定的部、室的人员参加三方会议。根据每次会议的议题,由各方确定参会人员,根据议题的重要程度,可请三方主要负责人出席,也可由有关司局负责人召开会议。根据议题涉及的具体内容,可邀请其他有关部门、非三方成员单位或有关研究机构的人员参加。

国家协调通过召开会议形成会议纪要或会签下发文件来协调解决劳动关系问题。三方会议原则上每季度召开一次,如有需要,可临时召开会议。会议主要有定期会议、办公室会议、临时会议等形式。国家协调劳动关系三方会议确定的目标是,促进政府劳动保障部门、工会组织和企业联合会之间的相互了解和良好合作,有效协调劳动关系。按照这一目标,国家协调劳动关系三方机制的职能作用主要是咨询、协调、指导和服务,并推动地方在三方机制建设中,明确职责任务,规范工作制度。

国家协调劳动关系三方会议主要履行以下职责任务:一是研究分析经济体制改革政策和经济社会发展计划对劳动关系的影响,提出政策意见和建议;二是通报交流各自协调劳动关系中的情况和问题,研究分析全国劳动关系状况及发展趋势,对劳动关系方面带有全局性、倾向性的重大问题进行协商,形成共识;三是对制定并实施涉及调整劳动关系的法律、法规、规章和政策提出意见和建议;四是对地方建立三方协商机制和企业开展平等协商，签订集体合同、劳动合同等劳动关系协调工作进行指导、协调，指导地方的劳动争议处理工作，总结推广典型经验；五是对跨地区或在全国具有重大影响的集体劳动争议或群体性事件进行调查研究，提出解决的意见和建议。

三方协商的主要内容：一是推进和完善平等协商、集体合同制度以及劳动合同制度；二是企业改制改组过程中的劳动关系；三是企业工资收入分配；四是最低工资、工作时间和休息休假、劳动安全卫生、女职工和未成年工特殊保护、生活福利待遇、职业技能培训等劳动标准的制定和实施；五是劳动争议的预防和处理；六是职工民主管理和工会组织建设；七是其他有关劳动关系调整的问题。

三方在协商过程中，遵循以下原则：合法、公正、及时的原则；相互理解、信任、支持、合作的原则；兼顾国家、企业、职工三方利益的原则；平等合作和协商一致的原则。

地方三方协商机制的组织机构仿效国家级组织机构设立。

（三）我国三方协商机制在企业的运用

一般来说，企业一级的集体协商并不作为三方协商的直接构成级别，而只是作为国家、地方和产业一级协商的基础和相关内容。但目前企业一级集体协商越来越被人们所关注，并作为三方协商的直接内容加以研究和实施。企业集体协商的直接主体是雇主和工会，政府部门一般不直接参与，但在协商过程中产生争议的时候，政府部门也会出面调解。企业一级协商主要有两种形式，一种是企业集体谈判，另一种是集体谈判之外的双方就企业的有关涉及劳动关系的问题进行灵活接触和协商，有时会涉及企业经营和发展的有关问题。在我国，劳动法规定"企业职工一方与企业可以就劳动报酬、工作时间、休息休假、劳动安全卫生、保险福利等事项，签订集体合同"。目前，企业一级集体协商已经普遍开展起来，特别是在大中型国有企业，工会可以随时就职工关心的问题与企业管理方进行对话与协商，一些开发区或科技园区还开展区域性企业协商，较好地维护了职工合法权益和争取应有的权利。在一些中小企业或私营企业，集体协商的进展还比较慢，职工权益得不到很好的维护，劳动关系矛盾比较突出。在这些企业大力推行集体协商将是国家三方今后工作的重点之一。

　　三方协商机制在企业的运用需把握三个问题：（1）三方协商机制在企业的运用应着眼于持久调动职工群众的积极性。企业活力的真正源泉是职工群众的积极性和创造性。劳动者是现代生产力中最重要、最活跃、最具能动性的因素，先进的科学技术需要劳动者去创造，而且只有当劳动者把它运用于生产过程的时候，科学技术才会转化成现实的生产力。只有千方百计地维护职工的合法权益，调动和发挥劳动者的积极性和创造性，才能促进生产力的发展。人的主观能动性的发挥是一个复杂的心理调节过程，极易受外界各种因素的影响。运用三方协商机制调整企业劳动关系，可以使职工与企业的利益冲突实现统一，解决职工最关心的问题，使企业劳动关系和谐稳定，从而最大限度地解放和发展生产力。（2）平等协商和签订集体合同是三方协商机制在企业运用的基本方式。平等协商和签订集体合同制度是在市场经济条件下劳动关系的矛盾协调过程中产生的，它使企业劳资间的力量对比相对处于比较平衡的状态，从而也使劳动关系相对比较稳定，所以已成为市场经济国家普遍实行的劳动法律制度。由于平等协商和签订集体合同对于调整企业劳动关系，本质上是劳动者与企业合作的一种方式，而不是对抗的手段，因而完全符合我国的国情，是建立现代企业制度的客观需要。我国在向市场经济体制的过渡过程中，特别是在实行现代企业制度的形势下，劳动关系双方作为利益主体的身份开始明晰化，政企分开后企业成为独立的经济组织，劳动关系的运行也逐步走向市场。因此，企业中平等协商和签订集体合同的条件已经具备。在企业进行平等协商和签订集体合同，应当坚持主体独立、权利对等、职工一方由工会代表和双方合作的原则。（3）政府在企业平等协商和签订集体合同关系中应发挥重要作用。我国和发达的市场经济国家不同，在企业平等协商和签订集体合同中，政府的干预和介入不仅不能少，而且应适度加强。政府在企业平等协商和签订集体合同关系中的作用主要表现在：（1）指导和调控。政府通过制定法律法规，对平等协商和签订集体合同的内容、原则、程序、形式等予以规范，并监督企业和工会（劳动者）认真执行。（2）对企业平等协商和签订集体合同的过程直接介入，予以干预。政府运用法律和行政手段，推进平等协商和签订集体合同制度的实施，对集体合同进行登记、备案和审查，处理集体合同争议等。

本章小结

1. 三方协商是指由政府、雇主、劳动者三方代表，根据一定的议事规则或程序，通过特定的形式开展协商谈判而形成的共同参与决定、相互影响、相互促进、相互制衡的一种制度。

2. 从三方协商机制的各方构成和运行实践看，具有四个方面的明显特点：三方主体的独立性，主体权利的对等性，协商过程的民主性，协商目的的合作性。

3. 政府、工会（劳方）、雇主协会（资方），是构成三方协商机制的三个独立的主体。政府作为三方协商机制中的一方代表，最主要的是关心国家利益和维护社会的安定，并促进其得到完美的体现。工会是劳方的代表，以维护和改善工人的劳动条件，提高工人的经济地位，保护工人的权益为目的。雇主协会是雇主一方的代表，旨在代表、维护和增进雇主在劳动关系中的共同利益而与工会抗衡和交涉的团体。

4. 从市场经济国家三方协商机制的实践看，政府的作用主要体现在以下几个方面：组织作用，平衡作用，监督作用，服务作用。

5. 所谓建立适合我国国情、具有中国特色的三方协商机制，是指我国调整劳动关系的三方协商机制是在社会主义市场经济条件下进行的，它体现的是社会主义制度和市场经济规律的有机结合，遵循社会主义方向和原则。建立在适合我国国情基础上的三方协商机制，应具有三方协商机制的层次性、多样性和过渡性的特征。

6. 我国三方协商的组织机构可分为国家级和地方级。国家级三方会议由劳动和社会保障部、中华全国总工会、中国企业联合会/中国企业家协会三方组成。

思考题

1. 什么是三方协商？它具有哪些特点？
2. 三方协商机制的作用是什么？
3. 政府在三方协商中的作用有哪些？
4. 建立适合我国国情的三方协商机制应具有哪些特征？

第七章

劳动标准

学习目标

通过本章学习，了解劳动标准的基本概念、主要内容，劳动标准工作在劳动保障领域的基础作用以及我国劳动标准工作的现状及发展趋势。

劳动关系

第一节　劳动标准及劳动标准体系概述

一、劳动标准概念

（一）标准概念

标准的概念有狭义和广义之分，狭义的标准是指与标准化相联系的标准概念。《标准化基本术语　第一部分》（GB 3935.1—83）中对标准的定义是："标准是对重复性事物或概念所作的统一规定。它以科学、技术和实践经验综合成果为基础，经有关方面协商一致，由主管机构批准，以特定形式发布，作为共同遵守的准则和依据。"根据国际标准化组织及我国国家标准化机构最新给出的概念，标准是指："为了在一定的范围内获得最佳秩序，经协商一致制定并由公认机构批准，共同使用的和重复使用的一种规范性文件。"按照上述定义，狭义标准的内涵为：

首先，标准是对事物或行为所做出的规定、准则，这些规定或准则用在特定领域，要求有关人员共同遵守。

其次，标准的制定方式具有规定性，表现形式具有规范性。即标准需经有关部门制定，经有关主管机构的批准，并以特定的形式发布。换言之，未经批准而制定的就不是标准。

第三，标准的对象是重复性事物或概念，这是标准对象的最重要、最基本的特征。即标准的对象是可以重复出现的事物和概念，或者人们重复进行的工作，只有具备重复出现的特性，才有制定标准的必要，非重复性事物和概念不得作为制定标准的对象。

第四，标准制定的依据具有科学性。即强调制定标准要以科学、技术和实践经验的综合成果为基础。

第五，标准实施具有明确的目的性。即在给定范围内追求最佳秩序，以提高效率并获得最佳经济、社会效益。

概括而言，狭义的标准主要是指根据统一的技术要求，由有关方面协商一致并经标准化机构批准，以特定形式发布的关于产品和生产过程中应共同遵守的准则和依据。

广义的标准是"衡量事物的准则"或"根据权威、习惯或普遍一致的意见而被建立起来，作为一种应当仿效的典范或样板的某种东西"。广义标准的内涵可以归纳为四方面内容：

首先，标准同样是对事物或行为所做出的统一规定、准则或衡量依据。

其次，这些规定、准则或衡量依据可以是定量的（如事物的重量、质量、长度等量化的东西），也可以是定性的（如约定俗成的关于事物或行为的水平、程度等的描述性范畴）。

第三，这些规定或者准则的制定方式是多种多样的，既可以依据权威制定标准，也可以依据习惯或普遍一致的意见制定标准；可以是强制性的即要求必须遵守的，也可以是约定俗成的即虽然被提倡仿效但不具有强制性。

第四，标准的对象是客观的，即"事物"——"客观存在的一切物体和现象"，其范围非常宽广，包括自然界和人类社会的各个方面都可以根据需要作为制定标准的对象范围。

（二）劳动标准的概念和内涵

1. 概念

劳动标准的概念也有狭义和广义之分。狭义的劳动标准是对劳动领域内规律性出现的事物或行为进行规范，以定量的形式（如数据）做出的统一规定，诸如最低工资、劳动者每日工作时间不超过 8 小时以及平均每周工作时间不超过 40 小时的工时制度、劳动者试用期最长不超过 6 个月、女职工生育享受不少于 90 天的产假等称为劳动标准。狭义的劳动标准概念侧重于可量化标准。

广义的劳动标准内涵除了包含狭义的劳动标准内涵之外，还包括那些劳动领域的定性规范以及更宽泛的描述性规定。广义的劳动标准可以覆盖更宽泛的劳动领域内容。

劳动标准可定义为：劳动标准是指对劳动领域内的重复性事物、概念和行为进行规范，以定性形式（如文字描述）或者以定量形式（如数据、图表）所做出的统一规定。它以涉及劳动领域的自然科学、社会科学和实践经验的综合成果为基础，经有关方面协商一致并决定，或由有关方面批准，以多种形式发布，作为共同遵守的准则和依据。

2. 劳动标准概念的内涵

第一，劳动标准是对劳动者、劳动过程、劳动条件和劳动关系以及相关管理活动等方面的重复性事物、概念和行为作出的统一规定。所谓"重复性"，是指同一事物、概念和行为反复多次出现的性质，比如任何劳动者进行同类劳动都需要具备相应劳动能力和劳动技能；又如流水线作业的劳动者千百次从事同一项劳动；再如同类恶劣自然条件下引发安全事故的客观因素是一样的；还如所有劳动者与用人单位建立劳动关系，其程序都是重复出现的等等。劳动标准就是对这些重复出现的事物、概念和行为，找出其规律性并作出的统一规定。非重复性事物、概念和行为，即使作出规定，也不是劳动标准。

第二，劳动标准的制定方式是多种多样的。由于劳动标准对象种类较多，既有自然属性，又有社会属性，其自然属性又与人体有关，不同于产品类标准的对象只具有自然属性中的物理、化学等性质，因而不能采用单一方式制定，尤其不能单一地采用技术办法制定劳动标准。而必须从劳动标准对象的多样性和复杂性出发，对不同类型的劳动标准对象采取不同的制定标准的方式。有的由立法机关制定，比如关于劳动者基本权益保障的劳动标准；有的由标准化机构制定，比如劳动安全卫生标准；有的由劳动关系双方协商制定或者由用人单位一方制定，比如集体合同中的有关劳动标准，企业规章制度中的有关劳动标准等。

第三，劳动标准的制定以劳动领域的自然科学技术和社会科学及其实践经验为基础。进入21世纪，劳动工具自动化程度越来越高，劳动者与劳动资料相结合的程度、程序也越来越科学，劳动力素质也日益提高，劳动关系的建立和调整的经验也越来越丰富，有关劳动科研理论也日益成熟。这些都为劳动标准的制定提供了科学的理论和实践的基础。

第四，劳动标准的表现形式是多种多样的。由于劳动标准对象和劳动标准制定方式的多样性，使劳动标准的表现形式不同于工业标准所规定的"以特定形式发布",而必须根据劳动标准对象的不同性质以及制定标准的不同方式,分别确定其不同的表现形式。有的采取劳动法律、法规规范性文件的表现形式,有的采取国家标准规范性文件的表现形式,有的采取劳动关系双方签订契约的表现形式,有的采取用人单位规章制度的表现形式;而且既可以采用定量的、以数据明确劳动标准的表现形式,也可以采用定性的、以文字描述劳动标准的表现形式。

第五,劳动标准的作用方式也是多样化的。劳动标准既有强制性作用,比如劳动法律、法规中规定的劳动标准,国家标准化机构批准的强制性劳动标准都具有法律约束力,有关方面必须遵照执行;劳动标准又具有非强制性作用,比如国家标准化机构推荐的劳动标准就没有强制性,只提倡、鼓励有关方面执行;又比如企业规章制度中规定的劳动标准,虽没有法律强制力,但具有约束力,要求企业内部有关方面和人员执行。

第六,劳动标准实施的目的是明确的。它既与广义、狭义标准概念有关内涵相衔接,同时又有自己的一定特殊性。一方面,劳动具有自然属性,要处理好人与自然的关系,劳动标准制定、颁布和实施的目的在于使劳动过程更加科学、合理,劳动力资源得到优化有效配置,劳动效率更高,创造更多的社会财富;另一方面,劳动具有社会属性,要处理好劳动过程中人与人的社会关系。由于劳动力市场上劳动者一般处于弱势地位,因而劳动标准制定、颁布、实施的目的还必须包括维护劳动者的基本权益,协调处理好劳动关系,使劳动关系"获得最佳秩序"。此外,还要有利于劳动者劳动能力、劳动技能的提高,人力资本价值的开发和提升等。只有包括以上几方面内容,才能充分体现制定、颁布、实施劳动标准的目的性,才能使劳动标准的实施取得最好效果。

综上所述,我们可以得出以下结论:劳动标准的内涵与广义标准的内涵基本一致,并被涵盖于广义标准概念的内涵之中;劳动标准的制定、颁布、实施活动与标准化概念给定的活动范围基本一致,并被涵盖在其范围之中;但劳动标准的内涵要宽于与标准化相联系的狭义标准概念的有关内涵,特别表现在其对象范围涉及人与人的关系中的重复性概念、事物和行为,其标准制定方式、表现形式等涉及社会科学领域,具有社会属性等方面。

3. 劳动标准的对象范围

劳动标准是在以机器大工业为基础的生产劳动中产生并逐步发展起来的。生产劳动是一种复杂的社会活动,它离不开劳动者和劳动过程,也离不开为劳动者提供符合当时经济发展水平和社会进步程度所必要的劳动条件,还必然在生产劳动中形成相应的劳动关系,并由此产生相关的管理活动。这些都是劳动标准的对象范围。概括起来包括五个方面。一是劳动者及其智力和体力的运用;二是劳动者使用各种劳动工具以及其他辅助劳动资料加工、改造劳动对象的过程;三是为劳动者提供必要的劳动条件;四是在劳动过程中形成的劳动关系,包括用人单位与劳动者双方的权利、义务及其劳动关系变动和调整;五是政府有关部门以及中介机构对劳动力市场进行管理等有关活动。在此基础上,劳动标准的对象范围可以划分为 10 个方面的重复性事物、概念和行为。一是劳动者的劳动能力、从事某项劳动的技能以及人力资本价值,属于劳动者先天的自然禀赋和后天通过学习、实践积累形成的能力,兼有人与物和人与人关系的性质;二是劳动者在劳动中执行的生产、工作规程和岗位劳动规范;三是劳动力资源在劳动过程中的配置;四是劳动者完成劳动数量、质量的计量;五是劳动安全卫生、劳动环境等方面的劳动保护条件;六是劳动者基本劳动权益的保障;七是劳动关系的建立;八是劳动关系的调整;九是政府有关部门管理劳动力市场、协调处理劳动关系等的活动;十是有关中介机构参与调节劳动关系以及为劳动力市场运行提供有关服务的活动。以上二至五方面属于人与物的关系性质,六至十方面属于人与人的社会关系性质。详见图 7—1。

4. 劳动标准类型

劳动标准框架可以从多种角度观察分析。从劳动标准种类划分,包括就业标准、工作条件标准、劳动关系调整标准、职业安全卫生标准、职业技能标准、社会保障标准、劳动行政管理标准等;从劳动力市场运行程序划分,包括进入劳动力市场标准、劳动力市场运行标准、退出劳

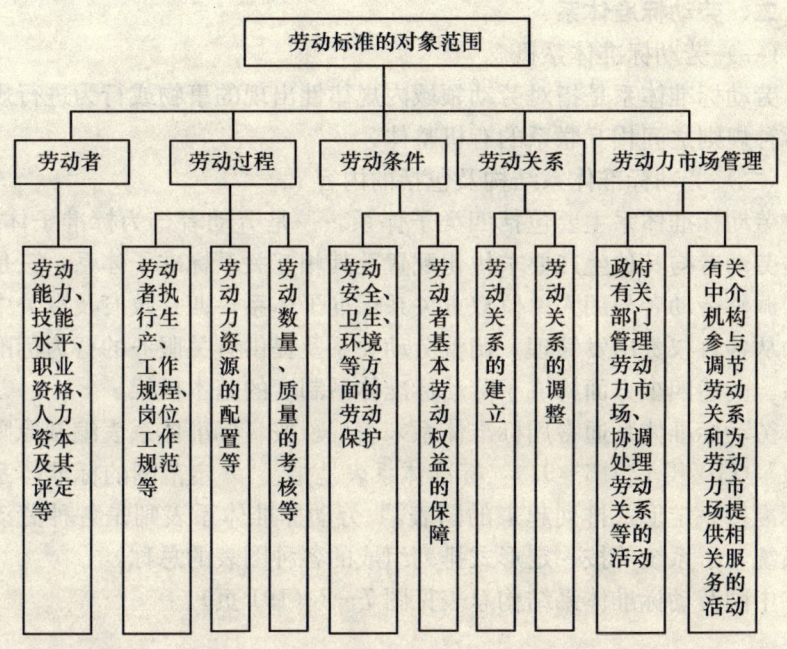

图 7—1 劳动标准对象范围图

动力市场标准和维护劳动力市场运行秩序标准等四方面标准;从标准类型划分,包括法规类、技术类和规范类三类标准;从标准制定、修订层次划分,包括国家标准、地方标准、行业标准、企业标准四个层次;从标准作用划分,包括社会标准和自然性标准。

按照标准类型划分,劳动标准体系包括法规类、技术类和规范类三类标准。其中法规类标准是指劳动法律、法律中有量化规定或具体程序规定的部分,劳动法律、法规中其他部分不属于劳动标准范畴。技术类标准通常指以各种标准形式发布的、可以量化的各种标准。规范类劳动标准是指劳动关系双方协商达成或用人单位自行制定的有关员工工作程序、劳动行为等的规章制度,它属于用人单位的自律性规定。

二、劳动标准体系

（一）劳动标准体系概念

劳动标准体系是指对劳动领域内规律性出现的事物或行为进行规范的各种规则之间相互联系的有机整体。

（二）劳动标准体系结构及包括的内容

劳动标准体系主要包括四类子体系。一是劳动者行为标准子体系；二是劳动者与其他生产要求优化配置及其相互关系标准子体系；三是确立、调整劳动者与用人单位双方关系标准子体系；四是政府及有关中介机构从各自权责出发管理、调整劳动关系及提供有关服务的行为标准子体系。上述四个方面构成了劳动标准体系制度的基本框架。

劳动标准体系通常用标准体系来表现。按《标准体系表编制原则和要求》（GB/T 13016—91），标准体系表是指："一定范围的标准体系内的标准按一定形式排列起来的图表。"劳动标准体系表则是各种劳动标准系统、子系统等按一定形式排列组成的各种图表的总称。

中国劳动标准体系结构总表见图7—2（191页）。

第二节 国际劳工标准

一、国际劳工标准及概述

（一）国际劳工标准概念及特点

1. 国际劳工标准

国际劳工标准，实际上就是国际劳动立法，是指国家之间订立的大家共同遵守的处理劳动关系以及与之相关的一些关系的准则。

国际劳工标准是由国际劳工组织制定的。国际劳工组织成立于1919年，当时有42个会员国。第二次世界大战结束后的1946年，国际劳工组织同联合国签订协议，成为联合国的一个专门机构，在联合国系统里被赋予对劳动和社会问题担负特殊的责任，目前已有175个会员国。国际劳工组织成立后，把制定国际公认的、关于处理劳动关系以及

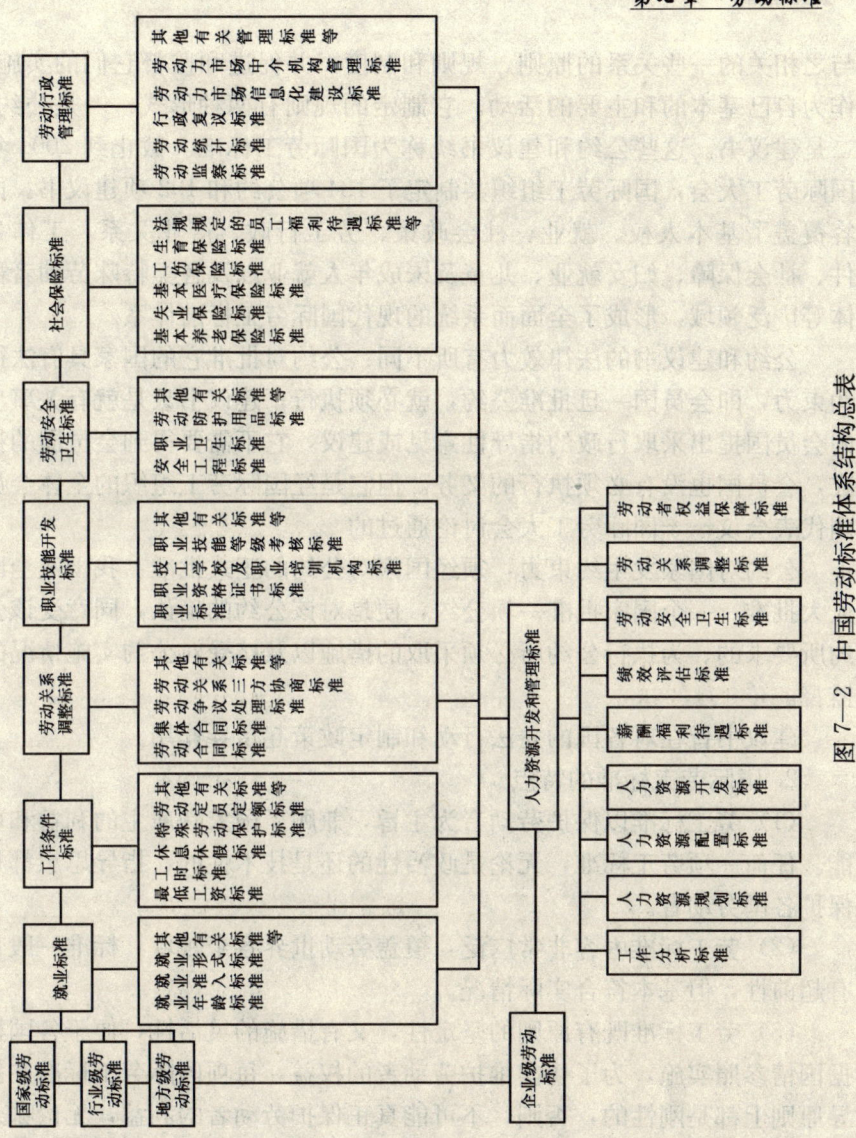

图 7—2 中国劳动标准体系结构总表

与之相关的一些关系的原则、规则和制度,并促进和监督它们的实施,作为自己基本的和主要的活动。它制定的规则有两种形式:一是公约;二是建议书。这些公约和建议书统称为国际劳工标准。截止到2001年国际劳工大会,国际劳工组织共制定了184项公约和192项建议书。内容覆盖了基本人权、就业、社会政策、劳工行政、产业关系、工作条件、社会保障、妇女就业、儿童及未成年人就业以及各类特殊劳动者群体等广泛领域,形成了全面而系统的现代国际劳工标准体系。

公约和建议书的法律效力有所不同:公约对批准它的国家具有法律约束力,即会员国一旦批准公约,就必须执行;建议书只是就有关事项向会员国提出采取行政的指导性意见或建议,它不需要得到会员国的批准,会员国也没有必须执行的义务。但它是经国际劳工组织的全体会员国代表会议——国际劳工大会讨论通过的

公约对国家发生约束力,须经国家对公约的正式批准,我国经全国人大批准。一个国家批准一项公约,便是对该公约的确认,同意受该公约所要求的、为执行公约所必须采取的措施以及接受对公约实施情况的监督。

建议书旨在对各国的立法行动和制定政策起指导作用。

2. 国际劳工标准的特点

(1) 劳工标准以保护劳动者为主旨,兼顾了国家和雇主的利益和可能。任何一项劳工标准,无论是政治性的还是技术性的,指导思想都是保护各国劳动者。

(2) 劳工标准内容非常广泛,覆盖劳动世界各个领域,标准一般带有超前性,但基本符合实际情况。

(3) 劳工标准既有原则的坚定性,又有措施的灵活性,便于各国根据国情参照实施。为了切实维护劳动者的权益,每项国际劳工标准在指导原则上都是刚性的,否则,不可能真正保护劳动者的利益,无论哪个国家批准后违背了原则,都要通过监督机制加以追究。但考虑到不同国家的情况,特别是发达国家与发展中国家之间的差距,劳工标准规定的措施大都包含一定灵活性,有的灵活性寓于条款本身,有的则分出高低

两个层次,以便各国参照实施。

(4) 劳工标准一方面对公约批准国发生效力,更重要的是所有标准对所有国家劳动立法均有规范指导作用。劳工标准包括公约和建议书,因此,劳工标准发生作用的方式分为直接效力和间接效力两种。直接效力指公约批准国对该公约承担的义务以及核心公约包含的基本原则对全体会员国的约束力;间接效力指全部公约和建议书对全体会员国的规范指导作用。随着经济全球化的进展,这种间接效力将越来越突出。

(5) 作为时代的产物,少数人权公约带有意识形态的局限性。

(二) 国际劳工标准的制定

国际劳工组织的主要机构是国际劳工大会、理事会和国际劳工局。

国际劳工大会即会员国代表大会,是国际劳工组织的权力机构,由全体会员国政府、雇主和工人代表按 2∶1∶1 的比例组成,每年举行一次。

国际劳工组织的理事会由 56 名三方理事组成,其中代表政府的成员 28 名,代表工人和雇主的成员各 14 名。代表政府的成员中有 10 国理事不需要经过选举,是常任的,我国是国际劳工组织的常任理事国之一,其余 18 国由出席大会的会员国政府代表选举确定。

国际劳工局是国际劳工组织的常设秘书处,也是国际劳工组织的执行机构。

国际劳工标准通过三方性的民主程序制定。这种三方性,使得工人代表和雇主代表能够同政府代表处于平等的地位参与该组织所有问题的讨论和决策,体现了对劳动关系当事人、各方的尊重和谋求通过协商讨论达成共识的意愿。三方性原则充分兼顾到劳动关系双方,同时也便于付诸实施。

拟就某一议题制定国际劳工标准,须由国际劳工局向理事会提出建议,同时就制定国际标准已具备的条件、各国的实际情况作出说明,由理事会做出制定标准的决定。然后由国际劳工大会设立的专题委员会审议通过标准,最后提交全体大会投票表决,表决结果达到 2/3 多数票赞成,新标准即宣告通过。

二、国际劳工标准的主要内容及我国批准国际劳工标准情况

（一）国际劳工标准的分类及主要内容

国际劳工组织将全部劳工标准按内容分为14大类，每类包括若干主题及数量不等的公约和建议书。具体如下：

1. 基本人权类：包括结社自由、禁止强迫劳动、机会均等和待遇平等20余项标准。

这部分标准在整个劳工体系中占有突出重要的地位，其中8个基本人权公约，是国际劳工组织近年来着力推动的公约。这8个公约是：

（1）《结社自由和组织权利公约》（第87号公约，1948年第31届国际劳工大会通过）强调工人和雇主享有结社自由权利，这是所有公约中最重要的一个。国际劳工组织认为，劳动者的结社权利是其他所有权利的基础和保证，只有首先确保结社自由这一劳动者的基本政治权利，才能使其他劳工权利成为可能。

（2）《组织权利与集体谈判权利公约》（第98号公约）同87号公约一样，都是为了保障工人的结社，即组织和开展工会活动的权利。不同之处在于，87号公约针对的是政府，要求政府实行结社自由原则；而98号公约针对的主要是雇主，规定雇主不得因工人领导和开展工会活动而对其采取解雇等不利措施。

（3）《强迫劳动公约》（第29号公约，1930年国际劳工大会通过）要求批准国在尽可能短的时期内完全废止使用一切形式的强迫劳动。

（4）《废除强迫劳动公约》（第105号公约，1957年国际劳工大会通过）与29号公约相比，对禁止强迫劳动或义务劳动在范围上更广泛，要求上更严格，不留任何余地。

（5）《最低年龄公约》（第138号公约）的基本原则是全面废除童工劳动，该公约规定许可就业的最低年龄为15岁。我国已批准了138号公约。

（6）《最恶劣形式的童工劳动公约》（第182号公约）旨在从首先消除最恶劣形式的童工劳动开始，推动全球禁止童工劳动。公约提出的开展禁止童工劳动斗争的方针得到各国普遍支持，批准公约数量在短短两

年内达到 100 多个，创造了劳工组织的批准公约的最高记录。我国已于 2001 年批准了 182 号公约。

(7)《同酬公约》(第 100 号公约) 规定在劳动报酬方面实行男女同工同酬原则。男女同工同酬作为一项劳工基本权利也得到各国普遍承认，批准本公约的国家已达到 150 多个。我国已批准了 100 号公约。

(8)《歧视（就业和职业）公约》(第 111 号公约) 旨在促进在就业和职业方面对劳动者的平等机会和待遇，公约要求各国制定和实行旨在消除就业和职业方面任何形式的歧视的国家政策。目前批准本公约的国家有 150 余个。

2. 就业类：包括就业政策、就业服务机构、职业指导和培训、残疾人职业康复和就业保障等 4 个方面标准。

在就业政策方面的标准主要是 1964 年通过的《就业政策公约》(第 122 号公约)，公约为各国制定就业政策提供指导，提倡充分的、生产性的和自由选择的就业。

在就业服务方面的主要标准是 1948 年通过的《就业服务公约》(第 88 号公约)，公约的主旨是促进建立免费的公共职业介绍机构。

在职业指导和职业培训方面的主要标准是 1975 年通过的《人力资源开发公约》(第 142 号公约)，目的是帮助会员国制定和实施职业指导与职业培训政策及计划。

在残疾人职业康复与就业方面的标准主要是 1983 年通过的《(残疾人)职业康复与就业公约》(第 159 号公约)，目的是促进残疾人在充分参与和平等的条件下获得适当的就业机会。

3. 社会政策类：包括 2 项标准。

4. 劳动行政管理类：包括一般规定、劳动监察、劳动统计及三方协商等 10 余项标准。

一般规定方面的主要标准是 1978 年国际劳工大会通过的《劳动行政管理公约》(第 150 号公约)，公约要求建立有效的劳动行政管理机构，规定了劳动行政管理的职能及劳动行政管理系统的人员构成，要求对其职能和责任进行适当协调。

劳动关系

劳动监察方面的主要标准是 1947 年国际劳工大会通过的《(工业和商业)劳动监察公约》(第 81 号公约)和 1969 年国际劳工大会通过的《(农业)劳动监察公约》(第 129 号公约),公约对工作场所及农业部门的劳动监察问题作出了规定。

劳动统计方面的主要标准是 1985 年国际劳工大会通过的《劳动统计公约》(第 160 号公约),公约要求凡是批准本公约的国家应建立劳动统计制度,定期收集、汇编和公布基本的劳动统计数据,这种统计根据本国资源状况逐渐扩大范围。

三方协商方面的主要标准是 1976 年国际劳工大会通过的《(国际劳工标准)三方协商公约》(第 144 号公约),公约旨在通过政府、雇主和工会三方协商,促进国际劳工标准的贯彻实施。

5. 劳动关系类:涉及集体谈判、自愿调解与自愿仲裁、在企业事业单位的协商与合作、在产业和全国一级的协商与合作及申诉审查等内容。

在集体谈判方面,为了进一步推广集体谈判达成集体协议的做法,国际劳工大会在《组织权利和集体谈判权利公约》(第 98 号公约)的基础上,1981 年通过的《集体谈判公约》(第 154 号公约),要求各国采取符合国情的措施促进集体谈判。

在自愿调解与自愿仲裁方面,国际劳工大会通过了《自愿调解与自愿仲裁建议书》(第 92 号建议书),要求各国为了有助于预防和解决工人与雇主之间的劳动争议,应当建立适合国情的自愿调解机构。

在企业事业单位的协商与合作方面,1952 年国际劳工大会通过了《在企业事业单位的合作建议书》(第 94 号建议书),规定应当采取步骤促进企业事业单位的雇主与工人之间就互相关心的事务进行协商与合作。

在产业和全国一级的协商与合作方面,1960 年国际劳工大会通过了《(产业和全国一级)协商建议书》(第 113 号建议书),提出应采取适合国情的措施,在产业和全国一级,促进政府当局与雇主组织、工人组织之间以及雇主组织同工人组织之间就互相关心的事务进行有效的协商与合作。

在申诉审查方面,1967年国际劳工大会通过了《申诉审查建议书》,规定任何认为自己受到不公正待遇的工人应有权(个人或联合他人)提出申诉并得到审理。

6. 工作条件类:包括工资、一般就业条件、职业安全卫生及社会服务等近70项标准。

(1) 工资与报酬方面:包括最低工资、对工资的保障等方面标准。

国际劳工组织在1928年制定了有关最低工资的第一批国际劳工标准,即第26号公约和第30号建议书。在此基础上,1970年国际劳工大会进一步通过了《最低工资确定公约》(第131号公约),规定凡是批准公约的国家都有义务建立最低工资制度,这个制度覆盖一切类别的工资劳动者,同时规定对不执行者应当给予适当的惩罚或者制裁。

在工资保障方面,1949年国际劳工大会通过了《保护工资公约》(第95号公约),旨在保障工人按时得到其应得的全部工资,保障工人享有使用其工资的充分自由权,以及不容许对工人的工资进行任何非法的扣除或扣留。

《保护工人债权(雇主破产情况下)公约》(第173号公约)规定,当企业破产或依法清算时,该企业雇佣的工人应当被作为特殊优先清偿的债权人。

(2) 工时、休息和休假方面:包括工作时间、每周休息及休假等方面的标准。工时、休息和休假是劳动者最基本的权利之一,历来受到国际劳工组织的关心和重视。

工时方面,1919年第一届国际劳工大会通过的第一个国际劳工公约便是工时公约——《工时(工业)公约》(第1号公约),这项公约把8小时工作日和48小时工作周确定为国际公认的工时标准。1962年国际劳工组织又通过《缩短工时建议书》(第116号建议书),根据形势的发展,提出如何实现逐步缩短工时的实际措施和方法,同时试图有助于以前通过的关于工时国际劳工标准的付诸实施。

休息方面,1921年国际劳工大会通过了《每周休息(工业)公约》

（第14号公约），规定劳动者每7日内应享有至少连续24小时的休息时间。1957年又通过了《（商业与办公室）每周休息公约》（第106号公约），将适用范围进一步扩大到所有在公共和私营商业单位就业的人员，主要是从事办公室工作的企业事业单位、机关团体、行政部门的工作人员。

休假方面，1936年国际劳工大会通过了《带薪休假公约》（第52号公约），对于各国实行有工资的年休假制度是个有力的推动。1970年，国际劳工大会通过了《带薪休假公约（修订本）》（第132号公约），规定除海员和少数特殊类别的人员外，所有就业者都应享受不少于3周的带薪年休假。

1974年，国际劳工大会又通过了《带薪教育假公约》（第140号公约），旨在推动各国实行带薪在职学习制度，允许工人在就业后继续接受教育和培训，提高劳动者素质。

7. 社会保障类：包括综合标准、不同险种保护等30余项标准。

国际劳工组织制定的关于社会保障问题的众多国际劳工标准中，最基本的是1952年国际劳工大会通过的《社会保障（最低标准）公约》（第102号公约）。这项公约确立了把社会保障作为一种普遍性的制度加以实行的原则，并把社会保障界定为9类：医疗、疾病、伤残、养老、失业、工伤、家庭、生育和遗属等，并规定了每一事项最低限度的补助标准。

1962年国际劳工大会还通过了《（社会保障）同等待遇公约》（第118号公约），规定给予外国工人与本国工人同等的社会保障待遇。

1982年国际劳工大会通过了《维护社会保障权利公约》（第157号公约），要求有关国家通过订立双边或多边国际协定，解决因劳动者跨国就业或移居国外而发生的保持社会保障权利问题。

8. 妇女就业类：包括生育保护、夜间工作及井下作业等。

生育保护方面，早在1919年第1届国际劳工大会时就通过了涉及女工产前和产后就业的《保护生育公约》（第3号公约），经1952年国际劳工大会修订，产生了《保护生育公约（修订本）》（第103号公约），后者不是取代前者，而是两个公约并存。两个公约都规定，女工有权得到一定期限的产假，有权在产假期间得到经济上的补助，有权在工作时间内为其婴儿哺乳。两个公约还规定在产假期间解雇女工是不合法的。

夜间工作方面，1948年国际劳工大会通过了《（妇女）夜间劳动公约（修订本）》（第89号公约），禁止妇女从事夜间工作，以及法律法规规定的特殊和紧急情况下的例外，对妇女孕期从事夜间工作严格禁止。

井下工作方面，1935年国际劳工大会通过了《井下工作（妇女）公约》（第45号公约），禁止妇女从事任何矿山井下工作。

9. 儿童和未成年人就业类：包括最低就业年龄、体检、夜间工作及井下作业等20余项标准。

最低就业年龄方面，自1919年以来，国际劳工大会先后制定了11个关于许可就业的最低年龄公约，1973年的国际劳工大会通过了具有普遍适用性的、关于许可就业的最低年龄公约，基本原则是全面废除童工劳动。

童工方面，1999年国际劳工大会通过了《最恶劣形式的童工劳动公约》（第182号公约），要求批准公约的会员国采取有效措施，以禁止和消除最恶劣形式的童工劳动。我国于2002年批准了该项公约。

体检方面，1946年国际劳工大会为在更广泛的领域对童工和青少年工人体检通过了两项公约，即《（工业）青少年体检公约》（第77号公约）和《（非工业职业）青少年体检公约》（第78号公约），规定18岁以下未成年人从事工业工作需经体检证明适合，体检应按年度进行直到年满18岁，对危险和有害行业年度体检要进行到年满21岁。1965年国际劳工大会又通过了地下作业进行体检的专门公约《（井下作业）青少年体检公约》（第124号公约）。

为保障儿童和青少年在夜间得到足够时间的休息，国际劳工大会1946年通过了关于在非工业职业限制青少年从事夜间劳动的79号公约，1948年通过了《（工业）青少年夜间劳动公约（修订本）》（第90号公约），禁止未成年人从事夜间工作，并规定了例外情况。

10. 老年工人类：包括1项标准，即1980年国际劳工大会通过的

《老年工人建议书》（第162号建议书），旨在保护年龄较大工人的利益。

11. 移民工人类：移民工人属于劳动者中的弱势群体，其就业和社会保障的维护与其他劳动者相比有特殊困难。包括6项标准，有代表性的是《移民就业公约（修订本）》（第97号公约）。该公约对移民工人的招募、安置、就业条件、工资和劳动报酬、社会保障权利，以及相关国家政府的管理职能等作了详细规定，对保护移民工人权益发挥了重要作用。

12. 土著和部落人口类：主要标准有《土著和部落人口公约》（第169号公约）。

13. 非自治领地的工人类：主要标准有《社会政策（非本部领土）公约》（第82号公约）。

14. 特定职业部门类：包括海员（分为一般性规定、培训和就业、准许就业条件、资格证书、一般就业条件、安全卫生和福利、社会保障7个主题）、渔民、码头工人、种植园工人、护理人员、旅馆和餐馆人员等60余项标准，其中以海员标准最多。

海员是特殊职业，其工作条件和环境与任何其他行业有很大差异。20世纪50年代以来，劳工组织先后召开过5次专门的海事劳工大会制定相关标准，有关海员方面的标准有：

(1)《最低年龄（海上）公约（修订本）》（第57号公约），规定海员最低就业年龄为15岁，为保护未成年海员，船东应列出船上16岁以下海员名单备查。

(2)《海员身份证书公约》（第108号公约），规定国家海事主管机关应发给每位海员资格证书以证明其资格，并对证书内容作了明确规定。

(3)《海员招募和安排公约》（第179号公约）。

(4)《工时和船上人员配置（海员）公约》（第180号公约），规定海员工时原则上按平均每天8小时、每周休息1天进行安排，并应有节假日。

(5)《健康保护和医疗照顾（海员）公约》（第164号公约），规定了船东应保证船上足够的营养和卫生条件，同时对船医、治疗室药品柜及通讯设备的配备提出了具体规定。

(6)《社会保障（海员）公约》（第165号公约），规定了海员在社会保障方面的权利。

(7)《海员遣返公约（修订本）》（第166号公约），规定了海员遇特殊情况有被遣返的权利。

(8)《海员福利公约》（第163号公约），规定在港口和船上为所有海员提供福利设施和服务，不得存在任何原因的歧视。

(二) 我国批准国际劳工标准的情况

我国是国际劳工组织的创始会员国之一和理事会常任理事国，对国际劳工标准一贯持肯定态度并积极参与其活动，批准、执行公约是支持并参与国际劳工组织活动的重要表现形式。目前，各国平均批准公约30.96项，而我国只批准了23项。虽然我国批准公约少，与标准本身偏高、偏重于发达国家有关，但批准公约少，与我国的大国地位并不相称，也不利于我们与国际接轨，不利于提高我国在国际劳工组织中的地位。随着我国国际地位的不断提高，我国批准和执行的劳工标准将不断增多。

经济的全球化，将推动我国劳动法制建设与国际接轨，使我国批准和执行的劳工标准增多。加入世界贸易组织使我国全面融入国际社会，入世带来的变化将是全方位的。经济的全球化，要求我们从各方面按照国际准则参与全球化竞争，劳动领域融入国际社会的重要形式就是要借鉴利用国际劳工标准。近年来，国内对劳工标准的认识随着国家经济和社会的进步日益加深，对劳工标准借鉴、利用的程度也逐步提高，批准更多的劳工公约将是推动我国劳动法制体系与国际接轨的重要举措。

1.《1920年最低年龄（海上）公约》（第7号公约）：规定儿童在14岁以下者，不得受雇用或工作于船舶上。

2.《1921年结社权利（农业）公约》（第11号公约）：要求承允保证农业工人取得与工业工人同等的集会结社权，并废除限制农业工人集会结社权的一切法令或其他规定。

3.《1921年每周休息（工业）公约》（第14号公约）：规定工业企业全体职工应于每7日的期间内享有连续至少24小时的休息时间。

4.《1921年最低年龄（扒炭工及司炉工）公约》（第15号公约）：规定凡18岁以下的未成年人不得受雇用或工作在船舶上充任扒炭工或司炉工。

5.《1921年未成年人（海上）体检公约》（第16号公约）：规定任何船舶对于18岁以下的儿童或未成年人的使用，应以提出其适宜于此种工作并经主管机关认可的医生签字的体检说明书为条件。

6.《1925年同等待遇（事故赔偿）公约》（第19号公约）：要求承允对于已批准本公约的任何其他会员国的人民在其国境内因工业意外事故而受伤害者，或对于需其赡养的家属，在工人赔偿方面，应给予与本国人民同等的待遇。

7.《1926年海员协议条款公约》（第22号公约）：要求船主或其代表应与海员双方签订协议。

8.《1926年海员遣返公约》（第23号公约）：规定海员在受雇用期间或在受雇用期满时被送登岸者，应享有被送回本国或其受雇用的港口或船舶开航的港口的权利。

9.《1928年确定最低工资办法公约》（第26号公约）：要求承允制定或维持一种办法，以便能为那些在无从用集体协议或其他方法有效规定工资且工资特别低廉的若干种行业中工作的工人，确定最低工资。

10.《1929年标明重量（航运包裹）公约》（第27号公约）：规定凡在批准本公约的会员国国境内交付总重量在1 000千克或以上的任何包裹或物件，由海道或内河运送者，应在未装上船舶之前，标明其总重量于该包裹或物件外面。

11.《1932年事故防护（码头工人）公约（修正本）》（第32号公约）：规定工人往来在装卸工作场所所需通过的船坞、码头、埠头或其他类似处所的任何要道及岸上的任何此种工作场所均应适当顾及用此要道或工作场所的工人的安全而加以维护。

12.《1935年井下劳动（妇女）公约》（第45号公约）：规定凡女

性概不得适用于任何矿井的井下劳动。

13.《1937年最低年龄（工业）公约（修正本）》（第59号公约）：规定凡儿童在15岁以下者，不得受雇用或工作在任何公营或私营工业企业。

14.《1946年最后条款修正公约》（第80号公约）。

15.《1951年同酬公约》（第100号公约）：要求各会员国促进并保证实行男女同工同酬。我国1990年批准。

16.《1976年（国际劳工标准）三方协商公约》（第144号公约）：要求承诺保证就国际劳工组织活动的有关事宜，在政府、雇主和工人的代表之间进行有效协商。我国1990年批准。

17.《1983年（残疾人）职业康复和就业公约》（第159号公约）：要求各会员国制定实施有关残疾人职业康复和就业的国家政策。我国1987年批准。

18.《1990年化学品公约》（第170号公约）：要求会员国制定和实施一项有关作业场所安全使用化学品的政策。我国1994年批准。

19.《1964年就业政策公约》（第122号公约）：要求会员国宣布并实行一项积极的政策，其目的在于促进充分的、自由选择的生产性就业。我国1997年批准。

20.《1973年准予就业最低年龄公约》（第138号公约）：要求会员国制定有关法律规定，保证最低就业年龄不低于15岁，目的是消除童工劳动。我国1998年批准。

21.《1978年劳动行政管理公约》（第150号公约）：规定劳动行政管理的作用和职能为从事国家劳动政策和相关法律法规的准备、实施、协调和监督检查，对就业、失业和不充分就业问题，以及劳动者的工作和生活条件各方面问题进行研究解决，为雇主和工人及其各自组织提供服务。

22.《1988年建筑业安全和卫生公约》（第167号公约）：规定批准国应参照国际标准制定有关建筑业安全卫生的法律和条例并使之生效，在建筑施工中应明确雇主、工程技术人员和工人为保证安全生产所应负的责任，确保建筑工地安全卫生的工作条件。公约还对建筑施工工作场地、机械、作业方式，以及工人的个人防护和急救措施等做了具体规定。

23.《1999年最恶劣形式的童工劳动公约》(第182号公约)：要求批准公约的会员国采取有效措施，以禁止和消除最恶劣形式的童工劳动。我国2002年批准。

第三节　我国劳动标准现状及其发展

近年来，劳动标准在劳动保障领域发挥着日益重要的作用。我国加快了劳动保障领域有关标准法规和国家标准的制定，其中涉及就业、职业技能开发与培训、劳动关系调整、工资分配、工作条件（如工时、休息休假、女职工和未成年工特殊劳动保护等）、职业安全卫生、社会保险、劳动保障行政管理等业务范围的各种劳动标准，劳动标准体系正在逐步形成。

一、我国劳动标准现状

我国的劳动标准工作是个历史性的过程，它是随着经济的发展、科学技术的进步，以及生产力的提高而不断发展、完善的。

新中国成立后，最早的劳动标准是以法规类标准即立法和部发文件形式出现的，如20世纪50年代劳动部和全国总工会制定的《工资条例（草案）》、国务院颁布的《工厂安全卫生规程》《建筑安装工程安全技术规程》，80年代国务院颁布的《锅炉压力容器安全监察暂行条例》《关于加强防尘防毒工作的决定》《女职工劳动保护规定》，90年代颁布的《劳动法》以及以《劳动法》为依据制定的有关劳动保障各方面的规定。

在以立法形式确定劳动标准的同时，劳动领域的标准化工作也从无到有不断发展起来。劳动安全卫生方面的技术标准是最先纳入标准化管理范围的。1953年，在国家计划委员会基本建设联合办公室的设计工作计划局内设立了标准处和定额处，标志着劳动定额标准工作的展开，劳动领域技术类标准开始出现。但在"大跃进"及"文化大革命"中,"左"的思潮在标准化领域也产生了严重的影响,标准化工作受到极为严重的破坏,标准化工作的管理机构遭到严重削弱,制定标准数量明显减少,并且许多标准形同虚设,不能得到贯彻执行,造成我国标准化工作近乎瘫痪,刚刚起步的劳动标准化工作受到严重的影响。

党的十一届三中全会后,伴随党和国家工作重点的转移,我国标准化事业进入了飞速发展时期。1978年我国成立了国家标准总局(后改为国家标准局)。国务院各部委、局都设立了标准处,各部委、局建立了20多个专业标准化研究所。此后,标准化工作不断拓展新的领域,涉及信息技术、环境保护、安全卫生、经济统计等诸多领域。1988年,七届人大第五次会议通过颁布了《中华人民共和国标准化法》,进一步推动了我国标准化事业的发展。在这一过程中,劳动标准化工作逐渐发展起来,除原已纳入标准化管理的劳动安全卫生标准外,到1988年又将劳动定员定额纳入标准化管理范围。在这之后的十几年时间里,制定了200多个劳动定员定额的行业标准,这些行业标准成为劳动保障领域技术标准的重要组成部分。

经过多年的努力,我国的劳动标准工作已有了一定的基础,初步形成了劳动标准体系的大体框架。

我国劳动标准现状结构图见图7—3。

从上述的劳动标准结构图中可以看出,我国的劳动标准已涉及到劳动保障业务的各个领域。在图7—1所列的各种标准中,有以法规、规章形式出现的法规类标准,也有以国标、行标等形式出现的技术类标准。总体来看,劳动和社会保障领域的标准以法规标准类为主体,技术标准数量相对较少,主要集中在劳动定员定额、职业安全卫生等方面,形成法规类标准、技术类标准共存、共同作用于管理对象的格局。具体分析,现有的劳动标准体系呈现如下特点:

(一)技术类标准发展不均衡,职业安全卫生方面标准比较健全、完善,而劳动和社会保险方面技术标准数量有限

技术类标准主要指以量化形式体现的各种准则,包括各种具体的国

劳动关系

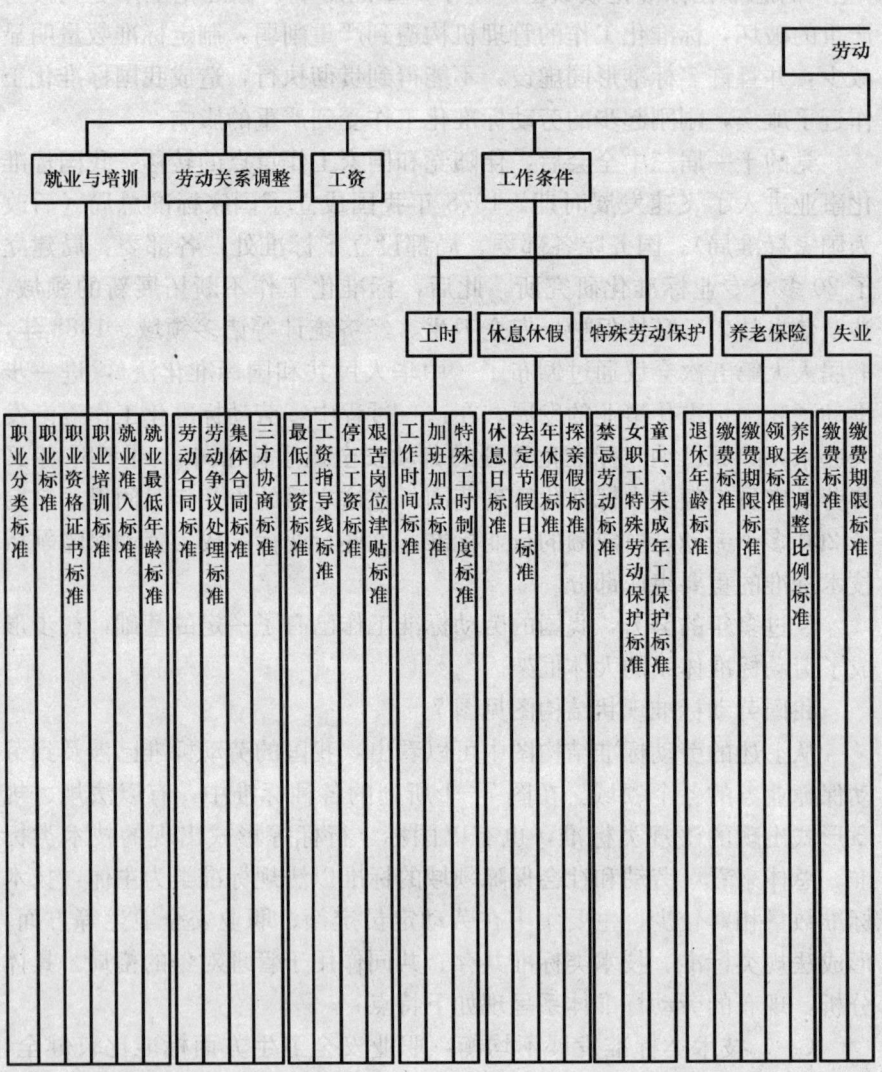

图7—3 我国劳动

第七章 劳动标准

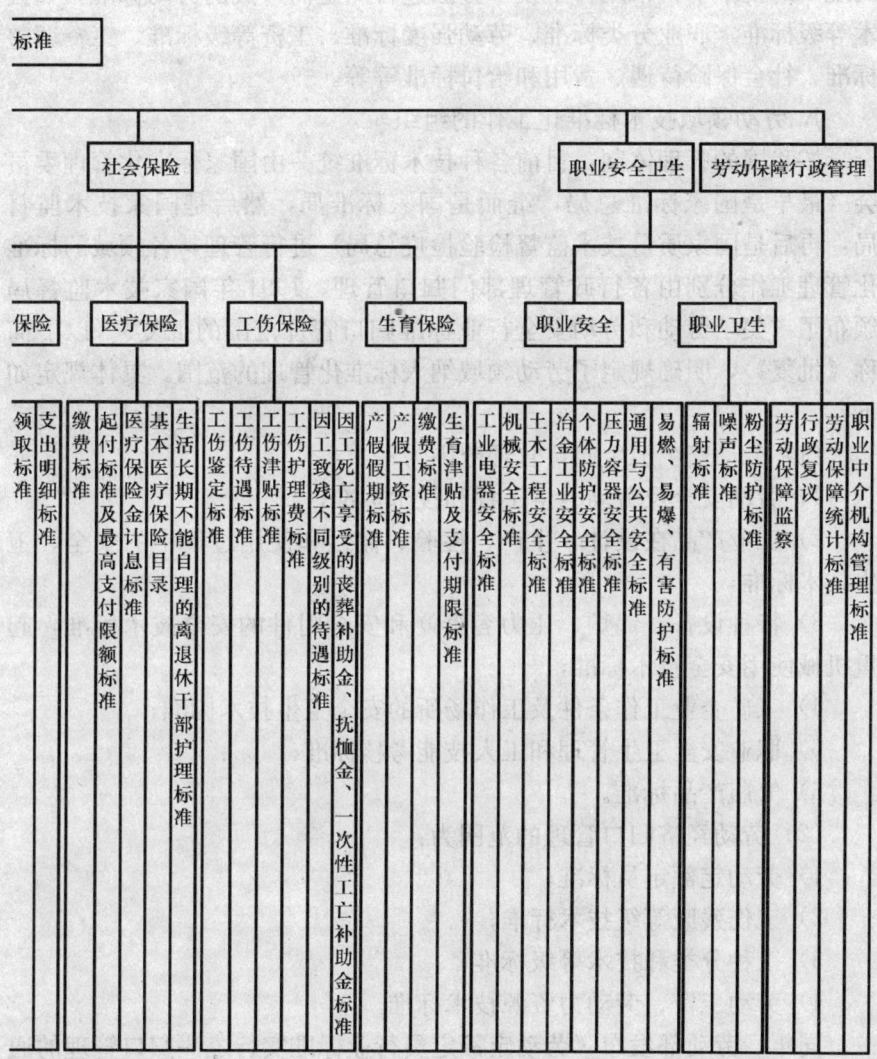

标准现状结构图

家标准、行业标准、地方标准。技术类劳动标准是指对劳动领域需要协调统一的技术事项采用科学技术方法进行测定而形成的劳动标准,如技术等级标准、职业分类标准、劳动强度标准、工资等级标准、工资调整标准、社会保险待遇、费用和给付标准等等。

1. 劳动领域技术标准化工作的组织。

按我国的管理体制,目前各种技术标准统一由国家标准化管理委员会(最早是国家标准总局,继而是国家标准局,然后是国家技术监督局,再后是国家质量技术监督检验检疫总局)进行管理,各领域的标准化管理工作分别由各行政管理部门归口管理。1991年国家技术监督局颁布了《关于劳动和劳动安全行业标准归口管理范围的批复》(以下简称《批复》),明确规定了劳动领域纳入标准化管理的范围。具体规定如下:

(1)劳动安全卫生归口管理范围为:

1)劳动安全及劳动卫生工程和技术标准;

2)工业产品在设计、生产、检验、储运和使用过程中的安全、卫生技术标准;

3)特种设备(锅炉、压力容器)和安全附件的安全技术标准,起重机械使用安全技术标准;

4)工矿企业工作条件及工作场所的安全卫生技术标准;

5)职业安全卫生管理和工人技能考核标准;

6)气瓶产品标准。

(2)劳动经济归口管理的范围为:

1)劳动定额定员标准;

2)工伤残废等级技术标准;

3)工种分类和技术等级标准;

4)劳动工资、劳动力资源技术标准。

同年,劳动部发布《劳动定额定员行业标准实行统一归口管理的通知》,明确了劳动定额定员行业标准由劳动部归口管理,负责统一审批、编号和发布,劳动定额定员标准代号为"LD",并相应成立了劳动定额定员标准化技术委员会，负责标准的草拟和标准的审查工作。

为了贯彻 1991 年原国家技术监督局发布的《批复》精神，开展劳动领域的标准化工作，1992 年 2 月 10 日，原劳动部颁发了《劳动部标准化工作管理办法》（以下简称《办法》），进一步规定了劳动部制定标准的范围。具体内容包括：

（1）劳动安全卫生的归口范围为：

1）劳动安全及劳动卫生工程技术标准；

2）工业产品在设计、生产、检验、储运、使用过程中的安全卫生技术标准；

3）特种设备（锅炉、压力容器、起重机械等）安全技术标准和使用安全技术标准，安全附件安全技术标准；

4）工矿企业工作条件及工作场所的安全卫生标准；

5）职业安全卫生管理和特种作业人员安全技能考核标准；

6）气瓶产品标准；

7）劳动防护用品标准。

（2）劳动经济的归口范围为：

1）劳动定额定员标准；

2）工伤残废等级技术标准；

3）工种分类和技术等级标准；

4）劳动工资、劳动力资源技术标准；

5）劳动信息分类与编码技术标准。

《办法》确定了原劳动部归口管理的标准分为国家标准和行业标准。国家标准在国家技术监督局的统一部署下，由原劳动部科技办公室具体组织编制原劳动部的国家标准计划（规划），并报国家技术监督局统一审批、编号、发布。行业标准由原劳动部科技办公室会同有关专业标准化主管单位共同组织编制本行业标准项目计划（规划），协调有关单位行业标准的项目制定、修订范围；由原劳动部审批行业标准，统一编号、发布，并规定原劳动部行业标准代号为"LD"。

《办法》还规定，原劳动部有关单位负责标准化的具体工作，负责部属专业标准化技术委员会或技术归口单位的领导，负责编制本专业标准项目的制定、修订计划、规划，协调与有关部门标准项目的分工，督促检查标准计划的完成情况，负责组织制定、修订标准，确定标准的起草单位，组织标准的审定、宣传贯彻、实施，负责行业标准的审核、出版、发行。《办法》的发布，对促进劳动保障领域的标准化事业起到了积极的作用。

2. 职业安全卫生方面的标准因其技术含量高、具有可量化的特征，易于制定，因而标准数量多、覆盖范围广。

按照《批复》规定的归口管理范围，职业安全卫生领域的标准化工作迅速开展并逐渐完善。目前，劳动安全卫生方面的国家标准主要分为以下 9 类：

（1）工业电气安全标准；
（2）机械器械安全标准；
（3）土木工程安全标准；
（4）冶金工业安全标准；
（5）个体防护安全标准；
（6）压力容器安全标准；
（7）通用与公共安全标准；
（8）易燃、易爆、有害防护标准；
（9）工业卫生（辐射、噪声、粉尘防护）标准。

在职业卫生方面，截止到 2000 年年底，我国已制定颁布了 400 余项职业卫生标准，涉及规范预防性卫生监督、有害物质的监测、职业病诊断的技术保障和技术指标，涉及预防性卫生监督、经常性卫生监督和职业性健康监护等各环节。2002 年，为配合《中华人民共和国职业病防治法》实施，卫生部发布了第一批国家职业卫生标准，包括《工业企业设计卫生标准》等 157 项标准，这些标准的制定和实施为企业执行法律法规和政府监督管理，有效保护工人健康提供了技术依据。

3. 在劳动保障方面，因标准化工作起步较晚，技术含量较低，技术标准化工作发展相对缓慢。

1991年,《批复》发布时原劳动部归口管理的行业标准只限于劳动领域,所以,技术类劳动标准仅限于劳动经济领域。主要状况为:

(1) 劳动定员定额方面。1992年和1993年先后制定了《劳动定额术语》(GB/T 14002—1992)和《工时消耗分类、代号和标准时间构成》(GB/T 14163—1993)两个国家标准,并编制了标准体系表,在此基础上指导各行业制定了200多个行业标准,主要涉及冶金、有色金属、汽车、铁道几个行业。2002年《劳动定员定额标准的结构和编写规则》(国家标准)通过评审,报国家标准化管理委员会批准实施。

(2) 工伤残废等级标准方面。1992年,劳动部、卫生部组织制定了《职工工伤与职业病致残程度鉴定标准(试行)》,1996年国家技术监督局批准并印发了《职工工伤与职业病致残程度鉴定》(GB/T 16180—1996),以国家标准的形式确定了评残标准,并于1996年10月实施。评残标准的确定,为劳动鉴定工作奠定了基础。

(3) 工种分类和技术等级标准方面。1993年,劳动部、国家技术监督局颁发了《中华人民共和国工人技术等级标准(技术监督)》,包括技术监督部门计量工种的22个标准和质检工种的9个标准。工人技术等级标准,是衡量工人技术业务水平和工作能力的尺度,是对工人技术培训、考核和使用的基本依据,也是工人工资制度的重要组成部分。

(4) 劳动工资、劳动力资源技术标准方面。1999年,劳动和社会保障部颁布了《劳动力市场职业分类与代码》(LB 501—1999)。

(5) 劳动信息分类与编码标准方面。1996年《职业分类与代码》(GB/T 6565—1996)颁布,1998年国家技术监督局、劳动保障部、人事部和国家统计局等单位又对该项国家标准进行了修订。

因《批复》颁布时我国的社会保险制度尚未建立,原劳动部不承担社会保险方面的管理职能,所以社会保险标准未划入劳动保障部门归口管理。除上述的《职工工伤与职业病致残程度鉴定》外,没有以国家标准形式出台的社会保险标准。

(二) 相对于技术类标准,法规类标准数量多、覆盖范围广

我国现有的劳动标准中还有大量的法规类标准。法规类标准是指劳

动法律中有量化规定和具体程序规定的部分（法律、法规中其他部分不属于劳动标准范畴）。法规类劳动标准是广义劳动标准的重要组成部分，特别是劳动保障领域的标准更多的是以定性形式（如文字描述）制定的。

1994年7月5日，第八届全国人民代表大会常务委员会第八次会议通过的《中华人民共和国劳动法》是我国劳动保障领域的基本法，它对促进就业、劳动合同和集体合同、工资、工时、休息休假、职业培训、社会保险和福利、女职工和未成年工特殊保护等一系列与劳动相关的问题做出了原则性的规定。如第四章明确规定我国实行劳动者每日工作不得超过8小时，平均每周工作时间不得超过44小时的工时制度，同时对加班加点以及加班工资报酬的支付做出了严格的规定；第五章对工资标准作出规定，确立了国家实行最低工资保障制度，并对工资支付时间及原则做出了规定。所有这些规定，既是具体的劳动标准，也是指导劳动保障领域各项标准制定的法律依据。在《劳动法》基本原则的指导下，涉及劳动保障业务的各种法规类标准逐步健全和完善。

1. 职业安全卫生方面法规类标准比较健全

在职业安全方面，自20世纪50年代以来，我国先后颁布了《工厂安全卫生规程》《建筑安装工程安全技术规程》等有关职业安全的法律法规。改革开放后，我国加快了职业安全立法进程，国务院先后制定颁布了《矿山安全条例》和《锅炉压力容器安全监察暂行条例》《海上交通安全法》《关于加强防尘防毒工作的决定》《民用核设施安全监督管理条例》《化学危险物品安全管理条例》等。1984年，原劳动人事部颁布了《关于贯彻执行〈高温作业分级〉国家标准的通知》和《关于贯彻执行〈体力劳动强度分级〉国家标准的通知》，以此判定生产车间工人高温危害程度和体力强度大小，加强对工人的劳动保护。进入90年代后，我国批准国际劳工组织《关于作业场所安全使用化学品公约》（第170号）。与此同时，在《刑法》《企业法》《劳动法》《煤炭法》《乡镇企业法》《建筑法》等法律中都写入了安全生产和劳动保护的内容。迄今为止，我国发布和实施劳动安全卫生法律法规和规章共有150多项，劳动安全卫生标准 500 多项，初步形成了劳动安全卫生法律、法规和标准体系。

职业卫生工作关系到全体劳动者的健康。多年来，我国政府十分重视劳动者健康保护工作，针对国内存在的主要职业危害，国家制定了一系列职业卫生政策、法律、法规以及减少、消除职业危害的法规，如国务院颁布的《工厂安全卫生规程》《建筑安装工程安全技术规程》等。改革开放以来，国家进一步加快了法制化进程，制定并颁布了《尘肺病防治条例》《放射性同位素与射线装置放射防护条例》《矿山安全法》等法律、法规。2002 年 5 月 1 日，《中华人民共和国职业病防治法》付诸实施；5 月 12 日，国务院又颁布了《使用有毒物品作业场所劳动保护条例》，使职业危害专项治理工作有了标准。这些法律、法规的颁布实施，对改善劳动条件，切实保障劳动者的健康起到了积极的作用。

2. 劳动保障领域法规类标准日益完善

虽然劳动保障领域劳动标准工作起步晚且相对薄弱，但近年来，随着劳动保障法制工作的不断加强和各方面对劳动标准工作重视程度的提高，劳动保障法规类标准不断完善。总的来看，基本法律法规已建立起来，劳动标准工作已具备了一定的基础。目前，就业、劳动关系调整、工作条件及社会保险、劳动保障行政管理等方面的法规类标准已基本形成并逐步完善。

（1）就业方面的法规类标准主要包括：职业分类标准、职业标准、就业准入标准、职业资格证书标准、技工学校标准等。

职业分类方面：《中华人民共和国职业分类大典》是由劳动和社会保障部、国家技术监督局、国家统计局联合组织编制的有关职业分类的标准，它在国家标准《职业分类与代码》的基础上增加了细类，对分类职业进行了延伸。1999 年，劳动和社会保障部在《职业分类大典》的基础上，根据劳动力市场建设情况的发展变化，对劳动力市场信息系统中现行的职业分类与代码进行了修订，颁布了《劳动力市场职业分类与代码》（LB 501—1999），规定了劳动力市场职业名称、编码方法及代码，形成劳动力市场信息系统主要技术标准之一。

职业标准方面：近年来，职业资格标准制定工作进展较快。从2001年劳动和社会保障部颁布《关于印发防腐蚀工等22个国家职业标准的通知》起，到2004年颁布的林木种苗等65个国家职业标准止，我国已颁布300余个国家职业标准，涉及国家就业准入的87个，对职业的活动范围、工作内容、技能要求和知识水平做出了明确的规定，为劳动者就业提供了客观、规范、统一的从业依据和资格要求。

就业准入方面：根据《劳动法》和《职业教育法》的有关规定，对从事技术复杂、通用性广、涉及国家财产、人民生命安全和消费者利益的职业（工种）的劳动者，必须经过培训，并取得职业资格证书后，方可就业上岗。实行就业准入的职业范围由劳动和社会保障部确定并向社会发布，目前，我国对车工、铣工等87个技术工种从业人员实行就业准入制度。上述实行就业准入的规定即就业准入标准。

职业资格证书方面：申报职业技能鉴定的条件标准；职业资格证书等级标准。

技工学校方面：包括高级技工学校设置标准（试行），国家重点技工学校标准，技工学校招生体检标准，技工学校招生体检标准（修订），技工学校招生体检标准（补充），技工学校机构设置和人员编制标准。

（2）工作条件方面的法规类标准主要包括：工时、休息休假、女职工和未成年工特殊劳动保护以及禁止使用童工的具体规定等。这方面的劳动标准数量较多，内容比较丰富。

工时方面：主要指工作时间标准。工作时间标准主要包括：第一，正常工作时间标准。《劳动法》及《国务院关于工作时间的规定》规定了职工每日工作及每周工作时间标准，即每天8小时，每周40小时的工时标准。第二，延长工作时间及其工资支付标准。《劳动法》第41条规定了用人单位延长劳动时间的标准，即每天加班最多不超过3小时、每月不超过36小时的标准。同时，《劳动法》第44条还规定了用人单位延长工作时间支付劳动者工资的标准，即视不同情况分别支付劳动者不低于其正常工作时间工资的150%、200%、300%的工资报酬标准。第三，工作天数和工作时间标准。《关于职工全年月平均工作时间和工资折算问题的通知》规定了职工全年月平均工作天数和工作时间标准。第四，特殊工时标准。劳动部颁布的《关于企业实行不定时工作制和综合计算工时工作制的审批办法》规定了实行非标准工时工作制的条件标准。

休息休假方面：休息日标准包括《劳动法》第 38 条规定的用人单位应当保证劳动者每周至少休息 1 天的标准。法定节假日标准包括《全国年节及纪念日放假办法》统一规定的全国年节及纪念日。年休假标准包括《劳动法》第 45 条规定的国家实行带薪年休假制度，劳动者连续工作一年以上的，享受带薪年休假（由于国务院尚未出台具体实施办法，目前按照 1991 年《中共中央、国务院关于职工休假问题的通知》执行）。企业职工休假由企业根据具体条件和实际情况自主决定，最长 2 周。探亲假标准包括《国务院关于职工探亲待遇的规定》规定的探亲假时间标准。婚丧假标准包括《国家劳动总局、财政部关于国营企业职工请婚丧假和路程假问题的通知》规定的职工结婚或职工的直系亲属死亡时给予的婚丧假的时间标准。

未成年工及童工劳动保护方面：2002 年 10 月，国务院颁布了新的《禁止使用童工规定》，其中规定了童工年龄标准和使用童工罚款标准。关于未成年工劳动保护标准，《未成年工特殊保护规定》明确规定了未成年工的年龄标准、禁止从事的劳动范围、用人单位定期对未成年工进行健康检查的标准。关于特殊工种的界定标准，《关于界定文艺工作者、运动员、艺徒概念的通知》明确规定了特殊工种的标准。2002 年 6 月 29 日，第九届全国人民代表大会常务委员会第二十八次会议批准了《最恶劣形式童工劳动公约》，为我国进一步同使用童工现象做斗争，保护未成年人合法权益提供了法律依据。

女职工特殊劳动保护方面：1988 年国务院颁布的《女职工劳动保护规定》对女职工的"四期"保护和禁忌从事的劳动范围作出了详细的规定。1990 年，劳动部颁发的《女职工禁忌劳动范围的规定》规定了女职工禁忌从事的劳动范围、已婚待孕女职工禁忌从事的劳动范围、怀孕女职工禁忌从事的劳动范围和乳母禁忌从事的劳动范围等内容。1988

年，劳动部颁发的《劳动部关于女职工生育待遇若干问题的通知》对女职工产假、产假期间待遇以及适用范围问题做出了新的规定。

（3）工资方面的法规类标准主要包括：最低工资支付标准，如2004年，劳动保障部发布了《最低工资规定》，明确了各地确定和调整最低工资标准应考虑的因素，改变了各地在确定和调整最低工资标准时标准不一的局面。《工资支付规定》规定了工资支付方式、支付时间标准。工资方面的法规类标准还包括停工工资支付标准，即非因劳动者原因造成单位停工、停产在一个工资支付周期内的，用人单位应按劳动合同规定的标准支付劳动者工资，超过一个工资支付周期的，若劳动者提供了正常劳动，则支付给劳动者的劳动报酬不得低于当地的最低工资标准；艰苦岗位津贴标准，主要指高温、低温、高空、井下、有毒有害、高强度劳动等条件下的津贴等。

工资指导线标准确定了各地工资合理增长的标准；劳动力市场工资指导价位为企业及个人求职提供了可供参考的工资标准。

（4）劳动关系调整方面的法规类标准主要包括：涉及劳动合同的有关标准，如《劳动法》规定了劳动合同应具备的条款标准、试用期标准、解除劳动合同条件标准；《违反和解除劳动合同的经济补偿办法》规定了解除劳动合同支付经济补偿金的标准；《违反〈劳动法〉有关劳动合同规定的赔偿办法》明确了违反劳动法有关劳动合同规定的赔偿责任；《企业职工患病或非因工负伤医疗期规定》规定了职工患病或非因工负伤的医疗期标准；《企业劳动争议处理条例》规定了劳动争议处理时限、处理程序以及其他方面的标准。

（5）社会保险方面的法规类标准主要包括：

养老保险方面：1997年，国务院颁布的《关于建立统一的企业职工基本养老保险制度的决定》明确了养老保险企业及个人缴费标准（企业标准为不超过企业工资总额的20%；个人标准最终为个人缴费工资的8%），社会统筹和个人账户比例标准（按本人缴费工资11%的数额建立基本养老保险个人账户，个人缴费全部记入个人账户，其余部分从企业缴费划入），养老保险费缴费期限标准（缴费期限累计满15年），养老金领取标准（个人账户储存额除以120），养老金调整比例标准（2001年按不超过当地2000年企业在岗职工月平均工资增长率的60%掌握），退休年龄标准（男年满60周岁，女年满55周岁；特殊工种男年满55周岁，女年满45周岁；因病或非因工致残，由医院证明并经劳动鉴定委员会确认完全丧失劳动能力的，退休年龄为男年满50周岁，女年满45周岁），农村养老保险个人账户计息标准等。

失业保险方面：1999年，国务院颁布的《失业保险条例》，明确规定了企业及个人的缴费标准、失业保险金缴费期限标准、失业保险金领取条件标准、失业保险金领取期限标准（缴费1～5年，最长领取12个月；5～10年，最长领取18个月；10年以上，最长领取24个月）、失业保险金标准、失业保险金支出项目标准。

医疗保险方面：1998年，《国务院关于建立城镇职工基本医疗保险制度的决定》的颁布，明确了医疗保险企业及个人缴费比例（用人单位缴费不超过职工工资总额的6%，职工缴费一般为本人工资收入的2%）、基金的起付标准和最高支付限额（起付标准原则上为当地职工年平均工资的10%，最高支付限额原则上控制在当地职工年平均工资的4倍左右）、医疗保险基金的计息标准、补充医疗保险的缴费比例标准等。另外，还有国家基本医疗保险药品目录、生活长期完全不能自理的离休干部护理费标准等。

工伤保险方面：1996年，原劳动部发布了《企业职工工伤保险试行办法》，明确了工伤鉴定标准、工伤待遇标准、工伤医疗期标准、工伤津贴标准、工伤护理费标准、因工死亡享受丧葬补助金、供养亲属抚恤金、一次性工亡补助金标准等。2003年4月，国务院发布了《工伤保险条例》。为贯彻实施《工伤保险条例》，同年，劳动保障部颁布了《工伤认定办法》《因工死亡职工供养亲属范围的规定》《非法用工单位伤亡人员一次性赔偿办法》及《关于工伤保险费率问题的通知》。《条例》及上述规定，明确了工伤认定标准、工伤报告期标准（30日）、工伤保险待遇标准、工伤医疗期标准等。伤残待遇标准：一次性伤残补助金标准（一至十级伤残职工一次性伤残补助24个月～6个月的本人工资);伤残津贴标准(一至四级伤残职工每月补贴工资的90%~75%,五至六级的伤残职工,单位难以安排工作的,每月发给伤残补贴,标准为本人工资的70%~60%);生活护理费标准(3级,分别为统筹地区上年度职工月平均工资的50%~30%)。工亡待遇标准:一次性工亡补助金标准(48个月至60个月的统筹地区上年度职工月平均工资);丧葬补助金标准(6个月统筹地区上年度职工月平均工资);供养亲属抚恤金(包括供养亲属的范围及标准,符合一定条件的享受40%~30%的抚恤金)。同时,根据不同行业的工伤风险程度,将行业划分为三个类别,确定了三类行业的缴费率(0.5%,1.0%,2.0%)及浮动标准,为工伤保险提供了重要的标准。在非因工伤残方面,2002年,劳动保障部发布了《职工非因工伤残或因病丧失劳动能力程度鉴定标准(试行)》,明确了职工非因工伤残或因病丧失劳动能力程度鉴定标准,成为劳动者由于非因工伤残或生病后,在国家有关社会保障法规所规定的医疗期满或医疗终结时通过医学检查对伤残失能程度做出判定结论的准则和依据。

生育保险方面:1988年6月,国务院颁布的《女职工劳动保护规定》规定了产假的时间标准(90天,其中产前休假15天;难产的,增加产假15天;多胞胎生育的,每多生育一个婴儿,增加产假15天);《劳动部关于女职工生育待遇若干问题的通知》确定了流产产假的标准及产假期间的工资标准(怀孕不满4个月流产,给15~30天产假;怀孕4个月以上流产时,给予42天产假期);《企业职工生育保险试行办法》(主要在城镇企业中实施)明确了生育保险费的缴费标准、生育津贴的支付标准及支付期限标准。

(6)劳动行政管理方面的法规类标准:其中《违反〈中华人民共和国劳动法〉行政处罚办法》明确了对用人单位强迫劳动者延长劳动时间的罚款标准,对侵害劳动者合法权益的行为支付赔偿金的标准,用人单位劳动安全设施和劳动卫生条件不符合国家规定的罚款标准,对用人单位侵害女职工和未成年工合法权益行为的处罚标准,对用人单位无故不缴纳社会保险费的处罚标准,对用人单位无理阻挠劳动行政部门及其劳动监察人员行使监督检查权或打击报复举报人员的处罚标准。

综上所述，目前已经形成了法规类标准与技术类标准共存，互为补充、互为完善，共同推动劳动标准工作发展的局面。

二、劳动标准工作存在的主要问题

虽然我国劳动标准工作有了一定的基础，但总体来看，目前我国的劳动标准体系还不够健全，标准的种类还不齐全，标准体系有待于进一步拓展。从现有的标准来看，还存在不配套、不规范的现象，而且标准的数量还很不够，需要补充；有些标准不太切合实际，存在着超前或滞后的情况；有些标准可操作性差，需要尽快修订。从劳动标准工作体系建设方面来看，目前有关方面对劳动标准工作重视程度还不够，表现在目前全国各级劳动保障部门都没有设立专门的劳动标准管理机构，缺少从事劳动标准工作的人员，缺乏从事劳动标准工作的必要经费。不仅如此，劳动标准理论研究工作相当滞后，大量的理论与实际问题亟待研究和解决。

（一）劳动标准体系方面的主要问题

劳动标准体系是由一定系统范围内具有内在联系的标准组成的科学的有机的整体。换言之，劳动标准体系是一个由上述各类标准组成的系统。劳动标准体系是标准化发展的一个目标，它由若干个子系统组成，每个子系统由一系列标准组成。每个子系统和每个标准既具有为了整个体系的总目标服务的功能，又有各自的特定功能，在子系统之间和标准之间存在着相互作用、相互依赖和相互补充的内在联系。目前在我国现有标准基础上形成的标准体系还不完备，功能不够健全。

1. 劳动标准体系尚需拓展

建立和健全劳动标准体系，最根本的目的是要把有关业务的各环节所需要的标准以轻重缓急的程度为序，逐步制定并颁布实施一系列标准，使之形成有机整体。但由于我国劳动标准的基础性工作还很薄弱，现有的劳动标准体系还不完善。主要表现在：

（1）缺乏一些门类的劳动标准。国际劳工组织自1919年成立至2001年已制定了184项公约和192项建议书，这些公约和建议书涉及了劳动和社会保障的所有领域。公约分为 14 大类（如前所述）。

我国现有的法规类劳动标准主要集中于就业类、工作条件类、劳动关系类、工资类、社会保险类等。虽然建立我国的劳动标准体系并不是要完全照搬、等同于国际劳工组织的劳工标准体系，但以我国现有的标准（如前所述）门类及数量还没有构成健全、完善的劳动标准体系。在我国现有的劳动标准体系中，有关就业服务和机构、职业指导和培训等就业类标准，涉及劳动监察、劳动统计、三方协商等内容的劳工行政类标准，社会保险方面具有较强的可操作性的标准还比较少。

不仅如此，技术标准体系也没能很好地建立，各种技术标准在劳动保障领域没有得以拓展。目前，在劳动保障领域，只在劳动定员定额方面编制了全国劳动定额标准体系表（标准中包括劳动定额标准和定员标准），公布了 200 多个行业标准。在其他方面，除有个别的国家标准外，行业标准、地方标准几乎没有，标准的种类不全，而且覆盖面不广，未能覆盖到劳动保障的各个领域。即使在发展比较好的定额标准中，一些应有的标准也尚未制定。如在劳动定额通用基础标准中，国家标准应有 8 个，实际上只制定了 2 个（另外 1 个已完成制定工作，尚待国家标准化管理委员会批准）；行业标准应有 8 个，实际上一个都没制定出来；基础标准应有 5 个，实际上只制定出 2 个；方法标准应有 9 个，实际上一个也没制定出来；产品、过程、服务或管理标准应有 2 个，实际上一个都没制定出来。在已制定的行业标准中，也主要以冶金行业和铁路、有色金属等一部分行业为主，有一些行业还没有建立定员定额标准；在已建立标准的行业，标准也不完备。因此，我国的劳动标准体系尚有较大的空白之处需要填补。

（2）劳动标准体系表尚未设计完成。标准体系表是一定范围的标准体系内的标准按一定形式排列起来的图表。劳动标准体系是由就业标准、工作条件标准、劳动关系调整标准、社会保障标准、劳动行政管理等子系统组成的有机整体，它应涵盖劳动保障各业务范畴。每个子系统又由若干标准组成，由此形成劳动标准体系表。劳动标准体系表在劳动标准化事业发展中具有举足轻重的地位，它既是劳动标准工作的基础，也是劳动标准化事业发展的蓝图，指导着劳动标准化事业的发展，只有规划好这一蓝图，才能使劳动标准化事业有计划、按步骤地发展。由于劳动标准体系表的编制工作是一项极为复杂的工作，需要站在宏观的角度，从劳动保障事业的全方位入手，做大量的基础性的调查研究工作和具体工作，但以目前的组织机构设置和人员力量，是难以完成此项工作的，所以至今劳动标准体系表的编制尚未完成。

（3）技术类标准中各种类之间的衔接不够密切，技术类标准存在重复和交叉。在现有的技术类标准结构中，各个层次、类别之间缺少衔接和有机的统一。缺乏配套的标准，各种标准不能衔接形成系统，在实践中会出现许多问题。

上述标准种类不衔接同目前标准工作的管理体制有关。如按技术监督局的《批复》，劳动经济和劳动安全卫生标准归原劳动部管理。但在1998年机构改革后，职业安全卫生管理职能从劳动和社会保障部划出，劳动和社会保障部不再具有对职业安全卫生的管理职能。目前职业安全卫生标准分别由国家安全生产监督局和卫生部管理。管理职能的分离，难免造成各部门制定出的标准之间难以衔接，也使劳动标准工作受到影响。在机构改革后，因以"LD"为字头的职业安全卫生标准归口管理在劳动和社会保障部，国家安全生产监督管理局至今没再制定发布过职业安全卫生方面的行业标准。又如，职业卫生标准归卫生部管，工作时间标准归劳动和社会保障部管，同属于劳动条件的不同内容的分割，对开展劳动标准工作造成了一定的影响。

由于缺乏通盘考虑，某些标准之间难免存在重复和交叉，有时还可能产生矛盾。如职业资格标准由劳动保障部就业指导中心制定并鉴定，划分职业资格等级，但这类标准与劳动定额标准确定的岗位标准就可能存在重复和交叉问题，职业标准可以升级，但按岗位标准就可能不能升级。在这种情况下，到底适用哪个标准，就会出现矛盾，这种问题在实践中就难以处理。

因此，当前我国亟待健全和完善既符合我国生产力发展水平，又能保障劳动者合法权益，并顺应国际劳工标准发展趋势的科学的劳动标准体系。

2. 现有劳动标准的内容需要补充、修改、完善

劳动标准体系的功能不能充分发挥,一方面同劳动标准体系的设计有关;另一方面也同现有的标准数量、质量之间具有重要的关系。我国现有的标准不仅数量不够,有些重要的标准缺位,而且有些标准的质量也不高,致使标准作用的发挥受到影响。

(1) 法规类标准不健全、不完善。国际劳工标准不仅门类多、种类全,而且每类都包含有许多具体标准。如工作条件类劳工标准就有70余项;社会保障类劳工标准有30余项;就业类劳工标准有20余项;儿童与未成年人就业类劳工标准有20余项。但在我国,许多急需的法规类标准至今尚未出台。如调整劳动关系的《劳动合同法》迟迟不能出台,使劳动关系的调整缺乏充分依据。由于企业带薪年休假标准没能制定,使《劳动法》第45条规定的国家实行带薪年休假制度在企业不能充分得到落实。另外,有关小时工资标准、周工资标准缺位,使灵活就业方式的推广在一定程度上受到限制。

在现实中,由于劳动标准不健全,不仅使劳动者的权益受到影响,而且还可能使劳动者的健康和生命安全因缺乏可靠保护而受到危害。譬如,2002年初,河北省高碑店市白沟等乡镇发生的农民工苯中毒事件。在白沟镇私营企业和个体作坊中从事箱包加工的农民工中,有一些人因苯中毒患病甚至死亡,其中有4人死亡,11人病情较重,27人体检指标异常。发生这次苯中毒事件的原因,主要是一些私营企业和个体作坊普遍使用含苯、甲苯等的黏合剂,在使用过程中挥发出大量有毒有害气体,由于业主没有采取必要的劳动安全卫生保护措施,空气中苯含量超过国家规定的标准,使农民工长时间接触大量有毒有害气体,导致一些农民工中毒致病甚至死亡。经有关专家组在涉案业主的生产场所进行的模拟测试,有的个体作坊的作业场所空气中甲苯浓度超过国家卫生标准达8.5倍,有的个体作坊的作业场所空气中苯浓度超过国家卫生标准51.5倍。不仅如此,这些作业场所的劳动保护条件很差,在抽查中发现大多数个体作坊无通风设备,有通风设备的,相当一部分安装不符合

标准，基本不管用，特别是寒冷季节门窗关闭时，导致室内有毒有害气体无法排出。从业人员缺乏安全知识，缺少必要的劳动保护用品，有的多工种混杂，有的吃、住、工作在同一房间。打工者普遍存在超时加班问题，每天工作 10～12 小时，每月只能休息 1～2 天。在这一案例中，我们虽然可依据空气中苯含量的标准，但由于缺乏相关的原材料的检测标准，就无法判断材料中有毒物含量是否超标，以致对生产场所使用的黏合剂是否属于禁用原料无法做出判定，对使用有毒物品作业场所的劳动保护缺乏严格的具体的规范。在对白沟事件进行严肃查处后不久，国务院迅速制定并出台了《使用有毒物品作业场所劳动保护条例》，对作业场所、劳动过程、职业健康监护、监督管理及违反《条例》应承担的法律责任提出了明确的标准。

（2）部分标准不适应形势变化，存在标准超前或滞后的情况。

第一，一些法规类劳动标准存在超前现象，急需修改、完善。劳动标准的实施，不能脱离国家的经济发展水平。如果制定的标准过高，不但不能达到保护劳动权利的目的，有时反而会有损于劳动权利的保护。我国劳动标准存在超前现象的一个典型实例是关于工时标准的规定。我国《劳动法》规定每周实行 44 小时工时制度，《国务院关于工作时间的规定》规定了职工每周工作 40 小时的工时制度，即实行每周 5 天工作制。这对保护职工的身体健康具有积极的作用。这样的工时制度，机关事业单位和条件较好的大中型企业实行起来比较容易，但要求所有用人单位特别是小企业、有雇工的个体工商户一律实行，却不一定合适。而且我国规定的加班时间标准和加班工资相对较高，相应增加了企业成本。近年来在"五一""十一"放长假期间，不少银行为减少加班费、降低成本，不得不采取关门暂停营业的做法。如果劳动标准过高，不仅使已制定的劳动标准得不到执行、法定权利难以保证，而且，一旦劳动监察不到位，违法现象得不到制止，易使已制定的标准形同虚设，失去应有的威慑力。

第二，有些标准严重滞后于形势的发展，却未能及时修改。我国劳动标准滞后的问题表现较为突出。如《国务院关于职工探亲待遇的规定》是1981年制定的,在经过20年之后,我国的休息、休假制度发生了较大的变化,周工时缩短、节假日增多,特别是由于交通事业的发展,原《规定》的前提条件"不能在公休假日团聚的"规定已无法界定,在执行中难以操作。另外,随着对外开放程度的加大,外派工作、学习、涉外婚姻等情况不断增加,原有的探亲假标准已远不能适应形势发展的需要,却没能及时调整。又如,《企业职工奖惩条例》颁布于1982年,《劳动法》颁布以来,特别是劳动合同制度的实施,使得该《条例》中的一些有关行政处分的规定与《劳动法》中有关劳动合同管理的规定精神明显不一致,已失去其存在的法律基础,但至今尚未废止。《女职工劳动保护规定》颁布于1988年,是我国建国以来第一部关于女职工劳动保护的标准,对保护女职工在生产劳动过程中的安全与健康,调动、发挥女职工在经济建设中的积极性起到了积极的作用。然而,随着社会主义市场经济的建立和改革的深入发展,这一法规已不适应目前我国经济发展的需要,有些条款急需修改,但修订工作尚未列入立法计划。

第三,技术标准适时修订不够。标准不是一成不变的,当其赖以存在的客观经济条件、社会经济条件发生变化后,标准也要随之进行适当调整。在劳动标准颁布实施一定时期之后,要适时对其进行复审,根据复审中发现问题的大小,对标准进行妥善处理,该确认的确认,该修订的修订,对于那些没有必要继续存在下去的标准要予以废止。如劳动定员定额方面,资本有机构成提高,机器设备应用增多,劳动生产率提高,必然会使劳动定员定额发生变化,所以定员定额标准也要做必要的修订。

(二)劳动标准工作体系建设方面的主要问题

劳动标准工作体系建设包括劳动标准工作的组织、落实等内容,它对于劳动标准工作有着重要的意义。健全的体系、齐备的标准是搞好劳动标准工作的基础,而良好的组织管理则是劳动标准得以贯彻落实、搞好劳动标准工作的重要保证。目前,除标准体系外,我国劳动标准建设方面也存在一些问题,制约了劳动标准工作的开展。具体表现在:

第七章 劳动标准

1. 有的标准难以执行或执行不力

目前劳动标准不仅不完善,而且贯彻落实也不够。贯彻落实不得力的一个重要原因是我国没有综合性的劳动标准管理部门。国外发达资本主义国家如德国、日本等都比较重视劳动标准工作,多数国家在劳工部设有劳动标准管理机构,并配备有大量人员,从事劳动标准工作。而我国却没有综合性的劳动标准管理部门,这与国际化的发展趋势极不适应,使我国在国际竞争中处于劣势地位。而且,在市场经济条件下,政府改变了管理方式,不再靠行政命令管企业,政府职能转变的一个重要方面是制定各种标准,通过各种标准来约束企业在市场竞争中的行为。没有专门进行劳动标准管理的机构,对标准执行情况的监督检查就无法进行。如最低工资标准、工作时间及休息休假标准、女职工和未成年工特殊劳动保护标准、职业安全卫生标准等在一些地方、部分行业还没有得到很好落实。一些企业违反劳动标准情况严重,如不按规定为劳动者提供劳动保护条件,任意加班加点,克扣劳动者的工资等情况时有发生,有时甚至很严重。但目前劳动监察力量却很薄弱,这主要表现在以下几个方面:一是因为执法队伍力量不够,目前全国只有劳动监察人员3万多人,有些地方还没有建立省一级的劳动监察队伍,难以对各种标准的贯彻执行情况进行全面的监察;二是执法力度不够,对违法行为的处理缺乏有力的手段,难以保证各种标准的落实;三是执法主体不一致,由于机构改革,上述劳动标准分别由劳动和社会保障部、卫生部、国家安全生产监督管理局、国家质量技术监督检验检疫总局等多部门进行管理。这种分散管理的局面,也是导致标准难以执行或执行不利的重要原因。

没有综合性的劳动标准管理部门,也就没有力量对技术标准进行管理和维护,使得标准难以贯彻执行。要搞好标准化工作,就要狠抓标准的贯彻实施,因为再好的标准如果得不到认真的贯彻实施,也是毫无用处的。要做到真正贯彻实施标准,就要加强对标准的管理维护,即对标准贯彻实施情况经常进行督促检查,发现问题及时采取措施加以解决。但在实践中,常常是制定、发布了标准后,工作告一段落,很少检查标准贯彻情况如何，执行中存在什么问题。这种状况同样不利于劳动标准化事业的开展。

劳动标准工作是一项基础性工作，涉及面广，需要做大量的调查研究和日常管理工作。然而目前主管劳动标准的行政部门没有独立成立专门的工作机构，专业工作人员编制极少，使劳动标准工作受到很大的影响，从而在客观上制约了对当前劳动标准状况的总体把握和针对目前存在的问题开展有效的工作。

2. 相关的理论研究及宣传比较薄弱

虽然近年来标准化事业发展很快，但相对于整个标准化事业，劳动保障领域的标准化工作进展却比较缓慢、相对滞后，原因之一就是对标准化工作重视不够。由于劳动标准化工作是一项十分复杂繁重的工作，而且又是一项基础性工作，许多基础研究工作需要开展，这些工作在短时间内难以见到成效，往往不容易引起人们的足够重视。

劳动标准工作理论研究不够，基础理论研究薄弱。目前，劳动标准工作发展总体规划、实施步骤、标准体系设计刚刚开始展开；大量基础性研究工作尚未开始进行；有关具体问题虽进行过研究，但没能深入。劳动标准理论研究缺乏系统和总体规划的状况。此外，有关劳动标准的宣传工作也做得很少。这种状况不利于劳动保障标准化事业的发展。

3. 目前对劳动标准工作重视程度不够

对劳动标准工作重视不够首先表现在机构设置和人员配备方面。迄今为止，各地劳动保障部门都没有单独设立劳动标准的工作机构，只在劳动和社会保障部劳动工资司综合处内设劳动标准处，即所谓"两块牌子、一套人马"，人手不足，没有专职从事劳动标准工作的人员，以至于难以开展工作，根本不能适应工作形势发展的需要。

对劳动标准工作不够重视还表现在没有必要的经费投入。无论是在中央还是在地方，均没有对劳动标准工作的经费投入，也缺乏对劳动标准理论研究的经费支持，使劳动标准工作处于经费短缺的境地。

对劳动标准工作不够重视还表现在不够重视劳动标准工作人员队伍建设和基层劳动标准工作人员的培训。过去，劳动定员定额队伍有2万多人，这是贯彻执行劳动标准工作的最基本的力量。但是近年来，这些人员的工作不受重视，加上机构调整等原因，使这支队伍的力量受到了极大的削弱。

4. 劳动标准管理工作与形势发展不适应

劳动标准管理工作与形势发展不相适应首先表现在有些标准还体现了计划经济的色彩。譬如，原劳动部《〈国务院关于职工工作时间的规定〉的实施办法》规定企业缩短工时要由劳动部门进行审批，这属于计划经济时期的做法，不适应市场经济的需要。同样的情况还有重点技工学校、重点就业训练中心审批等。在市场经济条件下，政府要加紧转变职能，从过去管得过多的状态下解放出来，要实现工作重点和工作方式的转移，在劳动标准工作方面通过制定发展规划、基本准则以及相关法规，引导和规范市场上的各种经济行为，通过加强监督检查，约束和处罚违反基本准则和法规的行为。

其次，在劳动标准管理工作中忽视了地方标准、行业标准的作用。谈到劳动标准，人们往往对国家级的标准比较重视，这是远远不够的。这是因为：一是国家级的标准出台所需的周期长；二是我国各地区间、行业之间的差异较大，经济发展十分不平衡，即使经过充分研究制定并出台的国家标准也不一定能满足地方的需要。所以，搞好劳动标准工作还需加大地方劳动标准和行业标准的工作力度，注重制定适合地方和行业需要的地方标准及行业标准。目前，各地也没有劳动标准的管理部门，没有专人从事劳动标准工作，也不重视各地方、行业标准的制定或修订工作，整个劳动标准工作缺乏相应的基础，难以对整个劳动标准工作起到推动作用。

总之，目前劳动标准体系和劳动标准工作体系建设方面的状况，难以适应日益变化的经济形势和劳动保障工作的需要，这种状况亟待改变。

三、劳动标准发展前景展望

（一）加强劳动标准立法

世界许多国家都比较重视劳动标准立法。而我国却没有劳动标准的专项法律法规，只在《劳动法》部分章节中有劳动标准的内容。我国《劳动法》中有关劳动标准的规定比较原则、可操作性不强，不利于劳动标准工作的开展和劳动者权益的维护。劳动标准立法滞后是对劳动标准工作重视不够的表现，因此，建议在适当的时机制定我国的《劳动标准法》。即使没有立法的可能，也应在修改《劳动法》时从基准的角度对《劳动法》进行必要的调整，这是顺应经济发展的需要。这将有利于确立劳动标准的重要地位，有利于推动劳动标准工作的开展。

(二) 加紧健全和完善劳动标准体系

在加强基础研究的同时，还要根据今后一段时期的形势和工作重点，有针对性地加强劳动标准的制定、修订工作。

1. 加强对灵活就业问题的研究，制定相关的劳动标准

近年来，我国的就业形势发生了深刻的变化，在传统的就业形式之外，出现各种灵活多样的就业形式并且迅速发展。灵活的就业形式带来了劳动关系的灵活性和多样化，也给劳动标准工作提出了新的要求。所以，制定适应这类就业形式的相关的劳动标准，是目前做好劳动标准工作的一项重要内容。如规范劳动关系方面应考虑规范双重劳动关系下社会保险费的缴纳，确定社会保险费的缴纳标准，以及双重劳动关系下工伤保险负担标准。同时要尽快制定适应灵活就业形式的各种标准，如劳动合同订立标准；工作时间标准，包括周小时工作时间标准、日小时工作时间标准；劳动报酬标准，如小时最低工资标准；社会保险费缴纳标准、保险待遇标准、工伤待遇标准及患病享受待遇标准等。

2. 加强就业准入方面劳动标准研究，制定禁止就业歧视方面的相关标准

目前国家确定了实行就业准入的行业范围，但其他方面涉及就业准入的标准却没有制定，如禁止就业歧视方面的标准。国际劳工组织111号公约倡导就业和职业机会均等和待遇平等，并消除在此方面的任何歧视。但在我国却存在某些就业歧视现象。最常见的是对农民进城务工的歧视，在就业中存在许多就业限制，有些用人单位招聘时都要求应聘者拥有非农业户口。虽然《劳动法》规定"劳动者享有平等就业和选择职

业的权利"，但在一些大城市却有以地方立法或是地方政府机构文件形式规定允许使用外地务工人员的行业、工种和限制使用外地务工人员的行业、工种。在就业方面还存在比较严重的性别歧视，众多的招聘广告中存在较为严重的排斥女性的现象，由此反映出对女性的歧视。另外，就业中还存在年龄、相貌特征等方面的歧视，一些单位在招用人员时，往往提出年龄限制等，如用人单位在招聘广告中明文规定招用35岁以下的人员，致使超过这一年龄段的大龄下岗、失业人员再就业困难；即使准许女性应聘，也往往会提出诸如年龄、身高、相貌的要求，造成女性就业困难。因此，建议制定有关禁止就业歧视的标准，以保证劳动者享有平等就业和选择职业的权利，这是一项最基本的劳动标准。

3. 修改完善有关指导企业制定劳动规则的标准

1982年颁布实施的《企业职工奖惩条例》已不适应当前形势的发展，但关于违反劳动纪律问题，如对《劳动法》规定的"严重违纪"的范围和标准还没有明文规定，究竟劳动者连续几次出现同一违纪行为、造成什么样的后果才算严重违纪？对此没有统一的标准。虽然用人单位可依据本单位的情况和需要制定内部劳动规章，对严重违纪的行为做出具体规定，但应有大致的口径和标准，不能差异太大。目前对严重违纪的处理，国有企业与外资企业标准不一，在国有企业旷工15天开除，而在外资企业3天就可能被炒；就是在国有企业之间，标准、口径也存在显著差异，这对劳动者是不公平的。另外，《劳动法》规定对"不胜任工作"的劳动者，用人单位可以解除劳动合同，但"不胜任工作"的内涵是什么，标准如何掌握未予以界定。还有企业在进行股份制改造过程中，企业把"职工不入股就解除劳动合同"列入企业内部规章等等。类似的现象还大量存在。所以，无论是从国有企业改革还是劳动制度本身的发展，都需形成能指导企业制定劳动规则的法规和标准。

4. 制定相关的赔偿责任标准

《劳动法》规定了违法的法律责任，但对造成的损失如何认定却没有相应的标准。如用人单位制定的劳动规章制度违反法律法规或因用人单位的原因对劳动者造成损害如何认定，没有确定相应的标准；劳动者违反规定的条件解除劳动合同或者违反劳动合同中约定的保密事项,对用人单位造成的经济损失如何认定、如何赔偿,也缺乏标准,致使违约金和赔偿金的支付难以执行。

5. 继续抓好有关劳动定员定额的国家标准和行业标准的制定、修订工作

将劳动定员定额、工种分类及技术等级等工作纳入标准化工作范畴,在劳动领域是个突破。特别是近年来,劳动定员定额标准化工作已取得了一定的成效,对劳动领域标准化工作的发展起到了积极的作用。但自从1998年机构改革以来,因劳动标准工作机构受到削弱,这项工作受到了一定的影响,原来一些开展定员定额工作较好的行业标委会工作也处于停滞状态。开展劳动标准工作,要立足于原有的基础,扩大工作范围,原有的工作不仅不能放弃,还应有新的发展。当前,在劳动定员定额方面,通用基础标准还需要完善,在计划制定的12个国家标准和行业标准中迄今只有2个制定并颁布实施,难以适应劳动定员定额标准化工作发展的需要。按照国家标准和行业标准的管理办法,各种标准使用一段时间后就要根据实际情况进行修订,一般期限在5年左右,但现有的2个国家标准分别制定于1992年和1993年,早已需要修订。而且,其中国家标准《工时消耗分类、代号和标准时间构成》在使用中存在一些问题,客观上也需要进行修订。

目前,《中华人民共和国职业分类大典》已颁布,劳动和社会保障部陆续颁布了300余个职业标准,但都是以法规类标准出现的,并未以国家标准或行业标准的形式颁布。按照原国家技术监督局的《批复》,工种分类已纳入标准化管理范围。因此,可以考虑将这些已有的职业分类以国家或行业标准的形式发布,统一编号,以利于规范化管理和与国际惯例接轨。

(三)加强劳动标准工作的组织建设

加强劳动标准工作,必须有一定的组织保证。西方市场经济国家对劳动标准工作高度重视,并列为政府劳动部门的主要职能,许多国家在劳动部(劳工部)中设有劳动标准(基准)局(如美国劳工部和日本厚

生劳动省都设有劳动标准局），并配备大量工作人员。

目前，我国许多企业都十分重视加强劳动管理，提高劳动生产率，劳动标准在企业管理中的作用日益突出。同时，我国已经加入世界贸易组织，在劳动标准方面也将逐步参照国际劳工标准，由我国政府批准和执行的国际劳工标准将日益增多。劳动标准越来越受到有关各方的重视。由于没有相应的劳动标准机构，劳动标准工作非常薄弱，劳动标准体系建设相当落后，与形势的发展不相适应。要尽快采取措施改变这种状况。为此，建议在适当时机，在劳动保障部门单独设立劳动标准工作机构，为健全和完善劳动标准体系以及开展劳动标准的日常管理工作提供组织保障。

（四）加强理论研究及宣传，为建立健全劳动标准体系提供理论基础和舆论支持

理论的作用在于它对于实践的概括性和指导性。要用理论研究的成果指导劳动标准工作，推动劳动标准化事业的发展。加强理论研究首先要加强劳动标准基础理论研究，具体包括劳动标准的基本概念、内涵、外延；开展劳动标准工作的指导思想、基本原则、步骤、方法；劳动标准化事业发展的基本构想、发展规划及劳动标准体系设计；劳动标准订立应涉及的范围、内容及标准术语等基本内容。目前，这方面的研究工作已开始，而且取得了积极的成效。与此同时，还要按劳动事业总体规划和长远目标要求，制定出劳动标准发展规划，有计划、有组织地深入研究劳动标准领域中的基础理论问题，编制劳动标准体系表。在加强基础理论研究的同时，还要针对不同时期的突出问题进行重点研究，做到基础研究和重点研究相结合。

加强标准化工作还需要加强舆论宣传。通过各种形式的宣传，加强领导及各有关方面对劳动标准工作的重要性、紧迫性和基础性的认识，充分认识建立、健全各种劳动标准是规范劳动力市场运行秩序，促进劳动力市场按照科学化、现代化、规范化要求发展的基础，更是做好劳动保障工作的基础；充分认识加强劳动标准工作对加快我国劳动立法工作、促进劳动保障事业全面发展，以及在维护劳动者和用人单位双方权

益、指导企业进行劳动管理、规范劳动力市场发展过程中各种不规范行为、促进经济和社会发展的积极作用;同时,还要认识到加强劳动标准工作是适应我国劳动保障工作日益变化形势的需要。在提高认识的基础上,对劳动标准工作予以必要的人力、物力支持。

本章小结

1. 劳动标准是指对劳动领域内的重复性事物、概念和行为进行规范,以定性形式(如文字描述)或者以定量形式(如数据、图表)所做出的统一规定。它以涉及劳动领域的自然科学、社会科学和实践经验的综合成果为基础,经有关方面协商一致并决定,或由有关方面批准,以多种形式发布,作为共同遵守的准则和依据。

2. 劳动标准的内涵:劳动标准是对劳动者、劳动过程、劳动条件和劳动关系以及相关管理活动等方面的重复性事物、概念和行为作出的统一规定;劳动标准的制定方式、表现形式、作用方式是多种多样的;劳动标准实施的目的是明确的。

3. 劳动标准体系是指对劳动领域内规律性出现的事物或行为进行规范的各种规则之间相互联系的有机整体。

4. 劳动标准的作用。

5. 国际劳工标准实际就是国际劳动立法,是指国家之间订立的大家共同遵守的处理劳动关系以及与之相关的一些关系的准则。国际劳工标准的主要形式是公约和建议书。其作用主要是促进各国的劳动立法;有利于经济全球化形势下劳务和商品的流动;有利于在平等的基础上改善调节各会员国的劳动关系,改善各国劳动者的劳动条件。

6. 国际劳工标准分为基本人权、就业、产业关系、工作条件、社会保障、社会政策、劳动行政、童工与未成年工人、老年工人、妇女、移民工人、土著工人与部落人口、非自治领地工人、特殊部门和行业等14类。

7. 我国是国际劳工组织的创始会员国之一和理事会常任理事国,

对国际劳工标准一贯持肯定态度并积极参与其活动，批准、执行公约是支持并参与国际劳工组织活动的重要表现形式。目前我国批准了23项劳工公约，涉及就业政策、最低年龄、工作时间、三方协商等内容。

8. 我国劳动标准现状。我国的劳动标准已涉及劳动保障业务的各个领域。有以法规、规章形式出现的法规类标准，也有以国标、行标等形式出现的技术类标准。总体来看，劳动和社会保障领域的标准以法规标准类为主体，技术标准数量相对较少，主要集中在劳动定员定额、职业安全卫生等方面，形成法规类标准、技术类标准共存，共同作用于管理对象的格局。

9. 存在问题。我国的劳动标准体系还不够健全，标准的种类还不齐全，标准体系有待于进一步拓展。从现有的标准来看，还存在不配套、不规范的现象，而且标准的数量还很不够，需要补充；有些标准不太切合实际，存在着超前或滞后的情况；有些标准可操作性差，需要尽快修订。目前全国各级劳动保障部门都没有设立专门的劳动标准管理机构，缺少从事劳动标准工作的人员，缺乏从事劳动标准工作的必要的经费。劳动标准理论研究工作相当滞后，大量的理论与实际问题亟待研究和解决。

思考题

1. 简述劳动标准的概念及内涵。
2. 简述国际劳工标准的主要内容。